幼儿园『家庭式』混龄社会性实践课程

主　审　徐　刚

主　编　王佳颖

副主编　钟娜曼

编　委　熊冬梅　周海英　刘　娟　乔丽华

　　　　谢晓梅　熊金萍　张天菊　郁朵朵

江苏大学出版社

JIANGSU UNIVERSITY PRESS

镇　江

图书在版编目（CIP）数据

幼儿园"家庭式"混龄社会性实践课程 / 王佳颖主
编. -- 镇江：江苏大学出版社，2024.12. -- ISBN
978-7-5684-2430-1

Ⅰ. G61

中国国家版本馆 CIP 数据核字第 20240KH579 号

幼儿园"家庭式"混龄社会性实践课程

You'eryuan "Jiatingshi" Hunling Shehuixing Shijian Kecheng

主　　编/王佳颖
责任编辑/米小鸽
出版发行/江苏大学出版社
地　　址/江苏省镇江市京口区学府路 301 号（邮编：212013）
电　　话/0511-84446464（传真）
网　　址/http://press.ujs.edu.cn
排　　版/镇江市江东印刷有限责任公司
印　　刷/苏州市古得堡数码印刷有限公司
开　　本/787 mm×1 092 mm　1/16
印　　张/25.5
字　　数/590 千字
版　　次/2024 年 12 月第 1 版
印　　次/2024 年 12 月第 1 次印刷
书　　号/ISBN 978-7-5684-2430-1
定　　价/78.00 元

如有印装质量问题请与本社营销部联系（电话：0511-84440882）

《幼儿园"家庭式"混龄社会性实践课程》的研究完全契合我国当下发展优质教育、培养优质人才的方针政策和教育思想。扭转幼儿园小学化倾向需有大格局，不能只停留在文字层面，而要深耕教育一线，融入幼儿群体，真正了解幼儿学习的特质，这样才能顺其自然、水到渠成，实现教育的高效优质。

　　最近我们发现"依霖'家庭式'混龄'抛接球问题导向'大活动"研究的公众号悄悄引领着幼儿教育风向标，这说明我们做对了，得到了很多幼儿园园长和老师的认可。活动能够广泛传播，一定是因为幼儿喜欢，同时也一定程度上说明幼儿园摒弃小学化教育倾向的做法是成功的。摒弃小学化教育倾向，不应纠结于墙面文字的多少，也不应执着于成人意识下的单向给予，关键在于无论是文字还是图画，是否适合幼儿，能否满足幼儿的需求，能不能让幼儿的天性在成长中得以释放，是否符合当下社会背景下幼儿与生俱来的内在学习需求。

　　徐刚园长曾说，"热情是唯一的答案"。"依霖人"深知这里的"热情"指的是"孩子王"+孩子+"家庭孩子王"的共同携手、三向奔赴。幼儿教育确实与中小学教育有不同之处，幼儿教育更具感性色彩，这是由幼儿的身心发展规律决定的。0~6岁幼儿的成长更需要热情的氛围、自由探索的环境和"学做人、学生活、学学习"的"小人世界"。

　　"依霖人"会始终追随孩子的发展需求，直面和回应孩子们的问题，与他们一同"见多识广"。正如蒙台梭利所言："我听见了，就忘记了；我看见了，就知道了；我做了，就理解了。"

　　帮助孩子成为会感恩、会劳动、会探索、会思考、会感受、会关心的有责任感和担当的人，是"孩子王"+孩子+"家庭孩子王"三向奔赴的共同使命。

王佳颖

2024 年 11 月

前　言

尊敬的读者：

您好！

感谢您阅读依霖幼儿园团队编写的《幼儿园"家庭式"混龄社会性实践课程》。

二十年前，依霖幼儿园徐刚园长带领团队开始研究幼儿园混龄社会性实践课程，并深入探究"混龄不一样的智慧"的六个方面：

会感恩，学做一个心地善良的人；

会劳动，学做一个节俭勤劳的人；

会探索，学做一个见多识广的人；

会思考，学做一个努力学习的人；

会感受，学做一个敬孝父母的人；

会关心，学做一个有责任担当的人。

二十年如白驹过隙，依霖发展一日千里，"依霖人"前赴后继，始终秉承着"走进孩子，只想静静地为孩子们做点事"的初心，从未改变。

薪火相传，徐刚园长的心愿是将依霖幼儿园办成家门口高质量发展的普惠性百年老校。我们接过接力棒，传承她的教育理念，继续研究，继续奋斗。

再过几个月就是依霖办园二十周年纪念日，《依霖"家庭式"混龄"抛接球问题导向"研究与实践》（上、下册）和《依霖小苑里的小日子》两本新书将正式出版。

十年前依霖幼儿园编写出版的《幼儿园混龄社会性实践课程》一度备受关注，早已售罄。许多同行来依霖参观学习，或在日常交流中，常会询问《幼儿园混龄社会性实践课程》一书是否还能买到。于是，我们在《幼儿园混龄社会性实践课程》的基础上，结合近几年积累的成果，编写了这本《幼儿园"家庭式"混龄社会性实践课程》，希望能给广大同行和幼儿教育研究者们提供一些借鉴与参考。

编者语 （一）

热情是唯一的答案

尊敬的读者：

　　您好！

　　当您读到这本《幼儿园"家庭式"混龄社会性实践课程》时，我们共同学习、研讨的缘分便由此开启。

　　本书是依霖幼儿园"混龄教育课题组"的老师们十几年探索和研究的成果，最初只是写给自己看的总结，属于内部课程教参。有位智者点拨："好的东西应让更多人受用，才能实现其真正价值。"因此，有了本书的出版。

　　我们都不是作家，只是普通的幼儿教师，学术能力有限，文字水平不高，但我们一直坚持对孩子的热情和奉献。我们真诚地邀请您静下心来翻一翻，读一读，走进它，相信一定会有些许收获。

　　首先，请您在阅读全书前，仔细阅读前言和编者语，在只言片语中了解我们为什么要研究该课题和编写此教参，以及教参中包含了哪些研究思想和操作设计思路。

　　其次，请您认真阅读使用说明，使用说明中会告诉您，在进行这些活动时，怎样和家长、孩子、老师一起共同完成每一个主题和每一项活动。

　　再其次，世界上没有一本可以囊括所有学前教育活动的教参。之所以将本书称作"教参"，是因为它不仅有参考价值，可以给阅读者提供一定的思路和参照模式，而且可以给同行提供继续探究、思考与创造之基础。

　　最后，我们想说，此教参在编写过程中难免会有疏漏，恳请广大读者批评指正，让我们互相探讨、共同进步。

编者语（二）

使用说明

　　《幼儿园"家庭式"混龄社会性实践课程》中所有活动方案，都来自一线幼儿教师的实践和研究。不同的题材，殊途同归的教育目标和教育思想，能为我们提供借鉴。如果您是一位有多年教龄的老师，一定会在阅读中碰撞出更有创意的火花，可创造性地运用书中的经验做法；如果您是一位新教师，可以模仿参考，一步一个脚印去探索、内化，形成自己的经验。

　　使用前，请仔细品读所选择的参考方案的设计思路，弄懂为什么选择这一内容、为什么要这样设计，并根据当地的资源和信息及班级现有活动需求，汲取或调整，可从不同角度、不同地域、不同年龄段创造性地借鉴与参考。

　　本书六大方面的活动类型和内容，基本渗透和综合性地涵盖了教育部《3~6岁儿童学习与发展指南》《幼儿园教育指导纲要（试行）》中的培养目标。

　　希望本书可以与您的教育教学同行！

目 录

第1章　会感恩，学做一个心地善良的人

导读　感恩不应该只是一种形式

编者语：

中国有很多古话，如"滴水之恩当涌泉相报""喝水不忘挖井人""前人栽树后人乘凉"等感恩训导，但现今中国社会的感恩风气不尽如人意，急需营造"人人为我，我为人人"的社会环境。

当前，家庭和教育机构的感恩教育大多只停留在形式上。如，感恩节这天喧闹一番，过后就不见踪影，对独生子女的过度保护让孩子觉得一切得来都理所应当，感恩意识无法根植于他们幼小的心灵和行为中。如何改变目前儿童感恩课程中昙花一现的教育现象？

沉寂已久的模式终于在混龄"一家人"活动中被唤醒。换一种角度去思考，思路再度开启，实践后收获颇丰。如果对所有节日、纪念日、农历时节和身边琐事，从感恩视角去设计课程，深入浅出地激发孩子对周边生活和人物的爱恋，孩子们便会自然而然感悟：在自己成长的道路上不仅有爸爸妈妈等家人的照顾，还有很多人的默默陪伴和帮助，有大自然的恩惠，有许许多多英雄的牺牲……

有很多日子可以成为浸润感恩意识的教育契机。如3月12日植树节：植树节的日子，孩子们带着"为什么要在这一天植树"的问题，与伙伴共同收集信息，讨论交流，渐渐感受及慢慢知道树木花草与我们生存的关系，在植树、种花、整理草地等活动过程中，提升对绿植的怜惜和珍爱之情，懂得保护环境、保护自然就是保护我们自己的道理。又如春分：万物复苏时节，农民们和园丁们要忙碌起来，耕地播种，我们每年都带孩子们远行去"依霖"崇明敬德农庄亲身体验播种劳动，感受粮食的来之不易，此时诗人"锄禾日当午，汗滴禾下土"的诗句再也不只是一句口中念词。还如3月5日学雷锋日：带着"毛泽东主席为什么要题词'向雷锋同志学习'"的问题，学习查找相关资料，走出

班级，走出校门去为弟弟妹妹服务，为社区做好事，从中感受"我为人人"的意义。再如3月8日国际劳动妇女节：用丰富多彩、形式各异的活动，将对母亲、奶奶、外婆、老师和全天下妇女的尊重敬爱之情无言却深重地埋进孩子们稚嫩的心田。

每月都有很多蕴含传统文化素材的日子可不留说教痕迹地转化为感恩教程，鼓励幼儿全身心参与其中，自然体验，比说教更为重要。年年有今日的浸润，定会积攒感恩的希望与念想，收藏于心。

感恩活动不应该只是一个固有的节目，不能固化，感恩活动与感恩情怀两者相辅相成，一事、一物、一笑、一语，一个情感的瞬间，也可溢出人的感恩气息，都有助于培养孩子"人人为我，我为人人"的社会责任感。

1.1 老师，我喜欢您

——"教师节"感恩活动设计方案

 设计思路

感恩，一支细水长流的曲子，随时在风中吟唱……

感恩，在金色九月。

感恩，在阳光明媚的九月。

在每年诗情画意的九月，我们会同孩子一起迎接 9 月 10 日的教师节。

每年教师节等类似节日，都会成为我们落实"能注意到别人情绪和需要，并有关心和体贴表现，尊重感恩陪伴自己成长的老师，能体会到老师和身边很多人为我们长大所付出的辛劳"等人际交往中的目标的契机。学会感恩，让感恩的种子在孩子们幼小的心灵深处生根发芽，我们责无旁贷。

活动目标

1. 知道老师是陪伴孩子成长的重要人物，在生活上、学习上、做人上，老师都给了孩子们很多引领、教导和爱。

2. 幼儿园所有工作人员都为了孩子的成长在辛勤工作，在庆祝教师节的日子里，也要感谢他们，对他们由衷地说一声："谢谢您，辛苦了！"

活动准备

前期经验准备：幼儿带着"什么是教师节""为什么要有教师节""教师节我们可以做些什么"等问题，在家和爸爸妈妈一起讨论老师的工作与孩子成长的关系；准备亲子小礼物（爱心贺卡、爱心小手工、康乃馨等）。

活动1　今天我主持：以主持人与观众"抛接球"的形式，鼓励孩子们三言两语地说一说为什么要设立教师节。

活动2　学习歌曲："依霖"园歌《许愿》幼儿歌唱部分。

活动3　听熟律动曲《最炫民族风》的音乐。

活动4　制作教师节家庭画报。

活动5　儿歌朗读《老师，我爱您》。

教学具准备：音乐整理刻录；摄影摄像；话筒音箱；会场背景文字书写；舞台幕布；主持稿；邀请"依霖"各部门相关人员；邀请函若干；鲜花若干束；家长义工（2人/班）；教师节目5个；儿童诗；教师诗；亲子贺卡展示空间；插花器皿。

 活动过程

一、老师，猜猜我有多爱你

师生情景表演故事绘本《猜猜我有多爱你》。

二、感谢，大声说出来！

以转椅子形式分批请出被感谢的工作人员，与老师技能表演交替进行。（要求被感谢人员按岗位着装）

1. 教师歌唱表演《老师，你好》　表演者：某某老师

随着音乐拉开幕布，第一批食堂人员（2人）、清洁人员（2人）转过椅子，面对幼儿，孩子们大声说："叔叔阿姨辛苦了，谢谢你们!"幼儿献花（大一班负责）。

2. 教师钢琴表演《奉献》　表演者：某某老师

随着音乐拉开幕布，第二批保安人员（2人）、司机（2人）转过椅子，面对幼儿，孩子们大声说："叔叔阿姨辛苦了，谢谢你们!"幼儿献花（大二班负责）。

3. 教师朗诵表演《风筝》　表演者：大班组教师

随着音乐拉开幕布，第三批保健人员（2人），仓库、财务人员（各1人）转过椅子，面对幼儿，孩子们大声说："叔叔阿姨辛苦了，谢谢你们!"幼儿献花（大三班负责）。

4. 教师舞蹈表演《红烛》　表演者：年轻教师

随着音乐拉开幕布，第四批园长（4人）转过椅子，面对幼儿，向孩子们问好。孩子们大声说："园长妈妈辛苦了，谢谢你们!"幼儿献花（大四班负责）。

三、我们的爱

1. 幼儿集体诗歌朗读《老师像妈妈　老师又不像妈妈》。

2. 全体混龄班保教人员配乐诗朗诵《孩子，我们爱你》。

3. 家长代表为老师们献上衷心的祝福，感谢师恩，祝老师们节日快乐！

四、舞动我们的爱

1. 师生大合唱：依霖幼儿园园歌《许愿》。

2. 全场律动《最炫民族风》。

 活动反馈与反思

一、教研组重点反思：活动中孩子们情绪如何？主动参与度如何？总主持和各班教师上下呼应的配合度如何？

二、收集参加活动的家长义工感想、教师感想上传至网站，与更多人分享和交流。

三、鼓励幼儿回家与家人讲讲今天的活动，让爸爸妈妈也记得感恩他们的老师。

附：诗歌两首

孩子，我们爱你!

张开欢腾的双臂
展开亲切的笑容
把你们搂进怀里
孩子，老师爱你!
递上纸巾 轻轻擦去
眼睛中的泪水
因为
纸巾里有爱!

端上茶杯 耐心劝说

身体需要很多营养

因为

杯子里有爱!

铺好被褥 讲讲故事

安稳在梦呓中萦绕

因为

故事里有爱!

整理衣裤 梳理黑发

生活需要学会自理

因为

梳子里有爱!

深深的爱，甜甜的爱，全部浸透在

老师的

一摸

一抱

一笑

一回眸的爱意中

欢快腼腆 笑声荡漾

稚嫩天真 言语无忌

蹒跚学步 爬起跌倒

孩子，我和你一起奔跑!

翻开绘本 轻轻朗读

想与你一起去领悟思考

因为

声音里有爱!

掀开琴盖 悠悠奏弹

想与你一起去吟唱高歌

因为

琴声里有爱!

拿起彩笔 激情挥动

想与你一起去画画书写

因为

笔尖里有爱!

背上书包 踏足远行

想与你一起去打开世界

因为

门外有更多的爱！

深深的爱，甜甜的爱，全部浸透在

老师的

一分

一秒

一刻

一天天的岁月中

孩子，老师爱你

在选择当"孩子王"的一瞬间

已经注定 我要爱你

用我的全部——爱你！

老师像妈妈 老师又不像妈妈

老师像妈妈

我哭了，老师像妈妈那样说：孩子不哭；

我笑了，老师像妈妈那样说：笑得真甜；

我累了，老师像妈妈那样说：休息一下吧；

我渴了，老师像妈妈那样说：喝点水吧。

老师又不像妈妈

春天，老师和我们一起唱歌跳舞做游戏；

夏日，老师和我们一起看书阅读讲故事；

秋季，老师和我们一起采摘探索去远足；

寒冬，老师和我们一起追逐雪花堆雪人。

一年四季，四季一年，

老师的身影叠着我们的身影，

我们的身影躲进老师的怀里，

形影不离，不离不弃。

老师，感谢您！

老师，我爱您！

老师，节日快乐！

1.2 感谢牙医

——"爱牙日"感恩活动设计方案

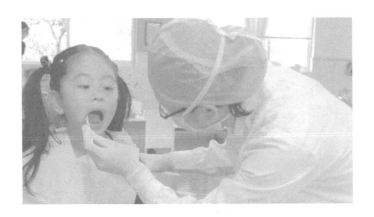

 设计思路

这一类属于生活习惯与生活能力培养课程，凡遇爱牙日、护眼日、护士节等有关健康的节日，我们都可以从感恩视角去组织活动，同时也应将健康领域"生活习惯与生活能力"的目标自然融入其中。如从早晚被动刷牙到主动刷牙；从不用双手揉眼睛到知道怎样保护眼睛。

日复一日，潜移默化地让孩子们在没有丝毫说教之感的氛围中，积极快乐地与教师之外的专业人员（如医生、护士等）互动交流，收获生活中的基本常识和经验。

活动目标

1. 利用每年 9 月 20 日"爱牙日"，通过与牙医在真实情景中的互动，了解牙齿的作用和换牙、防止蛀牙的基本知识；了解如何保护牙齿和养成护牙的卫生习惯，掌握正确的刷牙方法。

2. 参与"爱牙日"活动，在相互问答的氛围感染中萌发对医生的敬重之情，知道牙医对我们的帮助，懂得感恩牙科医生。

 活动准备

　　前期经验准备：谈话活动"你知道牙齿吗"；亲子收集"有关牙齿的信息"；讲新闻"牙齿123"；观看关于蛀牙的视频。

　　教学具准备：邀请牙科医生（家长资源）；各班根据幼儿提问设计"关于牙齿问题的海报"；感恩医生的小卡片；鲜花若干支（康乃馨）；儿童歌曲《小牙刷》；牙齿模具，大牙刷；检查牙齿用的器具等。

活动过程

　　一、《小牙刷》

　　1. 出示大牙刷并提问：

　　这是什么？

　　有什么用？

　　你们会不会刷牙呢？

　　2. 引领全场师生一起表演《小牙刷》。

小 牙 刷

<table>
<tr><td>小牙刷，手中拿</td><td>早上刷，晚上刷</td></tr>
<tr><td>我呀张开小嘴巴</td><td>刷得牙齿没蛀牙</td></tr>
<tr><td>左刷刷，右刷刷</td><td>张张口，笑一笑</td></tr>
<tr><td>上下里外都刷刷</td><td>我的牙齿刷得白花花</td></tr>
</table>

二、牙齿坏了（掉了）怎么办

1. 主持人提问：生活中我们的牙齿坏了（掉了）怎么办呢？（讨论）
2. 掌声请出牙科医生来到我们现场。
3. 请牙科医生介绍自己：姓名、职业、服务对象等。
4. 邀请牙医做讲座——《怎样保护我们的牙齿》。

三、我还想问"问题"

1. 主持人：刚才××医生为小朋友们讲解了很多关于牙齿的科学知识，我们小朋友也事先准备了许多问题想请教××医生。
2. 依次出示混龄各班"关于牙齿问题的海报"，请孩子提问。
3. 在幼儿与牙科医生的问答互动中，教师用打√或画○方式表示问题是否已得到解决，主持人在一旁不断夸奖医生本领大，用掌声感谢医生。

四、感谢牙科医生来访

1. 请小朋友猜一猜：今天的牙科医生是谁?（感谢）
2. 主持人提问：某某医生为我们讲课，传递保护牙齿的知识，我们用什么方法感谢她（他）呢?（送小卡片、鲜花等）

3. 全场一起歌唱《小牙刷》。
4. 与牙科医生一起拍照留影。

 活动反馈与反思

一、将活动情景通过视频网络、微信等途径传递给家长，感谢家长的参与。
二、教研活动反思，为明年活动提供依据。
1. 活动组织工作（空间把控、时间把控等）。
2. 幼儿已知经验和获取的经验。
3. 医生讲课情况。
4. 老大、老二、老三"一家人"获取知识经验的层次点。
5. 道具和PPT等。

1.3　"重阳"欢乐蹦蹦跳

——"重阳节"感恩活动设计方案

设计思路

中国古训曰："百善孝为先。"中国是一个以孝为先的礼仪之邦，传统节日"重阳节"是专为传递孝道、孝敬老人而设定的，以此告诫子子孙孙不忘孝敬父母，孝敬老人，它是我国尊老爱幼的文化传承。

每年重阳节系列活动中，我们都鼓励孩子用真情、用行动回报长辈（爷爷、奶奶、外公、外婆），懂得真正的关爱不只体现在一天或一件事中，而是需要每天坚持不懈地去做，同时也让家长们一起关注孩子，给予他们关心老人的机会。

"放手"让孩子们去做点滴小事，让孩子们在生活细节中学会关爱、学会付出、学会回报，懂得孝敬，懂得体谅长辈的良苦用心，学会感恩，更懂得珍惜。这是需要全社会共同重视的教育。

重阳节活动

活动目标

1. 知道重阳节是爷爷、奶奶、外公、外婆等老人的节日，体会他们对自己的爱，萌发对爷爷、奶奶、外公、外婆的感恩之情。

2. 乐意参与重阳节活动，感受人与人之间的相互关爱，尝试和爸爸妈妈一起用各自的方式表达对家里老人的孝顺与关爱。

活动准备

前期经验准备：新闻播报（重阳节的来历与重阳节的故事）；谈话活动"说说我的爷爷、奶奶、外公、外婆"，重阳节礼物（各班级准备2个节目）；发邀请函（邀请家中的老人）；熟悉重阳节音乐《给爷爷奶奶敲敲背捶捶腿》；幼儿提前和爸爸妈妈一起为爷爷、奶奶、外公、外婆准备礼物；重阳节任务卡活动（爸爸妈妈任务卡、小朋友任务卡）。

教学具准备：事先联系好一位爷爷或奶奶，请他（她）讲讲自己年轻时的故事；给爷爷、奶奶、外公、外婆的礼物；重阳节各班节目音乐刻录；食品（水果、重阳糕）；会场布置（桌布、话筒、桌椅、纸巾）；舞台布置（气球、重阳节主题横幅、小礼品、游戏道具）。

 活动过程

一、"重阳"欢乐蹦蹦跳

1. 主持人提问：小朋友们，今天是谁过节呀？（幼儿回答）

2. 欢迎老人家。主持人提问：爷爷、奶奶、外公、外婆都来了，我们怎样欢迎爷爷、奶奶、外公、外婆呢？（鼓掌，请老人入座等）

3. 让我们和爷爷、奶奶、外公、外婆一起舞动起来！

开场舞：请一位老师领舞，孩子们和爷爷、奶奶、外公、外婆一起随音乐"欢乐蹦蹦跳"。

二、了不起的爷爷奶奶、外公外婆

听听爷爷、奶奶、外公、外婆讲小时候的故事。

三、重阳大咖秀

集体大咖秀：以班级为单位表演节目，每班2个节目。

节目单如下（中间增加家长助兴节目，由主持人调整节目前后次序）：

1. 混一：歌表演《好娃娃》、Song《My Family》。

2. 混二：歌表演《小青蛙》、Song《Numbers》。

3. 混三：歌表演《祖国祖国我爱你》、Song《Good Drinks》。

4. 混四：歌表演《给爷爷奶奶敲敲背捶捶腿》、Song《How's the Weather?》。

四、重阳游戏乐

游戏一：吃橘子

游戏要求：两轮，每轮8对爷爷（奶奶）+宝贝，每班2对。

游戏规则：每队一个橘子，由孩子剥橘子，老人吃橘子，在最短时间内完成的队获胜。

游戏二：奶奶（外婆）表演秀

游戏要求：愿意参加的奶奶（外婆）主动上台。

游戏规则：听音乐做相应舞蹈动作，随着音乐变化，快速变换舞蹈动作，台下的爷爷（外公）当评委。

五、重阳爱的放大镜

1. 鲜花送爷爷、奶奶（外公、外婆）。

幼儿给老人献上用自己赚来的钱购买的鲜花，并对爷爷、奶奶（外公、外婆）说："我爱您!"

2. 与爷爷、奶奶（外公、外婆）谈谈心，说说心里话，给他们敲敲背、捶捶腿。

鼓励个别胆小的幼儿主动与爷爷、奶奶（外公、外婆）交流，鼓励孩子喂爷爷、奶奶（外公、外婆）吃重阳糕、橘子等。

 活动反馈与反思

一、将活动照片传递至网站或博客，把欢乐传送到每个家庭。

二、收集爷爷、奶奶、外公、外婆的感想，通过班级新闻讲述、博客传递给孩子们和他们的爸爸妈妈。

三、活动结束后和孩子们一起讨论：我们哪些地方做得好？哪些地方做得还不够好？

附：

2022 年"爷爷奶奶"重阳节活动亲子任务表（幼儿）

亲爱的宝贝们：

重阳节就要到了，你们准备好送祝福给爷爷、奶奶、外公、外婆了吗？今年我们的重阳节活动从 9 月 24 日启动，一直到 9 月 30 日。我们的任务是：从 9 月 25 日到 9 月 29 日每天帮家里老人做 2~3 件家务事（如盛饭、丢垃圾等），赚取 2~3 元钱（每件家务事 1 元），9 月 30 日我们要一起用劳动赚来的钱去花店给爷爷、奶奶、外公、外婆买鲜花和小礼物。来看看我们的任务卡吧（见表 1-1）！

表 1-1　亲子任务表 1（幼儿）

时间	序号	任务			
9月24日	1	和爸爸妈妈一起了解重阳节的习俗。			
	2	和爸爸妈妈一起了解爷爷、奶奶、外公、外婆的生日和他们喜欢的事、喜欢吃的食物、最大的心愿，每天老师组织孩子说说自己的爷爷、奶奶、外公、外婆。			
		称呼	生日	喜欢的事	喜欢吃的食物	最大的心愿
		爷爷/外公				
		奶奶/外婆				
9月25日至9月29日	3	每天回家做 2~3 件力所能及的家务事，每完成一件家务事，请爸爸妈妈给孩子发奖励 1 元。			
9月30日	4	和爸爸妈妈一起将 5 天劳动所获金额装入有拉链的小钱袋带来幼儿园，和老师、小伙伴一起买花送爷爷、奶奶、外公、外婆。重阳节当天送出自己购买的鲜花，并向爷爷、奶奶、外公、外婆说："我爱您!" 备注：请在钱袋上写上幼儿班级、姓名和金额。			

2022 年"爷爷奶奶"重阳节活动亲子任务表（爸爸妈妈）

亲爱的爸爸妈妈们：

重阳节就要到了，准备好送祝福给自己的爸爸妈妈了吗？准备好怎样做孩子的榜样了吗？

今年我们的重阳节活动自 9 月 24 日启动，一直到 9 月 30 日。爸爸妈妈的任务是：从 9 月 24 日起，协助孩子在完成任务的前提下，完成父母们每天的任务。来看看我们的任务卡吧（见表 1-2）！

表 1-2　亲子任务表 2（爸爸妈妈）

时间	序号	任务
9月24日	1	跟孩子讲讲重阳节的习俗，让小年龄段幼儿知道什么是重阳节。
	2	和孩子一起了解爷爷、奶奶、外公、外婆的生日和他们喜欢的事、喜欢吃的食物、最大的心愿，并记录在表格中。
9月25日至9月29日	3	每天提醒或观察孩子是否做了 2~3 件力所能及的家务事，孩子每完成一件家务事，请爸爸妈妈给孩子发奖励 1 元。
	4	请爸爸妈妈每天当孩子的面做一件表达对自己父母爱的事情，如打个电话问候自己的爸爸妈妈（孩子的爷爷、奶奶或外公、外婆），说一句贴心的话，为父母做一顿饭、洗脚、准备洗澡用品等。
	5	秘密地带孩子为自己的父母（孩子的爷爷、奶奶、外公、外婆）准备一份礼物，包装好，写好贺卡，礼物准备和鲜花准备请大家向爷爷、奶奶、外公、外婆保密。

续表

时间	序号	任务
9月30日	6	协助孩子将劳动所得的"奖励"装进小型零钱袋，在钱袋上写好孩子班级、姓名及具体金额。 9月30日，孩子回家后送花给爷爷、奶奶、外公、外婆并说出："我爱您!"请爸爸妈妈晚上当孩子的面送出自己的礼物，大声说出自己的爱。

看望敬老院老人

 活动目标

1. 看望敬老院老人，通过节目会演的形式为老人送去节日祝福，学会感恩，懂得敬老、爱老是中华民族传统美德，能大胆用自己喜欢的方式向老人们表达自己的关爱与尊敬。

2. 初步了解重阳节的时间，知道重阳节习俗，感恩自己的爷爷、奶奶、外公、外婆。

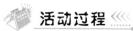 **活动准备**

前期经验准备：重阳节的来历与故事；每个班级准备1个节目；"重阳节"新闻播报；亲子谈话活动"敬老院的爷爷、奶奶"；和爸爸妈妈为敬老院的爷爷、奶奶准备小礼物。

教学具准备：给爷爷、奶奶的礼物；重阳节各班节目音乐刻录；提前联系敬老院等。

活动过程

一、爷爷、奶奶，您好!
幼儿到了敬老院后有礼貌地问候老人们并献上节日祝福。
送上自己为老人准备的礼物（画、鲜花、小礼品等），向老人送出节日的祝福。
二、请看我们的表演秀
老师组织幼儿为老人表演节目，表示节日的祝贺。
各班轮流表演中英文儿歌。
三、和爷爷奶奶谈谈心
幼儿一对一找老人，帮他（她）敲敲背、捶捶腿，关心照顾爷爷、奶奶，听爷爷、

幼儿园"家庭式"混龄社会性实践课程

奶奶讲他们年轻时的故事。我们的问题：

您最喜欢吃的东西是什么？

您的爱好是什么？

您最想见的人是谁？

您有什么不开心的事吗？

最想让我为您做的一件事是什么呢？

四、寻找百岁老人

寻找敬老院的百岁老爷爷、老奶奶，送上礼物和祝福，同百岁老人合影。

 活动反馈与反思

一、将活动照片传至网站或博客。

二、回园后鼓励孩子说出自己是怎样问候敬老院的老人的，为他们做了些什么事情，有什么感受。

1.4 农民伯伯辛苦了

——"粮食日"感恩活动设计方案

 设计思路

饥饿对于我们来说已经是个遥远的名词，香喷喷的米饭、软绵绵的面包、绿油油的蔬菜……这一切仿佛都来得理所当然，但是事实告诉我们："粮食是生命的源泉。"

"锄禾日当午，汗滴禾下土。谁知盘中餐，粒粒皆辛苦。"这样一首诗，描述了农民伯伯辛辛苦苦种田的情景，让我们知道每一粒大米都来之不易。所以，在每年粮食日这一天，我们不只是带着孩子们在字面上理解"粒粒皆辛苦"的意思，更多的是通过各类情景活动，让孩子们在真实的情景中懂得粮食的重要性，落实社会领域的社会适应目标："在家长、老师的提醒下，能节约粮食与水电，能爱惜别人的劳动，爱护身边的环境，注意节约资源。"

 参观曼可顿面包工厂

活动目标

1. 知道面包也是粮食，了解小麦制成面粉、面粉制成面包的生产过程；通过粮食日参观活动，懂得感恩农民伯伯，知道珍惜粮食。

2. 乐意自己动手制作三明治、汉堡包，体验劳作的辛苦和成功后的快乐。

活动准备

前期经验准备：晨聊"你吃过什么面包""面包是怎么做的"；亲子了解面包是由什么材料制作而成的；"粮食日"新闻播报，如"介绍粮食日""什么是粮食""粮食有哪些"等；学习诗歌《悯农》；参观前的要求和参观礼仪。

教学具准备：事先联系好面包工厂，由专人接待并带领参观；幼儿每人1副一次性手套、1小瓶矿泉水、1包湿巾、1包纸巾；幼儿背"依霖"书包、穿"依霖"校服；参观幼儿每人准备1部卡片相机（用于参观记录）。

 活动过程

一、出发前的秘密

1. 主持人提问：今天我们要去一个神秘的地方，你们知道是哪里吗？

2. 主持人提问：在参观的过程中，我们需要注意些什么？

二、面包工厂——我们来了

1. 观看"小面包"动画视频，引导幼儿边看边认真倾听讲解员的介绍，了解面包制作的主要流程。

2. 现场小互动，鼓励幼儿积极答题，获得面包奖励。

讲解员：制作面包需要哪些材料？面包制作的第一道程序是什么？面包制作总共需要几个环节才能完成？

3. 参观面包生产过程。

鼓励幼儿独立拍摄生产过程的照片；鼓励幼儿仔细听讲解员的介绍，进一步了解面包制作的主要流程，引导幼儿遵守参观的相关规则。

4. 我们还有问题要问。

参观后，鼓励幼儿结合动画视频和观看后的想法，再次提出自己想问的问题。

三、制作三明治或汉堡包

1. 亲自动手制作三明治或汉堡包，体验亲手制作食物的快乐。

2. 小互动：制作完三明治或汉堡包后，让幼儿谈谈制作的感想。启发幼儿说说制作食物是否容易，从而知道粮食来之不易，使幼儿更加懂得不浪费粮食的道理。

四、弟弟妹妹分享会

和弟弟妹妹分享参观的内容。（照片和视频）

活动反馈与反思

一、将参观照片带回家与爸爸妈妈一同分享，向爸爸妈妈讲解面包生产流程。

二、鼓励大班幼儿完成参观后的感想（幼儿口述，爸爸妈妈帮助记录），并通过小主持播报与大家共同分享。

香喷喷的蛋糕

活动目标

1. 知道世界粮食日，以蛋糕的制作方法为主线，力求通过让幼儿收集资料、猜想、访问及亲身参与制作等方法，帮助幼儿了解蛋糕的制作方法。

2. 通过制作蛋糕，体验面粉、鸡蛋等材料经过加热烘烤发生的变化，探索粮食的变化过程，体验活动的乐趣。

3. 通过粮食日亲手制作蛋糕的活动，知道珍惜粮食，感恩生命中的粮食。

 活动准备

前期经验准备：亲子收集蛋糕制作资料；蛋糕制作"你猜我猜大家猜"（以幼儿绘画形式进行，绘画完成后有讲解）；"小记者"活动（采访蛋糕店阿姨——家长资源）；学习诗歌《悯农》。

教学具准备：蛋糕粉；鸡蛋；奶油；水果；制作蛋糕的模具；小围兜；厨师帽；蛋糕师（家长资源）。

活动过程 ≪≪≪

一、客人驾到

主持人提问：今天我们班级来了一位神秘的客人，她带来了许多神秘的武器。这位客人会是谁呢？（介绍蛋糕师）

蛋糕师提问：这些神秘的武器是干什么用的呢？有谁知道？

二、蛋糕师的介绍

1. 蛋糕师向幼儿介绍蛋糕食材和用具。

2. 蛋糕师制作蛋糕。

蛋糕师提问："蛋糕是怎样做的？"蛋糕师讲解蛋糕制作方法，并示范。

3. 教师配合蛋糕师的讲解，鼓励幼儿仔细听蛋糕师的介绍，了解蛋糕制作方法。

三、小小蛋糕师

1. 幼儿亲自动手制作蛋糕，体验亲手制作食品的快乐。

2. 品尝自己制作的蛋糕，说说制作的感受，并谈谈："平时我们吃到的美味蛋糕都是从哪里来的？""我们应该如何珍惜粮食？"

3. 为爸爸妈妈制作一份小蛋糕。

 活动反馈与反思

一、回家和爸爸妈妈一起分享自己制作的蛋糕，讲讲蛋糕的制作方法。

二、将活动照片通过博客、网站传递给家长。

1.5 敬礼！消防员叔叔

——"消防日"感恩活动设计方案

 设计思路

感恩之心可以相互感染，可以相互传递，更可以无限放大。在消防日感恩活动中，潜移默化地渗透教育部《3~6岁儿童学习与发展指南》社会领域中的社会适应目标："感受规则的意义，并能基本遵守规则。"

在类似这样的活动中，帮助孩子们从小建立社会公共规则意识，同时让孩子们知道，我们生活中需要很多从事不同职业的叔叔阿姨等人的帮助，他们为我们的生活服务，借此使幼儿建立"现在我小，有很多人为我服务，等我长大了，我也要为更多人服务，为社会服务"的信念。

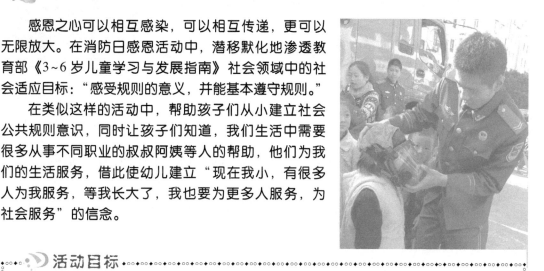

活动目标

1. 知道消防日是11月9日（119），借助参观消防局的社会实践活动，让孩子们了解消防队员所从事的工作，知道消防队员的辛苦，增进孩子们对消防官兵的崇敬之情，并深切体会安全对于自己和他人的重要性，提高消防安全意识。

2. 进一步加强幼儿对突发事件的灵活应变能力，掌握更多自救、逃生、自我保护的具体方法，从小培养消防安全意识。

3. 零距离感受消防员叔叔工作的辛苦，懂得感恩消防员叔叔。

 活动准备

前期经验准备："消防日"新闻播报；观看消防员叔叔救火救灾等视频；消防日的由来等介绍。

教学具准备：裱幼儿水墨画作品2幅；各班自编节目1个；事先联系好消防大队并做好相关准备。

活动过程 «««

一、消防员叔叔，辛苦了

1. 幼儿代表向消防员叔叔献画，并表达感恩之情。

2. 各班分别表演自编节目（每个节目的时间控制在3分钟内）。

二、消防员叔叔，本领大

1. 消防官兵进行高楼缓降、油盆灭火、器材装备展示。（鼓励幼儿观看后主动送出掌声）

2. 组织幼儿参观消防车内务设置，认真倾听消防员叔叔的介绍。（鼓励幼儿不明白时主动表达自己的疑问）

3. 听消防员叔叔介绍：发生火灾时，我们可以怎么办？

 活动反馈与反思

一、将活动照片传至网站或博客，与家长共同分享，将幼儿对消防日活动的口述记录收集起来。

二、教研组总结本次活动的经验，反思活动中的问题与不足。

三、每学期安排消防逃生演练。

1.6 感恩的心，感谢有你

——"感恩节"感恩活动设计方案

 设计思路

懂得感恩，才会"对大家都喜欢的东西能轮流、分享"，"知道别人的想法有时和自己不一样，能倾听和接受别人的意见，不能接受时会说明理由"；懂得感恩，才会知道"用礼貌的方式向长辈表达自己的要求和想法"和"有礼貌地与人交往"的生活真谛。

每年感恩节活动中，我们和孩子一起：

学会感恩——感谢父母，带给我宝贵的生命；

学会感恩——感谢老师，教给我无尽的知识；

学会感恩——感谢朋友，和我分享喜怒哀愁；

学会感恩——感谢我身边的所有，给了我美好而快乐的童年时光。

每年感恩节活动中，我们也和孩子一起：

学会感恩——感谢小草和大树，给了我们生命之气；

学会感恩——感谢山川和河流，给了我们生命之源；

学会感恩——感谢太阳和月亮，给了我们生命之光；

学会感恩——感谢各种小动物，给了我们生命中的伙伴和怜爱之心。

所以，学会感恩是幼儿学习做人很重要的内容和目标。

活动目标

1. 通过每年感恩节活动，让孩子们了解感恩节的来历，逐渐加深对感恩的理解，学会感恩，学习用心"爱"身边的每一个人、每一件事。

2. 鼓励幼儿将"爱"的语言大声说出来，将"爱"的行动积极地传递给他人，体验参与感恩活动的快乐。

活动准备

前期经验准备：各班级铺垫感恩节相关知识，如：感恩节的由来是什么？我们为什么要过感恩节？感恩节有哪些庆贺活动？（吃火鸡）英文知识铺垫："Thanksgiving Day""Happy Thanksgiving Day.""turkey"。

教学具准备：幼儿自制废旧物品时装（亲子制作）；幼儿制作一张感恩卡（亲子制作）感谢身边的所有（感恩你的父母、你的伙伴、你的老师、你的宠物、你的毛绒玩具等，感恩的内容由孩子自己画出来或者从图书、杂志上剪下来）；感恩节音乐资料刻录；感恩展板4张；篝火（可利用班级水桶自制篝火）；炸鸡翅若干对；煮熟土豆若干；番茄酱若干瓶；毛巾若干条；餐巾纸若干卷；垃圾桶；幼儿餐具；操作餐桌若干张。

 活动过程

一、感恩服饰秀

1. 在班级表演：孩子身着以废旧纸张或其他物品为原材料量身制作的个性化服饰进行感恩节服装秀。

2. 介绍自己的服装（材料、意义等）。

主持人提问："你穿的是什么时装？为什么要穿这套服装？"

二、我们的感恩卡

1. 播放《感恩的心》音乐两遍，听提示音乐，"一家人"手拉手来到操场，把各自制作好的感恩卡贴在感恩板上，老大可以帮助弟弟妹妹一起粘贴。

2. 小记者主持采访："你的感恩卡上感谢的是谁？你感谢他什么呢？"

三、感恩狂欢舞

1. 主持人引出今天的活动主题："今天是什么节日？""我们有很多的感谢要说出来，现在我们用一种特殊的方式，表达自己心中的感谢，让我们一起听音乐舞动起来吧！"

2. 幼儿们在主持人的带领下，跳《Thanksgiving Day》的舞蹈。（播放音乐《Thanksgiving Day》）

3. 主持人串场，介绍今天活动的高潮环节——《篝火舞》，大家一起围着篝火，跳起欢快的舞蹈，体验感恩节的欢乐气氛。（音乐播放《篝火舞》）

四、美味的鸡翅

1. 吃火鸡（鸡翅）、土豆，感受感恩节别样的风俗。

2. 整理活动现场。

活动反馈与反思

　　一、将感恩节活动照片编辑、整理至幼儿家园卡、家园册，留作纪念。

　　二、在感恩节后的两周内，各班继续开展感恩节系列活动，如：当生活中得到别人的帮助时，即可送出感恩的话；大班幼儿进行感恩小记者活动，采访"依霖人"。

　　三、教研组开会总结活动组织过程中的经验及不足。

1.7　您好，女同胞

——"三八"国际妇女节感恩活动设计方案

 设计思路

在暖意融融的 3 月，会迎来"三八"国际妇女节。为不失时机地对幼儿进行感恩意识的渗透，让幼儿学习感恩，学会回报，每年 3 月 8 日我们都会借此节日开展"学会感恩、与爱同行""夸夸我家的女同胞"等系列活动。

在为妈妈、奶奶、外婆、姐姐等家里的妇女们献上一份最诚挚的爱的同时，知道每位妈妈都不一样，都具有"自尊、自立、自信、自主"的表现。

她们从小就逐渐养成"多做好事或取得成功后还想做得更好"的意识；

她们主动承担任务，遇到困难能坚持而不轻易放弃；

她们遇到不同看法时，敢于坚持自己的意见并说出理由；

她们……

借助"在讲讲自己的妈妈、奶奶、外婆和姐姐的时候，分析她们的成功和伟大"活动，融入培养目标。当目标萦绕于心、渗透于此的时候，幼儿幼小的心灵才会有所触动。

购买妇女节礼物

活动目标

1. 了解过"三八"国际妇女节是谁的节日，通过超市购物活动激发感恩家里的奶奶、外婆、妈妈等妇女们的情感。

2. 让幼儿尝试"一家人"合作在超市里购买妇女节的礼物，在真实的情境中学习做小顾客，尝试自己购物。

3. 在真实的情境中，提高幼儿独立与人交流和解决问题的能力。

4. 使幼儿学会在众多商品中，选择适合送给家中妇女们的礼物。

活动准备

前期经验准备：话题讨论（妇女节是谁的节日？她们平时是怎样帮助我们的？我们应该怎样感谢她们？家里的妇女们要过节，我们可以怎样送祝福呢？）；新闻播报（"三八"国际妇女节有关资讯）；购买礼物（购买前谈话："超市的商品那么多，哪些适合我们当作'三八'国际妇女节的礼物呢？"）；购买调查表（幼儿用符号或标记自己填写）；幼儿在生活中已有与家人一同购物的经验。

教学具准备：事先联系附近的超市；每位幼儿准备 10~15 元钱；"一家人"已填写好的购买调查表；穿校服；小贺卡若干。

活动过程

一、谈话活动

出发前，和孩子们一起聊聊关于买东西的注意事项，提醒幼儿保管好自己的钱；走路前往超市，提醒幼儿在路上小心车辆、注意安全。

二、购买"三八"国际妇女节礼物

1. 逛超市

幼儿在老师的带领下先"逛超市"。

2. 疯狂购物

"一家人"游走于超市中各个区域，对照自己的购买调查表从各种商品中选出适合送给家中妇女的礼物。

3. 快乐计算

"一家人"选择商品后，学会计算商品的总价格，让幼儿判断自己的钱够不够把商品买回家。

4. 我来想想办法

鼓励幼儿思考：如果有多余的钱怎么办？钱少了可以用什么办法解决？如果我家有两位妇女过节，怎么购买礼物？

5. 我来结账

鼓励幼儿与收银员叔叔阿姨大胆交流，老大知道保管好自己的物品，或找一个袋子把物品装起来，收好收银员找的零钱。

三、送出我们的祝福

鼓励幼儿将自己对家里"妇女们"的感谢大胆表达出来，记录（"话"或"画"）在贺卡上。

制作"三八"国际妇女节任务卡

 活动目标

培养幼儿对家里奶奶、外婆、妈妈等妇女们的感恩之情，让幼儿懂得用行动回报。

活动准备

前期经验准备：谈话讨论："妇女节是谁的节日？她们平时是怎样帮助我们的？我们应该怎样感谢她们？家里的妇女们为什么要过节？我们可以怎样送祝福呢？"小记者新闻播报：选定家里妇女中的一位为对象，如观察妈妈，看妈妈一天做了哪些事情，分析妈妈哪些事情是为自己做的。

教学具准备：调查表（我们可以帮妈妈或奶奶、外婆做哪些事情）；"三八"国际妇女节空白任务卡。

活动过程

一、调查表大讨论

1. 今天是什么节日？

2. "三八"国际妇女节是哪些人的节日？

3. 她们给过我们哪些帮助？

主持人小结并提问：家里的妇女们给予了我们这么多的帮助和爱，在她们过节的这段时间里，我们可以为她们做哪些事情呢？

幼儿分组讨论可以为家里的妇女们做哪些事情，并用符号或画记录下来。

各组派代表介绍自己组的讨论结果。

二、"三八"国际妇女节的任务卡

1. 介绍"三八"国际妇女节任务卡（时间、每天任务的数量、记录的方法等）。

主持人："刚刚我们分小组讨论了这么多可以为家里妇女们做的事情，现在请每一位小朋友自己制定一份'三八'国际妇女节任务卡，填写好自己每天要为家里的妇女们做一件什么样的事情，持续 5 天。"

2. 鼓励幼儿大胆设计自己的"三八"国际妇女节任务卡。

3. 对照任务卡，练习说说贴心话。

（1）亲爱的妈妈，您上班辛苦了！让我为您洗洗脚吧！

（2）奶奶（外婆），您年纪大了，一直无微不至地关心照顾我，今天让我给您捶捶背捏捏肩，按摩按摩吧！

（3）妈妈，今天让我把心中感激的话说给您听，好吗？我很爱您，我会用自己的行动回报您的爱……

（4）亲爱的妈妈，这是我亲手做的小礼物，您喜欢吗？

（5）阿姨，请您歇一会儿，让我为您唱首歌、跳支舞吧！

（6）今天是你们的节日，让我为您送上一杯茶，说声谢谢您，祝您节日快乐！

……

活动反馈与反思

一、鼓励幼儿回家对家里的妇女们大声说："我爱您！"

二、请爸爸捕捉"爱"的瞬间，将小小的照片，结合文字说明制作成一张海报，在全班新闻播报，并展示在班级墙面分享。

三、通过微信等渠道与家长联系，监督幼儿完成任务卡内容。

四、收集家里妇女们的感想，在全班幼儿面前读一读，传递妇女们的感动。

五、开会总结，重点反思"逛超市"活动过程中的问题和不足。

1.8 鲜花献给最可爱的人

——"清明节"感恩活动设计方案

 设计思路

　　"缅怀革命先烈，感恩幸福生活"是"依霖"每年清明节的课程主题。通过烈士陵园扫墓（大年龄段幼儿）、观看儿童革命电影、说说解放军的故事、讲讲现代军队建设新闻等各种活动，让孩子们在享受幸福生活的现代环境里，知道自己是一个中国人，中国的国旗是革命先烈用鲜血染红的；知道中国是一个多民族的大家庭，各民族之间要互相尊重，团结友爱；知道自己国家的一些重大成就；知道在法语里中国叫 Chine，为自己是一个中国人感到骄傲。在孩子心中播下感恩的种子、爱国的种子。

烈士陵园扫墓

活动目标

　　1. 知道清明节是在什么时候，让幼儿通过各种活动，了解清明节的意义和习俗。

　　2. 通过烈士陵园扫墓、观看儿童革命电影等活动，懂得我们的幸福生活来之不易，萌发感恩革命烈士的意识。

活动准备

前期经验准备："清明节"新闻播报；亲自了解"革命烈士的小故事"；讨论烈士陵园扫墓的要求；提前一天观看影片《闪闪的红星》。

教学具准备：菊花若干；事先联系好烈士陵园；穿校服。

 活动过程

一、出发前的谈话

1. 给孩子们讲述革命先烈们的英雄事迹和故事。

2. 让孩子们明确：今天要去做什么？扫墓是一个怎样的活动？它和春游有什么不同？应该注意哪些事情？

3. 提出外出安全要求等。

二、闵行烈士陵园扫墓

1. 幼儿自由组队，自由献花。由幼儿自己找一座烈士墓碑献花，幼儿庄重、真诚地鞠躬，说上一句悄悄话（感谢的话）。

2. 参观无名烈士碑，了解无名烈士碑的意义，幼儿集体向无名烈士碑鞠躬，集体留影。

三、我的感想（请幼儿讨论）

1. 这次我们的远足与平时的远足活动有何不同？

2. 你跟烈士们说了什么悄悄话？

3. 今天你有什么感想？

 活动反馈与反思

一、将活动照片传至网站或博客，与家长共同分享。

二、将幼儿对扫墓活动的口述记录收集起来，以播报的形式传递给班级弟弟妹妹。

三、和孩子们一起讨论活动中"我们哪些地方做得好"和"哪些地方做得还不够好"。

制作青团

📖 **活动目标**

1. 了解清明节在 4 月 5 日前后，帮助幼儿了解为什么要有清明节，清明节有哪些习俗。（重点介绍吃青团）

2. "一家人"大胆地动手制作小青团，体验"家庭"合作完成青团制作的快乐。

3. 制作青团的过程中，体验幸福生活的乐趣，从而对为我们带来幸福生活的解放军叔叔、阿姨萌发感恩之情。

 活动准备

前期经验准备："清明节革命故事"系列新闻播报；了解清明节的来历，讨论"清明节有哪些习俗"。

教学具准备：面粉；一次性桌布；厨师帽；围兜；家长义工资源；清明节革命故事主持播报（有代表性的）；清明节习俗新闻播报；电影视频《闪闪的红星》。

活动过程 ««««

一、清明节小故事

主持人提问：今天是什么节？

主持人介绍：今天我们有两位小主播要为我们播报新闻，我们一起来听听是什么样的新闻吧！（一边播放 PPT，一边请新闻小主播播报"清明节革命故事"）

主持人提问：听完这个故事，你们有什么感受？我们现在的幸福生活是怎样来的？我们应该怎么做？（一边播放 PPT，一边请新闻小主播播报"清明节习俗"新闻）

主持人提问：清明节都有哪些习俗？（幼儿讲述已掌握的知识）

二、一起来做青团

1. 请出家长义工介绍做青团的材料。

2. 家长义工向幼儿讲解并示范制作青团的方法。

3. 在家长义工的带领下，"一家人"合作制作小青团。

4. 注意制作时的技巧，如怎样把馅儿包进去等。

5. 边品尝小青团，边观看《闪闪的红星》电影。

 活动反馈与反思

一、将活动照片传至网站或博客，与家长共同分享。

二、让幼儿回家讲述小青团的制作方法。

1.9　慈母像大地，严父配于天

——"母亲节/父亲节"感恩活动设计方案

 设计思路

　　阳光哺育万物生长，母亲哺育孩子长大，母亲是孩子生命中永恒的太阳。而父亲的角色在孩子成长的道路上有着不可或缺的特殊作用。

　　民间有句谚语："天大地大，父母最大。"心是生命，是情感，没有情感就没有生命。如果没有对父母的感恩之情，心即空死，人即没有生命。作为老师，很重要的一个责任就是重视和唤起孩子们与生俱来内心中存在的对父母的情感。

　　每年母亲节/父亲节来临之际，我们会设计以"学会感恩妈妈/爸爸"为主题的活动，通过活动让幼儿理解父母的辛劳，体会父母的爱。与此同时向孩子们渗透教育部《3~6岁儿童学习与发展指南》社会领域中人际交往的目标："愿意与熟悉的长辈一起活动"；"喜欢和长辈交谈，有事愿意告诉长辈"；"长辈讲话时能认真听，并能听从长辈的要求"；"知道父母的职业，能体会到父母为养育自己所付出的辛劳"。每年的这一天都能将这些目标渐渐渗透、浸润于幼儿的心灵，方能收到滴水穿石之功效。

妈妈，我爱您——表达对妈妈的爱

 活动目标

1. 通过阅读各类绘本，如《我从哪里来》《猜猜我有多爱你》等，结合母亲节，让孩子了解母亲在孕育、照顾自己时的一些故事。

2. 通过手工制作"吻贺卡"送妈妈，表达对妈妈的爱，增进亲子感情。

3. 通过大肚妈妈的游戏，感受妈妈给予的爱。

活动准备

前期经验准备：调查表"我的妈妈"，如妈妈的爱好、妈妈的工作等；亲子谈话，如"我和妈妈的小故事""孕期小故事"等；新闻播报（介绍母亲节、我和妈妈的小故事等）。

教学具准备：邀请一位妈妈（家长义工）讲述自己在孕期的小故事；小枕头若干；绘本《我从哪里来》《猜猜我有多爱你》（含PPT）；手工贺卡雏形（小中大分别体现，如大年龄段幼儿不完成穿线，中年龄段幼儿完成一边的穿线，小年龄段幼儿完成穿线）；"爱心卡"内页纸、口红；音乐《我的好妈妈》《妈妈宝贝》《雨中接妈妈》。

活动过程

一、妈妈的故事

1. 绘本故事《我从哪里来》《猜猜我有多爱你》，通过绘本引出话题，帮助幼儿感受妈妈的爱。主持人提问：这个故事告诉我们一个什么道理？

2. 家长妈妈讲述孕期小故事。主持人提问：听完××妈妈和宝宝的故事，你觉得妈妈怎么样？你有什么话想对妈妈说？

3. 小游戏：大肚妈妈体验。（游戏体验过程中播放《我的好妈妈》《妈妈宝贝》《雨中接妈妈》音乐）

二、为妈妈做礼物

1. 用手工纸和卡纸为妈妈制作母亲节"吻贺卡"。

主持人提问：我们一起为妈妈制作一张小贺卡，你们愿意吗？

制作要求：

（1）独立完成贺卡的外观设计。

（2）在爱心内卡纸上，印上自己的红唇，放入贺卡，给妈妈一个吻。

（3）鼓励幼儿说出自己对妈妈的祝福和爱，教师帮助记录。如：

你有什么祝福的话想要送给妈妈？

还想用什么方法感谢妈妈？

你感谢妈妈什么呢？

2. 通过情景表演模拟，帮助幼儿掌握给妈妈送贺卡时的礼仪。

主持人：谁愿意表演送贺卡？（邀请幼儿上前表演，也可"一家人"小组表演）

 活动反馈与反思

一、将自制母亲节贺卡送给妈妈，大声表达（说出）对妈妈的爱。

二、每年母亲节可通过制作不同的手工作品来传递给妈妈的爱（如制作康乃馨、小蛋糕、戒指、项链等）。

三、通过班组会议反思活动组织过程中的问题和不足。

 # 妈妈，我爱您——护蛋活动

活动目标

1. 通过护蛋活动，让孩子体验妈妈抚育孩子们成长的艰辛，感受妈妈怀孕的辛苦，学会拥有一颗感恩的心，做自己力所能及的事情报答父母。

2. 经由亲身护蛋来体验妈妈的辛苦与爱心。

 活动准备

前期经验准备：新闻播报"我和妈妈之间的故事"；谈话活动（如妈妈平时是怎样保护自己的？妈妈辛苦吗？为什么你觉得妈妈辛苦？）；视频观看（护蛋行动之前，利用多媒体观看妈妈照顾孩子的视频，使孩子更加深刻地体会妈妈的辛苦）；认养蛋宝宝（挑选一个生鸡蛋/熟鸡蛋；给认养的蛋宝宝取一个有意思的名字）；给蛋宝宝化妆（可以给它画上脸蛋）；等等。

教学具准备：生鸡蛋、熟鸡蛋若干。

 活动过程

一、我的蛋宝宝
幼儿相互介绍自己的蛋宝宝。

二、护蛋行动
给蛋宝宝介绍"我的班级"、"我的幼儿园"；为蛋宝宝洗澡；带着蛋宝宝一起学本领；带蛋宝宝吃饭；午睡了，给蛋宝宝讲故事。

开展半天至一天的"护蛋行动"，要求孩子们无论运动、游戏还是学习、睡觉都要随身带着蛋宝宝，小心地看管、保护蛋宝宝，真正把蛋宝宝看成自己照顾的小生命，鸡蛋不破损就算完成任务。

三、妈妈，我爱你
带着问题交流照顾蛋宝宝的感想：
1. 照顾蛋宝宝容易吗？
2. 你在照顾蛋宝宝的过程中遇到了什么困难？
3. 照顾了1天的蛋宝宝，你有什么感想？
4. 妈妈平时这么辛苦地照顾你们，你们有什么话想对妈妈说呢？
将幼儿对妈妈说的话录像，上传至博客或网站。

 活动反馈与反思

一、大年龄段孩子回家完成"保护蛋宝宝"记录表。
二、鼓励孩子回家表达对妈妈的感恩和爱。
三、通过班组会议反思活动组织过程中的问题和不足。

附 "保护蛋宝宝" 记录表（见表 1-3）：

表 1-3 "保护蛋宝宝" 记录表

班级：_____ 姓名：_____ 日期：_____

孩子们，经过了 1 天的护蛋大战，你成功了还是失败了？请把这次的作战感想写（画）下来吧！

"作战" 结果 请画出或写出你的心情 （就是你的 "作战" 结果）	
胜利者	
再接再厉者	

孩子们，辛苦了一天，写下你护蛋的感想吧！

爸爸，我爱您！

活动目标

1. 知道每年6月的第3个星期天是父亲节，能够用简短的语句介绍自己的爸爸，如向同伴介绍爸爸的职业等。

2. 理解爸爸工作的辛苦，乐意大胆表达对爸爸的爱，激发幼儿感谢爸爸的情感，从小懂得饮水思源，尊重、感恩爸爸，知道回报、关爱家人。

活动准备

前期经验准备：小记者调查"我的爸爸"；亲子谈话"我和爸爸之间的小故事"；亲子照片收集（我和爸爸的照片两三张）；父亲节系列新闻播报。

教学具准备：彩色A4纸；记号笔；剪刀；小贺卡；我和爸爸的照片；"我和爸爸"PPT；小视频"父亲的爱"。

活动过程

一、父亲的爱

播放"父亲的爱"小视频，激发幼儿对爸爸的爱。

主持人提问：小视频里说了一个怎样的故事？看完视频你有什么感受？妈妈的爱和

爸爸的爱有什么不一样？你想对爸爸说点什么？

二、我爱我的爸爸

1. 我和我的爸爸

播放 PPT "我和爸爸"，幼儿依次向同伴介绍自己的爸爸，如爸爸的职业、和爸爸之间的小故事等。可以采取两种形式进行介绍，一种是集中式，让一两位小朋友来集中介绍，一种是以 "家庭"/小组为单位介绍。

2. 为爸爸制作小礼物

幼儿以 "家庭" 为单位，独立为自己的爸爸亲手制作一份小礼物，如 "我和爸爸的相册集" 等，老大既要独立完成自己的礼物制作，又要有关注弟弟妹妹的意识，当弟弟妹妹有需要时能主动帮助。请老师代幼儿在小贺卡上写上幼儿对爸爸爱的祝福（鼓励幼儿口述，教师代笔，传递最真的情感）。

3. 爸爸，我好爱您

交代回家任务：祝福爸爸的同时给爸爸一个大大的拥抱，为爸爸做一件力所能及的事（倒茶、洗脚、放鞋、盛饭等），并大声对爸爸说："爸爸，我爱您！"

 活动反馈与反思

一、收集幼儿回家为爸爸做力所能及事情的照片，传至博客或网站，将幼儿对爸爸的爱传递出去。

二、征集爸爸的感想（通过邮件或微信请爸爸们分享自己关于父亲节活动的感想和建议），以便来年父亲节活动开展时有进一步的突破和教育价值的提升。

第 2 章 会劳动，学做一个节俭勤劳的人

导 读 **孩子们眼里劳动即游戏**

编者语：

高尔基说："热爱劳动吧！没有一种力量能像劳动，即集体、友爱、自由的劳动的力量那样使人成为伟大和聪明的人。"陶行知说："在劳力上劳心，是一切发明之母。事事在劳力上劳心，便可得事物之真理。"俄国教育家乌申斯基曾经说过："劳动是人类存在的基础和手段，是一个人在体格、智慧和道德上臻于完善的源泉。"乌申斯基的这段话富有哲理，精辟地道出了"劳动"这两个字的精髓，读懂了，就明白本书为什么把"劳动"作为教参内容之一。

我们认为：喜欢劳动是孩子的天性，他们视劳动为游戏，于劳动中学习最初生存的基本技能；于劳动中感受最初的自我成就感；于劳动中集聚坚持、忍耐、刻苦的意志；于劳动中与成人交往交流，学会独立自主；于劳动中积累生活经验，萌发创造性智慧。让孩子在力所能及的劳动中，体验和知晓劳动中蕴藏的生活认知、情感认知和经验认知，劳动是孩子们用心、用手、用付出来认识社会的极其重要的、真实的学习途径。

我们还认为：我们不仅不能因为溺爱、小视、替代等主观因素剥夺孩子们想要劳动，在劳动中学习和获取经验的权利，还要想方设法为他们创设参与劳动的机会和条件。我们不能认为仅仅在教室里剪剪纸、搭搭积木或画一幅画就是劳动，其实孩子们更喜欢与自然为伍，放眼天地劳作劳心。

那么，如何让孩子建立劳作的概念和体验劳动的喜悦呢？

本书专列了劳动课程。劳动课程中涵盖了农田劳动、社区劳动、幼儿园里劳动、家庭劳动等内容。如，为拓展幼儿劳动基地，"依霖"在上海郊县崇明岛上租赁了一块地，建立了"依霖农村劳动实践基地"。每年春秋，孩子们都以跃跃欲试的状态投入到田间播

种和收割的劳作之中。他们在田头摘一束野花，捉一条小虫，追赶一只小羊，撒一粒种子，挖一挖红薯，闻一闻麦穗，说一说发现，稚嫩而富有灵气，此时他们拥有欢乐，充满兴趣，也拥有自信、动力和成就感，劳动的汗水是真正充满快乐的汗水，虽咸也甜。

劳动创造智慧，是普遍的真理。无法否认，在劳动中培养幼儿的综合能力是最好的途径，可让他们懂得劳动是人类生存的本质的道理。

我们会继续努力建立幼儿园劳动基地，拓展幼儿园劳动课程内容，改进幼儿园现有课程中劳动主题内容缺失的状况。

我们还会继续重视幼儿园课程，为孩子们创设更多的、在真实情境中学习的机会，让幼儿的学习真正以乘积形态，在生活、自然和社会中，遍地开花。

2.1 让植物长得更健壮

——"种植园里拔草"劳动活动设计方案

 设计思路

当春季到来时，幼儿园的种植园地里和大草坪上会生长出许许多多蔬菜和小草，呈现出一片绿油油的景象。

孩子们进入种植园地劳动，常常会问：哪些是小草？哪些是园地里刚刚长出的蔬菜嫩叶？疑惑丛丛。当知道野草生长快，会抢夺蔬菜的营养成分后，孩子们焦急万分，常常不管后果，伸出小手就拔。

为此，我们把定期到种植园地里和大草坪上拔野草的内容纳入幼儿园混龄社会性实践课程之劳动课程中，定期组织各班幼儿参与种植园地的劳动，让孩子们认识农作物，体验拔草劳动的辛苦，理解"粒粒皆辛苦"的含义。

田地就是课堂。田边席地而坐，观察商讨，思考和探索：拔出的小草为什么根要朝上，放在太阳底下晒？如果小草的根很深，用小手拔不动怎么办？哪些是小草？哪些是野菜？哪些是农作物？为什么冬天没有小草？什么季节小草最多？践行科学领域中的科学探究目标："感知并了解季节变化的周期性，知道四季变化的顺序。"

活动目标

1. 愿意在拔草劳动中探索小草的秘密，理解"野火烧不尽，春风吹又生"的道理。

2. 在拔草劳动过程中，结合《植物百科全书》认识不同的野草，也认识一些野菜（荠菜、马兰头等），在拔草劳动中学习知识。

3. 在拔草劳动中遇到困难和问题要学会想办法，不怕苦、不怕累，要有坚持到底的信心和决心。

活动准备

前期经验准备：事先请幼儿带着问题与家长、老师和伙伴一起讨论"除草的作用"；亲子阅读《植物百科全书》，增长关于小草的知识和经验；通过讲新闻相互交流，达到"三人行，必有我师"的教学效果。

教学具准备：每人一副小手套；"一家人"一个小篮子；幼儿准备亲子新闻稿。

 活动过程

一、除草小知识

以抛问题的方式，引导幼儿回顾已有经验，共同讨论，在解答问题中交流各自的经验和认知，并提问：

1. 我们为什么要去拔野草？

2. 如果今天我们把野草拔干净了，以后种植园地里还会有野草吗？

3. 种植园地里全都是野草吗？会不会有其他野菜呢？你们认识哪些野菜？

4. 我们用什么工具拔野草？如果野草的根很深，拔不动，你会想什么办法？

5. 为什么拔起来的野草的根要朝上让太阳晒？

6. 这么多野草拔不完，可不可以用火烧？为什么？

指导语：野草的生命力很顽强，有一句生动表现野草的顽强生命力的诗："野火烧不尽，春风吹又生。"（出示图片和文字）

二、努力拔野草，加油

"一家人"合作拔草。

1. "一家人"进行任务分工，带上手套、小篮子（垃圾袋）。

2. 分头寻找野草，拔除野草。

3. 遇到难拔的野草时，"一家人"合作一起拔。

4. 将拔出的野草放进小篮子（垃圾袋）里。

5. 看见不认识的野菜可以与同伴相互交流，也可以请教老师。

三、"一家人"拔草完工了

1. 提示每个"家庭"整理好自己的劳动工具。

2. 引导幼儿分享拔草劳动中的趣事，在交流过程中感受参与劳动的自豪与快乐的心情。

活动反馈与反思

一、活动开始前，先拍摄种植园地场景的照片，拔草之后再次拍摄园地场景的照片，通过照片对比，凸显劳动成果；拍摄劳动过程中幼儿认真拔草的情景，在班级布置和班级网站中展示。

二、在这一类劳动中，教师要抓住先前的问题，提示幼儿在现场要去观察野草和野菜，用语言、非语言的动作和情感来鼓励幼儿遇到困难要想办法克服，要坚持，要不怕苦、不怕累等。

2.2 蚕豆的秘密

——"摘蚕豆，剥蚕豆"劳动活动设计方案

 设计思路

孩子们都认识蚕豆，喜欢吃蚕豆，但是大多不知道蚕豆荚是怎么剥开的，蚕豆荚里藏着怎样的秘密。

在上海，春天是蚕豆成熟的季节，孩子们走进农庄，在田野里摘蚕豆，亲自动手剥蚕豆，探索蚕豆的秘密，品尝新鲜蚕豆。这一类劳动，可以将教育部《3~6岁儿童学习与发展指南》科学领域（科学探索）的目标——"常常动手动脑探索物体和材料，并乐在其中""探索中有所发现时感到兴奋和满足"等融入其中；还可以将落实《指南》科学领域（数学认知）目标——"能发现生活中许多问题都可以用数学的方法来解决，体验解决问题的乐趣"等贯穿其中。

活动目标

1. "一家人"合作完成"摘蚕豆，剥蚕豆"的任务，并探索和了解蚕豆荚的外形、内部结构以及数量差异，用数数的方法说出所剥蚕豆总量，将豆荚和豆分类放置在不同器皿内。

2. 通过活动体验劳动的快乐，了解蚕豆种植的方式，激发幼儿在植物角试种蚕豆的兴趣。

 活动准备

前期经验准备：带着问题，师生共同查找有关蚕豆的信息；讲新闻交流蚕豆的相关资讯；了解蚕豆的生长过程，认识蚕豆。

教学具准备：小手套；小篮子（垃圾袋）。

活动过程

一、摘蚕豆

带领"一家人"来到蚕豆地，提出相关要求：

1. 引导幼儿找到成熟饱满的蚕豆荚，并摘下来放到自己的篮子（垃圾袋）里，装满为止。

2. 提示幼儿注意脚下安全，老大要带好自己"家庭"的老二和老三。

二、亲亲热热剥蚕豆

"一家人"剥蚕豆，提出相关要求：

1. 请老大当小老师，带领弟弟妹妹一起想办法剥蚕豆。

2. 可以打开蚕豆荚和蚕豆看一看，说一说蚕豆长什么样（按照蚕豆荚外壳→蚕豆荚内壳→形状、颜色→蚕豆的组成部分的顺序）。

3. 将蚕豆荚和蚕豆分类放置在规定的器皿内。

主持人观察指导：

1. 关注"一家人"分工合作情况。

2. 观察老大（小老师）对老二、老三的指导帮助情况。

3. 把剥好的蚕豆送到厨房加工。

三、蚕豆真香

邀请"一家人"共同品尝自己的劳动果实，聊一聊蚕豆的味道，体验劳动后的喜悦与收获。

 活动反馈与反思

一、将活动情景通过视频网络、微信等途径传递给家长，把教案也传递给家长，让家长了解此活动融入了很多教育目标。孩子们在真实情境中学习所获得的知识是有效的，学习的过程是快乐的、轻松的；"一家人"在一起，老大组织能力和领导能力的提高会潜移默化地影响老二和老三；用探索发现和讨论操作的方法学习，会产生事半功倍的学习效果。

二、可以请幼儿把剩余的蚕豆带回家与家人一起分享，告诉家人：我也能为家里做些小贡献，有一份小小的自豪感。

三、留下一些蚕豆作为种子，在教室种植角尝试播种蚕豆，并做好观察记录。

2.3　植树节的日子

——"播撒种子"植树节劳动活动设计方案

 设计思路

春天是万物复苏的季节，正是孩子们与大自然为伍的好时机。借助每年 3 月 12 日植树节，带领孩子们走出教室，走进大自然，已经成为依霖幼儿园社会性实践的必修课。

教育部《3~6 岁儿童学习与发展指南》科学领域（科学探究）的目标要求幼儿："喜欢接触大自然，对周围的很多事物和现象感兴趣"；"认识常见的动植物，能注意并发现周围的动植物是多种多样的"；"能感知和发现动植物的生长变化及其基本条件"；"能察觉到动植物的外形特征、习性与生存环境的适应关系"。劳动属于对人们生活，生活即教育。孩子们在感恩大自然馈赠的同时，通过劳动播种感受生命成长的快乐，获取相关知识，喜欢参与群体劳动活动是符合幼儿身心发展特征的。

植树节的意义还在于启蒙孩子产生保护树木绿地、保护环境就是保护人类生存环境的意识；启蒙孩子了解人与自然的相互依存关系。

活动目标

1. 结合每年植树节的感恩活动，开展种植劳动活动，让幼儿初步了解种子为何可以在泥土、水、沙土中进行种植。

2. 进一步了解土埋、按压、浸水的种植方法。

3. "一家人"积极主动地参与到种植活动中，体验种植活动带来的喜悦和成就感。

 活动准备

前期经验准备：请家长与幼儿收集一两种种子（黄豆、花生、大蒜、玉米等）；了解自己所收集种子的基本生长习性；观看 PPT "一颗想长大的种子"，知道种子发芽的过程；有种植大蒜、土豆的经验。

教学具准备：播种用的劳动工具（浇水壶、铲子）；种子成长的书面记录表。

活动过程

一、谈谈我们的植物角

讨论，引导幼儿说说植物角的植物。提问：

1. 大家有没有天天去植物角观察？

2. 最近我们每天都在做植物角的记录，你有什么新发现？

3. 经过一个冬天，植物角的植物们现在怎么样了？

4. 植物为什么会发芽？

二、"家庭"的种子可以用什么方法种

引导幼儿讨论，介绍自己带来的种子准备怎样种（过程中关注每个"家庭"的幼儿是否积极、主动、大胆地表达自己的想法）。

1. 沙土种植不能浇太多的水，不然会把种子泡坏，就不能发芽了。

2. 土埋种植，泥土不能太潮湿，不然会泡烂种子；泥土不能太干松、水分太少，不然种子会死掉。

3. 水养种植要保持种子湿润，一半浸在水中就可以了。

4. 各种种子浇水情况要根据观察记录进行。

三、播种我带来的种子

1. 老大带领"一家人"播种，过程中有协调、商量、分工、合作，体会"一家人"一起种植的快乐。

2. 提示"一家人"播种完后，要做好收拾劳动工具、清扫场地、清洗小手等后续收尾工作。

活动反馈与反思

一、将活动情景通过视频网络、微信等途径传递给家长，让家长给予幼儿正面积极的鼓励。

二、活动中教师观察幼儿种植情况及幼儿对自己带来的种子习性的了解程度。

三、注意"一家人"操作过程中老三的参与情况，幼儿已知经验和获取新经验的情况，活动中老大、老二、老三获取知识和经验的层次点与劳动情况等。

2.4　花盆，我擦，我擦擦擦

——"擦洗花盆"劳动活动设计方案

 设计思路

幼儿园的盆栽每天都有保洁阿姨进行养护和清洁，常常看到阿姨用心地一片一片擦洗叶子。正是有了保洁阿姨的辛勤劳动，幼儿园的花盆才能保持洁净，盆栽才能郁郁葱葱。这些劳动可不可以让孩子们来做呢？

幼儿常常会口中念叨"幼儿园是我家，清洁美丽靠大家"，可实际只是"阿宝念经"有口无心。如何落实"尽可能让幼儿做一些力所能及之事，从小培养他们懂得节俭爱劳动的好习惯"的目标？如何寻找相关教育的契机和内容？其实，日常生活和环境里充满教育的机会，只是我们经常熟视无睹，视而不见罢了。擦盆栽是一种很好的幼儿力所能及的劳动实践方式，幼儿动手擦盆栽需要耐心、细致及"综观全局"不遗漏的态度。通过劳动，幼儿可体会到劳动不易、劳动很累，学会体谅他人和珍惜他人劳动成果等。

通过这类劳动，孩子们能学习到操作程序，能在实践中逐渐探索其中的操作规律。"我做了才懂得了""心灵手巧""说比做更重要"等教育思想于此无痕渗透。

活动目标

1. 愿意参加擦幼儿园盆栽活动，耐心、坚持地用抹布一点点将每一片叶子擦干净。

2. 在擦幼儿园盆栽过程中，感受和体验劳动的不易、累与辛苦。

 活动准备

前期经验准备：有使用抹布擦洗的经验；会正确使用抹布；会保持擦洗物体周围地面干燥。

教学具准备：小水桶、小抹布等劳动工具。

活动过程 ≪≪

一、美丽的盆栽

1. 主持人提问：你在哪里看到过盆栽？盆栽有什么用？

2. 主持人提问：为什么要擦盆栽？怎样擦盆栽？

二、一起擦擦擦

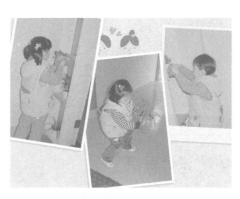

"一家人"一起擦盆栽的要求：

1. 认领的盆栽叶子、花盆都要擦干净。

2. 不能折断叶片、花瓣，不能打碎花盆。

3. "一家人"要分工合作，共同劳动。

4. 任务完成后要将盆栽放回原处。

5. 收拾工具、清洁地面，洗干净小手。

6. "一家人"要注意安全：注意不要让大盆栽歪倒，小盆栽不要摔，不要被树叶划破手等。

 活动反馈与反思

一、将活动情景通过视频网络、微信等途径传递给家长，让家长给予幼儿正面积极的鼓励。

二、分析以上要求幼儿完成的情况，总结哪些盆栽适合作为幼儿劳动的对象。

2.5　我们的活动室更整洁

——"整理专用活动室"劳动活动设计方案

 设计思路

　　培养幼儿关注公共环境的公共责任意识，是设计此活动的意义所在。专用活动室、公共走廊这些地方日常都有专门人员清洁，谁也不曾想到可以将公共环境的清洁维护用作劳动内容，来引导孩子关注公共环境卫生。

　　一天，孩子们走进"杰立卡"教室后，立即大声嚷嚷起来："老师，地上全是画，没法走路!"孩子们不经意的一声喊叫，令老师瞬间灵感闪现，随即问："怎么办?""叫阿姨，这是王阿姨的事!"孩子们中有人提议。于是一场"我们该不该打扫"的讨论展开了，最终结论是：我们应该打扫，公共环境需要每个人的维护。

　　我们现在的培养目标中，关于劳动意识和劳动技能、保护公共环境等的目标有所缺失。由此，我们在劳动课程中纳入了清洁整理公共教室、公共走廊的内容。

活动目标

　　1. 愿意参加打扫和整理"杰立卡""建构室""小社会"等专用活动室的劳动，在经常性参与这类劳动的过程中，知道劳动也需要"一家人"分工合作和商量。

　　2. 在劳动中探索擦洗桌子、椅子的顺序，摸索规律，知道怎样擦又快又干净；学习自己搓洗抹布和绞干抹布的生活技能。

　　3. 萌发"保持美观整洁的公共环境，我们每个人都有责任"的意识。

活动准备

前期经验准备：经常给幼儿灌输"我为人人""热爱劳动"的思想，启蒙"打扫公共场所、爱护公共场所也是我们的责任"的意识；请幼儿在家请教家长擦桌子、椅子和绞干抹布等的方法。

教学具准备：每个家庭准备两三块小抹布，一个小水桶，一个小塑料袋子。

活动过程

一、我们的专用活动室

1. 带领幼儿走进专用活动室，观察活动室四周，现场讨论哪些地方需要清洁和整理。

2. 帮助分配各"家庭"的劳动位置和任务。

二、我们爱劳动

老大（大年龄段幼儿）在规定的地点带领"一家人"共同商量：谁负责把东西摆放整齐，谁负责擦桌椅上脏的地方，谁负责收拾垃圾或检查玩具、图书是否损坏等。

老大要主动教弟弟妹妹怎样绞干抹布，怎样擦洗桌椅等劳动技能。

三、坏掉的玩具和图书怎么处理

劳动结束，请大家再次观察专用活动室，感受劳动成果，体验劳动带来的快乐情绪。

提问：对于这些损坏的玩具、图书、椅子或其他东西应该怎么办？

讨论，想办法解决问题。

活动反馈与反思

一、拍摄专用活动室整理前后的照片及幼儿劳动过程中的照片，劳动结束后让幼儿观看。观看自己劳动时的真实情景，有助于幼儿在活动后体验劳动的喜悦。

二、开展类似的劳动活动时，教师要多关注老三（小年龄段幼儿），适当给予帮助与指导。

三、教师要知道，开设这样的劳动课程是为了实现教育部《3~6岁儿童学习与发展指南》健康领域（生活习惯与生活能力）中"能将玩具和图书放回原处""能整理自己的物品""能按类别整理好自己的物品"的目标。

2.6　雷锋叔叔是我们学习的好榜样

——"走进社区去劳动"劳动活动设计方案

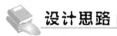

设计思路

毛泽东主席曾亲笔题词"向雷锋同志学习"。雷锋事迹及其精神一直流传至今，雷锋同志的言行已成为我们做人的基本道德标准。每年 3 月 5 日，全社会都利用"做好人好事，提倡社会新风尚"的契机，鼓励、动员、号召各行各业的人，用行动践行毛主席"向雷锋同志学习"的号召。

幼儿作为社会中的小成员，自然也要加入其中。孩子们学习雷锋，可以从"听"雷锋叔叔的故事，"讲"雷锋叔叔的故事开始，从身边小事做起，身体力行地参与一些社会活动。我们结合环保教育、探望慰问孤寡老人、社区演出等可渗透的教育契机，让孩子们在行动中体悟精神和思想，逐步在幼儿心中埋下"我为人人，人人为我"的社会友爱与关怀的种子。

"走进社区去劳动"是孩子们十分喜欢的一种劳动形式，从中他们体验到清洁工人的辛苦，学会了爱护环境，提醒他人不乱丢垃圾，看到垃圾要及时捡起来，学会不怕苦、脏、累，培养做好事的兴趣和意识，让雷锋精神薪火相传。

环保教育

活动目标

1. 利用每年 3 月 5 日"学雷锋纪念日"结合环保教育，让孩子们体验清洁工的辛苦，知道要爱护环境，不乱丢垃圾，树立环保意识。

2. 培养幼儿向雷锋叔叔学习，为大家做好事的兴趣及意识。

活动准备

前期准备：通过观看《雷锋》电影视频，讲述雷锋叔叔的故事，知道雷锋叔叔是我们学习的榜样，了解雷锋精神。

教学具准备：每个孩子自备清洁工具。

 活动过程

一、说说雷锋精神

1. 主持人提问："雷锋是谁？"

2. 出示雷锋叔叔的画像，让幼儿一起讲讲《雷锋》电影中的故事，说说雷锋叔叔的无私奉献精神。

3. 讨论：我们怎样向雷锋叔叔学习？可以为社区做哪些好事？

二、学雷锋——做环保小卫士

1. 环保小卫士是什么意思？

2. 怎样做一名环保小卫士？

3. 环保小卫士可以做哪些事情？

三、出发——为社区做清扫工作

1. 全体幼儿统一园服着装，9：30出发到街道进行打扫。

2. 场地安排：大一班、大二班、大三班、大四班各负责一段。

3. 打扫内容：打扫街道地面卫生，擦拭公共设备，清理小广告。

四、劳动真快乐

请小朋友说说今天"学雷锋"为社区劳动的感受。

 活动反馈与反思

一、通过活动，让孩子们体验劳动的快乐和光荣。

二、通过网络及时传递劳动的相关视频与资料，获得家长的正面鼓励与支持。

三、教研组总结组织工作和活动内容：走入社区协助清洁、清洁我的班级、清洁我的幼儿园、整理我们的专用活动室、帮助弟弟妹妹整理玩具等。

打扫班级

活动目标

1. 学习雷锋，愿意从身边力所能及的小事做起，热衷参加打扫班级的劳动活动，感受"班级是我家"的集体氛围。

2. 打扫班级环境过程中，积累劳动经验，体验劳动乐趣。

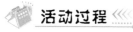**活动准备**

前期经验准备：经常在与孩子们的交谈中灌输"我们的班级我做主"的集体意识。在值日生的基础上，确定每周五下午为"班级劳动清洁日"，鼓励幼儿负责整理区域、桌椅等，积累"自己事情自己做，班级事情我们做主"的经验。

教学具准备：每个幼儿一块小抹布、一个小袋子。

活动过程

一、我们的教室

引导幼儿寻找班级中需要打扫清洁的地方，讨论整理的注意事项。

二、开始打扫

1. 以"家庭"为单位，一个"家庭"负责一个区域，分组打扫。

2. 教师关注幼儿分工合作情况，如谁负责把东西摆放整齐，谁负责擦脏的地方，谁负责检查玩具有没有坏掉并将坏掉的玩具放入小袋子里。

3. 教师拍摄整理前的照片、幼儿劳动情景的照片、整理后的照片。

三、整洁明亮的教室

展示活动前后教室环境的对比照片、孩子们努力认真劳动的情景照片，让幼儿在对比中感受劳动成果的来之不易，得到自豪和快乐的情感体验。

活动反馈与反思

一、通过活动，我们意识到，"我们的班级我做主"的主人翁意识要经常宣讲，逐渐增强孩子们的集体荣誉感，让孩子们懂得爱护自己的教室和班级，也可以邀请园长妈妈来分享劳动成果，让孩子们体验参与劳动的快乐、光荣和自豪。

二、通过网络及时传递劳动的相关视频与资料，提示家长在家庭中也重视孩子的劳动教育。家长们看到孩子在幼儿园如此能干，如此热爱劳动，一定不会小视自家的孩子，取得家园共育的良好效果。

三、教研组反思组织工作和活动内容时认为：劳动内容可以随着不同阶段逐渐变化和递进。

2.7　劳动最快乐

——"我学会劳动啦！"劳动活动设计方案

设计思路

孩子们都知道"五一"国际劳动节是全世界劳动人民的节日，可以放假一天让劳动者休息。但孩子们尚不能理解劳动节的真正意义。通过每年不同的"五一"国际劳动节庆祝活动，渐渐让孩子们了解劳动的意义，感受劳动的辛苦和快乐，享受劳动的过程，在观看表彰劳动模范的影视活动中，逐渐建立起劳动的概念，养成爱劳动的好品质，树立劳动最光荣的思想。

活动目标

1. 通过庆祝"五一"国际劳动节活动，加深对劳动节真正意义的了解。
2. 在参与劳动的过程中，感受劳动的辛苦与快乐，学会尊重他人的劳动成果。
3. 培养幼儿在生活中爱劳动、愿意劳动的好品质。

活动准备

前期经验准备：通过讲新闻，了解"五一"国际劳动节的来历和意义；家长和幼儿分别说说"我能做的家务劳动"；请家长把幼儿在家劳动的照片拍摄下来并制作成海报。

教学具准备：亲子制作"我的劳动海报"；"我的劳动卡"；表彰劳模视频。

活动过程

一、说说"五一"国际劳动节
用提问的方式引导幼儿回忆"五一"国际劳动节的来历和意义。

1. 5 月 1 日放什么假？
2. 为什么在 5 月 1 日放假？

3. 哪些人需要劳动？

4. 劳动是辛苦的还是快乐的？

5. 你们喜欢劳动吗？在家劳动吗？会做些什么事情呢？

二、向劳动模范学习

继续用提问的方式引导幼儿讨论劳动模范的概念：

1. 什么是劳动模范？

2. 什么样的人可以当劳动模范？

3. 观看表彰劳动模范的视频。

让幼儿通过观看视频逐渐感悟到：劳动模范是光荣的，是我们学习的榜样，是值得尊敬的。

三、分享劳动海报

讲新闻："讲讲我的劳动海报"。主持人：

1. 引导"一家人"共同分享劳动过程和成果，心里有哪些感受？

2. 我们会参与哪些力所能及的劳动？

3. 怎样将在家里的劳动记录下来与小伙伴分享？

四、我的劳动卡

主持人：讲解"我的劳动卡"（见表 2-1）。

表 2-1 我的劳动卡

班级 _____ 姓名 _____ 日期 _____

项目	星期一	星期二	星期三	星期四	星期五	双休日
自己穿衣服鞋袜						
整理书包、学习用具						
拿取碗筷、自己吃饭						
整理玩具、图书						
帮助家人擦桌椅等						
整理自己的被褥衣服						
倒垃圾、整理鞋柜						
其他						
说明： 可以一月一张表，回家做了以上某一项，就请家长在表格中打☆；不做就不打。						

活动反馈与反思

一、通过视频网络与同伴们分享自己的劳动过程和成果。

二、经常组织劳动活动，让幼儿养成爱劳动的好品质。

三、将"我的劳动卡"带到幼儿园与大家分享，感受劳动的自豪和快乐，养成爱劳动的好习惯。

2.8　幼儿园的水果熟了

——"采摘枇杷"劳动活动设计方案

 设计思路

　　利用幼儿种植园地的有利资源，因地制宜开展劳动课程是孩子们十分期待的。每天中午孩子们户外散步时都会关注幼儿园的一草一木，青菜长大了，番茄变红了，银杏果从树上掉落下来了，枇杷、生梨等果类更是他们关注的重点。

　　带着"问题"去探究枇杷、生梨等类似课程是混龄教育课程实施中的第一步。老师从"你们吃过枇杷吗"的提问开始，引导幼儿充分讨论。有的说吃过，有的说没有，还有的孩子兴奋地说："这就是能够治咳嗽的枇杷！"针对孩子们的问题老师不直接作答，请大家回去和自己的爸爸、妈妈一起查找有关资讯信息，带着这些信息参与采摘枇杷的实践活动。

　　带着已有的信息，去参加采摘枇杷→洗枇杷→剥皮吃枇杷→整理剩余残渣→讨论的过程，是混龄教育课程实施中的第二步。

　　带着探索、实践和讨论后的答案共同分享经验，是混龄教育课程实施中的第三步。

活动目标

　　1. 带着略知的信息，参与采摘、品尝枇杷的过程，获取枇杷相关知识经验。

　　2. "一家人"合作摘枇杷，在采摘、品尝、讨论中感受收获的快乐。

活动准备

前期经验准备：家长与幼儿共同收集枇杷资料，获取相关信息。

教学具准备：每个家庭准备一个小篮子、一块小毛巾及果盘、剪刀等；事先与后勤人员商量好派男同志帮助。

活动过程

一、秋天收获果实

以提问的方式引导幼儿讨论：

1. 秋天成熟的果实有哪些？幼儿园有没有成熟的果实？

2. 采摘时要用什么方法？

3. 采摘大枇杷或生梨时的注意事项有哪些？

4. 根据孩子们的讨论加以归纳整理并反馈给他们。

二、大枇杷，我们来啦!

1. 采摘的过程中，我们要注意哪些问题？

2. 哪些采摘方法是安全的呢？

3. "一家人"合作一起摘枇杷，如果遇到困难可以想办法请人帮助，但自己一定要努力。

4. 小篮子装满枇杷了，"一家人"的任务就算完成。

三、分享品尝枇杷

"一家人"取篮子里一半的枇杷清洗，品尝，探索，讨论，整理。

四、枇杷，我认识你

全体幼儿一起交流：说一说已知和未知的有关枇杷的信息。

1. 谁来讲讲枇杷的外形特征（如形状、颜色等）？

2. 剥开枇杷里面有什么？肉、核各是什么颜色、形状，软硬度如何？

3. 枇杷除了食用，还有什么作用？

活动反馈与反思

一、将活动情景通过视频网络、微信等途径传递给家长，让幼儿把留下的一部分枇杷带回家给爸爸妈妈品尝，让全家一起感受孩子们学习和劳动的成果。

二、活动中教师注意观察幼儿采摘的情况，幼儿在活动中与其他"家庭"的配合情况，注意关注老大的个体能力差异，适时指导。

三、这一类活动，幼儿园在夏季和秋季会经常开展，因此，教师要熟记科学领域中的探索和数学认知目标，并将其融入活动中。

四、不要忽略健康领域中的动作发展和艺术领域中的美术目标。如《画枇杷》教学就能融入"能用简单的线条和色彩大体画出自己想画的人和事物；能用绘画等表现自己观察到或想象的事物；能用自己制作的美术作品布置环境、美化生活"小、中、大班的美术教学目标。

2.9　买菜、洗菜、煮菜

——菜系列劳动活动设计方案

 设计思路

　　蔬菜是孩子们生活中天天接触到的，也是孩子们较为挑剔和不喜欢吃的，但孩子们一般都会认识几种。通过"买菜、洗菜、煮菜"活动，不仅能落实教育部《3～6 岁儿童学习与发展指南》健康领域（生活习惯和生活能力）"不偏食、挑食，不暴饮暴食。喜欢吃瓜果、蔬菜等新鲜食品"的目标，而且能提供给幼儿真实的实践情境，让他们感受买菜、洗菜、煮菜的不易。

　　混龄"一家人"在买菜、洗菜和煮菜过程中，学会计算、商量、分工、共同品尝。"家庭"中老大的作用和威信得到很大的提升，责任意识和领导能力也大大增强。

活动目标

　　1. 在买菜、洗菜和煮菜系列活动中，初步学习钱与菜价匹配的分配；学习"一家人"商量着买共同喜欢吃的菜。协商菜买回来后，谁来择菜，谁来洗菜，谁来煮菜。

　　2. 作为"一家之主"的"老大"要领导弟弟妹妹一起管理好 10 元钱，照顾弟弟妹妹，感受"一家人"完成"买菜、洗菜、煮菜"的欣喜、刺激和不易。

活动准备

　　知识经验准备：跟随家里大人（爸爸妈妈）去附近菜市场买菜，认识一些蔬菜；观察家里大人洗菜和烧火锅的工作流程。

　　教学具准备："家庭"组建，每个"家庭"10 元钱；篮子，电锅，筷子，碗，勺子，饭兜，菜盘子；事先与菜场联系；与后勤联系增加人手和准备电锅；与财务联系领取经费；与食堂联系准备高汤。

 活动过程

一、买菜

买菜出发前，主持人交代今天的任务：

1. 老大、老二、老三（小中大）各一名，组成一个"家庭"。由老大负责，管理好钱（10元）、篮子和弟弟妹妹。

2. 每个"家庭"10元钱，买两三种"一家人"都爱吃的蔬菜。老大要听取"家庭"成员的意见，不能一个人说了算。

3. 买菜的时候遇到不会计算等问题，三个人自己想办法解决。（可以请卖菜的人帮助，也可以请其他小朋友帮助）

4. 买菜的时候要有礼貌，学会打招呼。

5. 要注意安全，"一家人"一定要在一起，不分开，不跟陌生人走。

买菜回来后，主持人以提问的方式鼓励各个"家庭"进行交流，分享买菜的经过。

1. 哪个"家庭"来与大家一起分享一下你们"家庭"今天买了些什么菜？

2. 你们"家庭"一共用去了多少钱？

3. 买菜的时候有没有遇到困难？

二、处理菜

1. 主持人提问：谁来讲讲，你们家里的大人是怎样处理蔬菜的？

2. 讨论择菜的方法："一家人"合作择菜，并将蔬菜分类，装进篮子内。

3. 讨论清洗蔬菜的方法；讨论清洗蔬菜的注意事项。

4. 讨论切菜的方法；讨论切菜的注意事项。

5. 教师分配洗菜场地和水池，"一家人"共同洗菜，洗完菜后，由老大负责将蔬菜放进小推车里。

三、煮菜

准备电锅和相应的火锅汤料与器皿，并引导：

1. 菜洗好了，也分类好了，接下去我们该做什么了？

2. 用火锅煮菜的过程中要注意哪些问题？（幼儿讲述已有的生活经验，重点指出下火锅的安全要求）

3. 两个"家庭"合用一个电锅，品尝蔬菜火锅；体验自我服务和服务"家庭"成员的快乐，享受劳动成果。

4. 过程中加强观察，提示幼儿注意安全，老大要照顾好弟弟妹妹。

 活动反馈与反思

一、将活动情景通过视频网络、微信等途径传递给家长，让家长给予幼儿正面积极的鼓励。

二、班级教师要分组带领幼儿并观察幼儿买菜、洗菜和煮菜情况，关注老大的个体能力差异，适时指导。

三、根据时间需要，买菜、洗菜和煮菜可以分两三次完成。

2.10　农田拾稻穗

——"崇明农庄拾稻穗"劳动活动设计方案

设计思路

在社会性实践课程建构中，利用每年的春季和秋季，组织幼儿到崇明敬德农庄"依霖劳动实验基地"进行播种和收割劳动。为什么我们要花这么大力气在上海郊区建立这样一个劳动试验基地？目的就是要落实"我听见了，就忘记了；我看见了，就知道了；我做了，就理解了"和"创设让孩子们在真实情境中操作与学习的环境"的教育思想。

农庄中的春种秋收，给孩子们创造了一个良好真实的劳动环境。孩子们通过在农场劳动，不仅认识了各种农作物，探索和了解了植物种植过程，感受粮食的来之不易和珍贵，同时也体会到劳动虽累，但也是快乐的，激发幼儿爱劳动的思想和尊重劳动成果的情感。

他们还学会用自己特殊的"眼睛"（相机）捕捉快乐的劳动镜头。

活动目标

1. 利用每学期到崇明敬德农庄"依霖劳动实验基地"的秋收活动，让幼儿认识稻子，了解稻谷的色泽，知道稻子是秋天收获的农作物，并学习区分稻谷的成熟程度。

2. 在捡稻穗的过程中感受劳动和学习带来的快乐，体会"一家人"在一起劳动的快乐，感受秋天丰收的景象。

活动准备

前期经验准备：亲子共同收集有关秋天农作物的丰收信息；开展主题为"秋天是丰收的季节"的讲新闻活动，在收集信息和讲新闻的过程中渐渐渗透秋天丰收内容。

教学具准备：与农场联系，选择刚刚收割好稻谷的第二天；小篮子、成熟的稻谷、未成熟的稻谷；与后勤行政人员协调，安排车辆与协助人员。

活动过程

一、崇明敬德农庄"依霖劳动实验基地"的稻谷熟啦

主持人引导：崇明敬德农庄"依霖劳动实验基地"的稻谷成熟了，农民伯伯们正在忙着收稻谷，我们一起拿好小篮子到现场去看看，看看农民伯伯是怎样收割的，我们可以帮上什么忙。

二、这是稻谷吗？

1. 在田间边观察边引导提问：

（1）农民伯伯是怎样收割稻谷的？

（2）收稻谷用的是什么工具？（讨论讲解）

2. 请幼儿捡起田地里的稻穗仔细观察，引导幼儿学习从颜色上辨别稻谷的成熟程度。

（1）稻谷是什么颜色的？（成熟的稻谷和嫩嫩的稻谷颜色有什么不同？）

（2）稻穗长得怎么样？

（3）稻谷摸上去有什么感觉？

（4）数一数一串稻穗上有多少粒稻谷？

三、拾稻穗去啦！

幼儿在农田里寻找掉落在田里的稻穗，感受秋天的丰收景象。

1. "一家人"一起寻找稻穗，拾稻穗，用相机捕捉劳动镜头。

2. 提醒幼儿注意安全，注意脚下的沟渠，不要奔跑。

3. 提示哥哥姐姐要关心和照顾好自己的弟弟妹妹。

四、香喷喷的大米饭

吃饭啦，一粒粒的稻谷变成了香喷喷的大米饭，幼儿一边吃一边体会"谁知盘中餐，粒粒皆辛苦"的含义。主持人提问：

1. 刚才我们见到的稻谷和现在的米饭一样吗？

2. 稻谷变成米饭要经过多少道加工工序呢？

请幼儿带着问题回家和爸爸妈妈一起查资料，了解稻谷变成米饭的过程。第二天继续以此为主题讲新闻。

 活动反馈与反思

一、将活动情景通过视频网络、微信等途径传给家长，让家长给予幼儿正面积极的鼓励。

二、教研组通过教研活动反思活动的组织工作：车辆安排、计划实施、时间把控；幼儿已知经验和获取经验的情况；现场教学活动中老大、老二和老三获取知识经验的层次点与劳动情况等。

2.11　我喜欢捡落叶

——"捡落叶"劳动活动设计方案

 设计思路

　　每年秋天"捡落叶"是所有孩子都会经历的，这类活动蕴藏着综合性的教育元素，"捡落叶"既属于劳动课程，又属于科学探索课程，还属于户外活动……

　　"捡落叶"可以落实教育部《3~6岁儿童学习与发展指南》科学探究领域目标："喜欢接触大自然，对周围的很多事物和现象感兴趣"；"能通过观察、比较与分析，发现并描述不同种类物体的特征或某个事物前后的变化"。可落实教育部《3~6岁儿童学习与发展指南》数学认知领域目标："感知和发现周围物体的形状是多种多样的，对不同的形状感兴趣"；"能感知和区分物体的大小、多少、高矮长短等量方面的特点，并能用相应的词表示"；"能感知和区分物体的粗细、厚薄、轻重等量方面的特点，并能用相应的词语描述"。同时可以落实"幼儿每天户外不少于2小时"的运动目标，还可加入"让我们的环境变得更清洁更美丽的环保小卫士"的公益劳动目标。

　　每年秋天"捡落叶"劳动，不仅仅是劳动，更是充分利用幼儿园现有环境中潜在的教育元素，让幼儿在真实环境中自然而然、了无痕迹地接受各类教育的活动，使其产生亲近自然、关爱自然、爱护幼儿园的情感。

活动目标

　　1. 愿意参加"捡落叶"活动，能将规定区域内的落叶捡干净后再换地方。

　　2. 捡落叶过程中，视捡落叶为游戏，观察树叶，与同伴交流，体验劳动带来的乐趣。

活动准备

前期经验准备：秋天主题中有关叶子（落叶、枯叶等）的经验。

教学具准备：每个家庭一个马甲袋。

 活动过程

一、地上的落叶真多呀

带领幼儿观察幼儿园或者小区的草地上、马路边的落叶对环境的影响。主持人提问：

1. 现在是什么季节？

2. 地上有什么？

3. 阿姨刚刚扫过的地上又有了许多落叶，怎么办呢？

二、"一家人"捡落叶要注意的地方

主持人和幼儿一起讨论捡落叶的方法，如何将规定区域内的落叶捡干净后再换地方。

三、小手捡落叶

1. "一家人"一起寻找落叶，捡落叶。

2. 引导幼儿注意安全，不要奔跑，不要互相碰撞。

3. 老大要关心、指导弟弟妹妹。

4. 将规定区域的落叶捡干净后再换地方。

四、我让环境变漂亮了

主持人带领幼儿欣赏干净整洁的草地，体验劳动带来的自豪和快乐。

 活动反馈与反思

一、将活动情景通过视频网络、微信等途径传递给家长，让家长给予幼儿正面积极的鼓励。

二、活动中教师注意观察幼儿有序捡落叶的情况，以及"一家人"共同劳动的情况。

2.12 环保小卫士

——"环保卡的使用"社会实践活动设计方案

设计思路

　　废旧物品在我们的生活中随处可见，如各种食品、玩具等的包装物。孩子们在吃完、用完物品后，对包装物往往是一扔了事。孩子们年龄小，思维的主要特点是具体形象，对事物的分辨能力较差，幼儿环保意识的培养需要成人的提醒及表率，从小培养幼儿的环保意识对他们今后的成长有一定的帮助。如何让幼儿切切实实地感觉到"废品是有用的"，懂得"废品不废"的道理呢？我们设计了属于孩子们的"环保卡"，通过"环保卡"的创意运用，帮助孩子们进一步提升环保意识。

　　环保卡使用说明：

　　1. 每位幼儿一本环保卡，和爸爸妈妈共同收集废旧物品，每一类废旧物品收集满五个带来幼儿园，可换取一枚印章，集满一页印章可换一个小礼物。

　　2. 每个班级教师制作废旧物品分类箱，让幼儿将每次带来的废旧物品按标识自行分类放入班级分类箱中，培养幼儿的分类及整理意识。

　　3. 班级分类箱内的废旧物品集满一定数量后，由班级老师带领孩子共同讨论处理方案，创造性地运用（下列方案可供参考）。

变废为宝

活动目标

1. 引导幼儿初步学会用废旧物品来制作自己喜欢的玩具或用具。
2. 通过谈话活动，帮助幼儿了解废旧材料是可以再利用的，体验变废为宝的快乐。

活动准备

前期经验准备：谈话活动"为什么要收集废旧物品""废旧物品可以用来干什么"；用环保卡收集各类废旧物品；亲子家庭小制作"变废为宝"；观看废旧物品小制作视频。

教学具准备：幼儿收集大小不等的各种废弃的、清洁无毒的纸盒及废旧塑料瓶等；装饰纸条、不同的装饰图案等；剪刀、双面胶等；教师用废旧物品制作的成品若干。

活动过程

一、有趣的展览会

主持人提问："今天，我们要去参观一个有意思的展览，小朋友好好看看展览品，可以用手拿来玩一玩。这些展览品是什么，是用什么材料做的？"

出示利用废旧物品制作的玩具，让幼儿根据自己的生活经验说说："这个玩具是用什么做成的？这些材料还能做成什么？"

二、变废为宝

1. 通过谈话活动了解废旧材料是可以再次利用的

（1）展览会上你们看见了什么？它们是用什么东西做的？

（2）我们平时应该怎样收集这些废旧的材料？

（3）哪些废旧材料可以收集？哪些不能收集？

（4）你想把废旧物品变成哪些宝贝？

教师引导幼儿充分发挥想象力，说出自己的想法。提问：

（1）小朋友们，你们见过什么样的废旧物品？（烟盒、药盒、火柴盒、粉笔盒、鞋盒等，纸杯、挂历纸、蛋壳、酸奶瓶等）

（2）它们能制作成哪些东西？（能做成飞机、轮船、汽车、火箭、坦克、高楼、大桥等玩具）

请幼儿观看用废旧物品制作的物品的相关图片，出示用废旧物品制作的玩具，让幼儿欣赏、摆弄，了解废旧物品的多种用途，并启发幼儿思维由单一向多面发散。请幼儿说出幼儿园中利用废旧物品制作的玩具，看谁说得多。

总结：这些玩具不但非常漂亮，而且全是用废旧材料做成的。所以，千万不要小看身边任何一件看似没用的东西，说不定用处可大了，以后在日常生活中更要注意搜集废旧材料，准备二次利用，这样既美化了环境，又能废物变宝。

2. 变废为宝设计师

利用幼儿收集的废旧材料来制作一件自己喜欢的玩具或用具。

主持人提问：你们喜欢当一名小小设计师吗？你想用哪些废旧材料？你想设计什么？

鼓励幼儿自主选择不同的废旧材料，设计有趣的作品，比比谁设计的作品更新颖独特。引导幼儿用不同的废旧物品，通过画、剪、粘贴、包装等组合创作出新颖独特的玩具和物品，从中体验成功的喜悦。幼儿进行操作活动，教师巡回指导，对孩子的创新设计加以肯定和鼓励。教师要对幼儿的作品进行讲评，在制作活动中自然结束。

 活动反馈与反思

一、利用幼儿完成的作品布置展览，拍照上传至幼儿园主页或班级博客。

二、在展览会中，鼓励幼儿当小小宣传员，请其他班的小朋友来参观欣赏。

三、本次活动利用生活中的废旧物品，在游戏的情境中，让孩子充分想象、创造，给他们自由表现的空间和机会，既能发展幼儿的思维力、想象力、动手操作能力，又能培养孩子的生态环保意识。在动手制作的过程中，养成孩子勤劳节俭的美德，进一步促进环保卡的使用。

"废宝"义卖

 活动目标

　　1. 通过此次义卖活动，丰富幼儿角色体验，培养幼儿良好的生活习惯，提倡绿色环保、低碳生活。

　　2. 通过义卖自己动手或与同伴合作制作的"废宝"，为自己的创造感到骄傲。

　　3. 培养幼儿乐于助人、乐于奉献的品质，激发幼儿从自我做起、从身边的每一件小事做起的意识，培养幼儿乐于把自己无私的爱奉献给身边每一个需要关爱的人的思想。

 活动准备

　　前期经验准备：谈话活动"什么是义卖"；亲子了解义卖；观看义卖视频；义卖物品制作，即幼儿自己动手或与同伴共同用废旧物品制作"废宝"；年级内进行义卖"商品"初选，按类别进行整理、登记，并根据物品的创新及适用度，分别给出合理的定价，在"商品"明显处贴上标签，单件商品价格以 1~20 元人民币为宜；选拔、培训义卖团队；为了更加真实有效地体验自己的岗

位角色，事先请家长陪同幼儿到商店、超市进行观察了解，学习一些买卖的经验。

　　教学具准备：义卖展示台；义卖"商品"；义卖箱；义卖摊点制作爱心宣传海报及促销口号。

活动过程

一、如何招揽生意

和幼儿共同讨论义卖中招揽生意的技巧和方法。

　　1. 主持人提问："怎么吆喝招揽生意？"请幼儿尝试大声吆喝，引导幼儿注意吆喝时要大声和大胆。

　　2. 主持人提问："怎么使自己出售的'废宝'商品有卖点？"引导幼儿知道介绍自己的"废宝"商品。

3. 主持人提问："怎么为自己摊点的商品打广告？"

二、摆摊小礼仪

1. 摆摊收摊时引导幼儿注意保持良好的文明习惯。

2. 摆摊收摊要秩序井然、商品陈列有特色、地面卫生情况良好等等。（活动结束后各班负责组织好摊位的清洁卫生工作）

三、义卖开始啦

1. 在家长接送孩子时间段，以"家庭"或小组为单位，在幼儿园内设立摊位。

2. 幼儿自由招揽生意，尝试义卖。

3. 活动进行一段时间后，将义卖摊位扩展到小区、公交站台等地。

4. 以年级组为单位带领幼儿进行义卖捐款活动。

 活动反馈与反思

带领孩子将剩余的废旧物品定期分类再整理，将有用的废旧物品保留，并讨论提供到班级区域中，如建构区中提供易拉罐、养乐多瓶、纸杯、纸筒等；筛选没有太大利用价值的废旧物品，分开存放，定期带孩子联系回收站爷爷，带孩子共同卖废旧物品，将所获资金存入爱心捐助箱中。

第3章　会探索，学做一个见多识广的人

导读　"见多识广"的理念在社会实践中真正落地

编者语：

一代又一代人的成长经历让我们知晓，孩子聪明与否，能干与否，与是否"见多识广"有莫大关系。

每一个人的成长都需要与社会环境中的人与事紧密互动，这是客观定律，任何人都无法逾越。人之初，在与社会交往中首先面临的是认识社会，加工周围的各种信息，即社会性刺激，如他人的表情、动作、话语，以及环境、空间等。

顾名思义，"见多识广"的词义是指：要用我们的眼睛尽可能地去阅读这个精彩纷呈的世界，大至高山流水，小至一草一木，以至万人万象。且把尽收眼底的事物通过大脑加工储存化为自己的认识，用身体感官系统感知或倾听大自然的声音，或摆弄各种奇异花草，或观赏各种动物，或与顽石河流亲近，感受它们的存在，感受它们生命的力量，感受它们与我们共同生活在这个地球上。

我国教育部《幼儿园教育指导纲要（试行）》明确指出："要尽量创造条件让幼儿实际参加探究活动，使他们感受科学探究的过程和方法，体验发现的乐趣。"落实这一培养目标很重要的途径就是参与社会性实践活动，即做中学。

儿童生理学和心理学研究结果都证明，0~6岁儿童学习的主要特征是运用多种"感官"的学习，思维方式是由具象直观至抽象，他们在与各种信息和物体互动中，通过肢体触摸、皮肤感觉、五官等来认识这个世界，汲取各种经验。"幼儿园'家庭式'混龄社会性实践课程"真正抓住儿童这一学习特征，是儿童最为喜欢并乐意接受的课程。

"见多识广"是教育者在践行自己职责中必须明白和得以具体操作的真理。父辈的教育思想加上编者几十年的学前教育实践，使编者深深地懂得"儿童成长初期社会刺激的

信息越多，范围越广，大脑加工的速度就愈快，大脑加工的技能就愈加高级，知识量储存就愈加丰满，心气眼界就越高，就愈发聪明"的道理。

《幼儿园"家庭式"混龄社会性实践课程》一书中感恩、劳动、社会性实践、讲新闻、智力大冲浪和亲子大活动等内容都是通过近 20 年持续不断研究提炼汇编而成，期望"见多识广"的教育思想和社会实践活动，能与同行和家长产生共鸣，把创设真实的社会性实践环境的教育思想自然地浸透于幼儿的学做人、学生活和学学习之中。

"幼儿园'家庭式'混龄社会性实践课程"的实施需要教师用爱的责任感和纯粹的使命感，驱赶隐藏在内心的自私与害怕，如安全问题、时间问题、辛劳问题等。其实，所有人都喜欢"见多识广"，孩子更喜欢。

3.1　小小蛋糕师

——"参观蛋糕店"社会实践活动设计方案

 设计思路

《幼儿园教育指导纲要（试行）》科学领域中的目标明确指出：（幼儿）"能运用多种感官，动手动脑，探究问题"；"能用适当的方式表达、交流探索的过程和结果"。杜威认为，儿童学习知识、认识外部世界的本质在于儿童通过活动不断去增加、改造自己的亲身经历，这个过程是永无止境的。只有亲自动手操作，经过了与材料的相互接触，幼儿才会真正学到知识。因此，我们经常利用参观蛋糕店、麦当劳、面包店的机会，让孩子们参与当"小小蛋糕师""小小点心师"等活动，每次实地参观考察都以幼儿操作为主。

亲自制作蛋糕、汉堡、面包，孩子们乐在其中。他们运用尝一尝、说一说、看一看、学一学、做一做等多种途径，不知不觉中自然习得相应的小知识和小经验。

这类活动可以充分激发孩子动手操作和探索的兴趣。

蛋糕店大调查

活动目标

1. 初步了解周边蛋糕店的情况，通过自己的调查了解制作蛋糕需要准备的材料、制作的简单步骤等。

2. 学做小记者，鼓励幼儿大胆、大方地与人交流，懂得与人交流的基本礼仪。

3. 鼓励幼儿参加蛋糕店调查活动，在当小记者采访他人的过程中体验与人交流的乐趣。

活动准备

前期经验准备：有小记者经验；亲子设计"小记者问题"；调查记录表；谈话活动"我知道的蛋糕店"；蛋糕店或蛋糕制作系列新闻播报。

教学具准备：每个"家庭"/小组 1 张记录表、1 张小记者题卡、1 部相机；邀请家长义工。

活动过程

一、我喜欢的蛋糕

主持人提问：

1. 小朋友喜欢吃蛋糕吗？为什么？

2. 你们到哪些蛋糕店买过蛋糕？吃过怎样的蛋糕？

3. 我们都喜欢吃蛋糕，蛋糕是怎么做的呢？

4. 做蛋糕需要哪些材料呢？

5. 有什么好办法能帮助我们找到这些问题的答案？

二、小记者大调查

1. 怎样当好小记者

教师与幼儿共同确定调查目的和调查方向。

（1）教师与幼儿共同讨论在调查采访中可以问的问题。以"家庭"/小组为单位确定要了解的问题，完成题卡设计。

① 你们蛋糕店有多少种口味的蛋糕？

② 制作这些蛋糕需要哪些材料？（可以是其中一种）

③ 制作蛋糕简单吗？制作步骤有哪些？……

（2）和孩子共同讨论采访的注意事项。

① 采访时的自我介绍。

② 采访时的礼仪。

2. 我是调查小记者

以"家庭"/小组为单位到附近蛋糕店进行采访，每组委派一名家长作为义工，协助孩子做好采访记录。活动中教师注意观察幼儿采访的方法、采访中的礼仪等问题，适时调整。

三、调查结果

教师与幼儿共同分享交流采访结果，共同统计制作蛋糕所需材料，了解制作蛋糕的步骤等。

 活动反馈与反思

一、活动结束后，孩子一起讨论在采访中哪些方面做得好，哪些方面做得还不够。

二、师幼协商分配任务，完成材料准备工作。相关要求通过微信传送给爸爸妈妈，家庭成员共同准备。

变身蛋糕师

 活动目标

1. 通过欣赏蛋糕裱花，初步了解蛋糕纹样的基本制作过程；学习挤捏的动作，锻炼幼儿手指的灵活性。

2. 体验"家庭"/小组合作制作的乐趣及亲自制作蛋糕的成功感。

活动准备

前期经验准备：以"家庭"/小组为单位提前准备相应材料；联系家长义工；制作蛋糕方法新闻播报；成品裱花蛋糕预订；观看蛋糕裱花视频。

教学具准备：事先制作完成的成品裱花蛋糕1个；幼儿制作用的小蛋糕、奶油装袋，人手1份；切好的小水果若干（如小番茄）；擦手用的毛巾每人1块；鸡蛋若干；烤蛋糕炉；蛋糕粉；邀请家长义工。

活动过程 ◀◀◀

一、看我的妈妈做蛋糕

1. 师幼共同回忆蛋糕店小记者大调查结果。主持人提问：

① 通过我们上次的小记者大调查，大家还记得蛋糕制作的方法吗？

② 如果让你来制作蛋糕，你会吗？

③ 有什么办法可以让我们更加清楚蛋糕是怎样制作的呢？

2. 观看家长义工现场制作蛋糕全过程。主持人提问：

① 今天我们请来了一位蛋糕师——××妈妈，××妈妈会带着我们一起制作蛋糕，大家欢迎吗？

② ××妈妈会边讲解边制作 1 个蛋糕给我们看，在这个过程中，我们应该怎样做？为什么？（简单讨论）

③ 观看过程中，鼓励幼儿大胆提问。

二、小小蛋糕师

1. 做蛋糕

以"家庭"/小组为单位，尝试亲自动手制作蛋糕，和面、把鸡蛋打碎搅成糊状、装裱等。教师负责将幼儿制作的蛋糕放入烤箱。

2. 给蛋糕穿花衣

（1）神秘的礼物。主持人提问：

① 今天老师收到了一份神秘的礼物。（教师故作神秘地打开盒子）

② 这份神秘的礼物怎么样？你们喜欢吗？

③ 蛋糕是什么样的？

引导幼儿交流讨论：说说自己最喜欢蛋糕的哪一部分，为什么？

（2）了解并学习蛋糕纹样的基本制作方法。主持人提问：

① 你们知道蛋糕上漂亮的花纹是怎么来的吗？（幼儿结合自己的生活经验讨论——奶油）

② （出示奶油袋）"瞧！这是什么呀？你看它的样子像什么？"（伞）

③ 怎样用奶油袋来给蛋糕穿花衣呢？我们请××妈妈带大家一起为蛋糕裱花。

④ 义工妈妈讲解并演示。

这顶伞我们要倒着来用，用手握住伞柄，将伞尖朝向蛋糕，5 根手指用力挤捏（请幼儿边听边模仿，徒手做一遍动作），让奶油从袋中流出，裱到蛋糕上（××妈妈示范裱出简单点状花纹）。引导幼儿观察手指用力与不用力时奶油的变化，并练习捏的动作。

（3）大家一起来裱花。

① 鼓励幼儿大胆尝试，裱出与老师不同的纹样。

② 提醒幼儿留意挤捏的力度，动作稍慢些。

③ 表扬裱出不同花纹的小朋友，并为制作完成的小朋友提供小水果，加以点缀。

④ 观察"家庭"/小组成员间是否能相互帮助、相互照顾。

三、蛋糕品尝会

主持人提问：

1. 小朋友做的蛋糕太美了，我们一起开个蛋糕品尝会怎么样？

2. 大家觉得自己制作的蛋糕味道怎么样？

3. 跟以前吃的蛋糕相比，自己做的蛋糕有什么不一样？为什么？

4. 今天能吃到这么美味的蛋糕，谁的功劳最大？

5. 我们应该怎样做呢？（感谢××妈妈）

 活动反馈与反思

一、将活动照片和文字简讯传送至博客和网站，与家长共享，并感谢家长们的大力支持和配合。

二、幼儿将多做的蛋糕带回家和家人分享。亲子谈话：今天的蛋糕味道怎么样？和以前吃的比起来有什么不一样？

三、班组总结和反思：活动中的经验和不足有哪些？这类活动还可以以哪些形式开展？

参观蛋糕店

 活动目标

1. 了解制作蛋糕的食材和过程，在亲身体验中习得制作蛋糕的方法，提高幼儿动手操作能力。

2. 乐意自己动手制作蛋糕，体验"家庭"/小组成员共同制作的乐趣。

活动准备

前期经验准备：谈话活动（"蛋糕是怎样做成的?""做蛋糕需要哪些材料?""做蛋糕有哪些方法?"）；新闻播报"各种各样的蛋糕""我喜欢的蛋糕""制作蛋糕的方法"等；观看蛋糕制作的视频；元祖蛋糕店联系工作。

教学具准备：每个幼儿准备 1 瓶水、1 包湿纸巾和 1 包干纸巾；邀请家长义工；穿园服；裱好的幼儿水墨画作品 2 幅。

 活动过程 ≪≪≪

一、参观元祖蛋糕店

1. 出发前师幼共同交流讨论参观过程中的规则、要求和注意事项。

2. 参观"元祖蛋糕店"。

（1）引导幼儿礼貌打招呼。

（2）鼓励幼儿大胆提问：蛋糕是怎样做的？你们店里有哪些口味的蛋糕？做蛋糕有哪些特别要注意的问题？……

二、学做小蛋糕

1. 在"元祖蛋糕店"点心师边演示边讲解的过程中，以"家庭"/小组为单位，尝试亲自动手制作蛋糕。

2. 鼓励幼儿大胆尝试，制作出属于自己的独特蛋糕。

3. 观察"家庭"/小组成员间是否能相互帮助、相互照顾。

三、蛋糕品尝会

1. 我们的感谢。主持人提问：

（1）小蛋糕都做好了，你们的心情怎么样？

（2）"元祖蛋糕店"的叔叔阿姨教我们做蛋糕，给我们带来这么美好的一天，有哪些方法可以表达我们的感谢呢？（鼓励幼儿大胆表达并行动，如有小朋友说到拥抱，鼓励孩子上前给出拥抱）

（3）送出裱好的水墨画作品，表示感谢。

2. 蛋糕真好吃。主持人提问：

（1）我们来尝尝自己做的蛋糕味道怎么样，好不好？

（2）跟以前吃过的蛋糕相比，亲手制作的蛋糕有什么不一样？为什么？

 活动反馈与反思

一、将活动照片和文字简讯传送至博客和网站，与家长共享。

二、幼儿将多做的蛋糕带回家和家人分享，亲子交流参观蛋糕店的感想和心情。

3.2　我们和射击奥运冠军在一起

——"参观射击场"社会实践活动设计方案

 设计思路

　　社会实践活动为孩子创设真实的情景，能让孩子在真实的"社会"中自主体验和探索，获得宝贵经验。因此，挖掘与运用周边资源，为孩子提供更多实践机会，让社会实践活动具有长久的生命力，是我们的教育目标。

　　射击场就是我们在家长资源中挖掘出的一个新的社会实践"基地"，这一参观活动也大大提高了孩子们对射击运动的认知水平。

活动目标

　　1. 在真实的环境中，了解射击场，认识各类射击用具等。

　　2. 在观看射击表演的过程中，萌发对射击运动员的热爱情感。

　　3. 在活动中，体验"家庭"成员间互相照顾和关爱的情趣。

 活动准备

　　前期经验准备：谈话活动（"你觉得射击场是什么地方？""射击场是干什么用的呢？"）；射击体育新闻播报；射击比赛等视频观看；事先准备好关于射击场的各类问题；事先了解活动中需要遵守的规则，如观看射击运动员表演时要保持安静等。

　　教学具准备：每个孩子准备1小瓶水、少许零食；准备大年龄段幼儿的小记者题卡。

 活动过程

一、神秘之旅

出发前，请幼儿相互交流讨论参观射击场的要求和规则。

主持人提问：参观射击场我们要注意什么？（简单讨论讲述）

二、神秘的射击场

1. 带着自己的问题参观各种射击馆（步枪馆、气枪馆等）。

（1）主持人：来之前，我们每个人对射击场都有很多的疑问，现在我们要跟着阿姨一起参观射击场了，在参观的过程中，看看大家能不能找到问题的答案哦！

（2）鼓励幼儿仔细观察，并认真听射击馆讲解员介绍各种射击场所。

2. 观看射击表演。主持人提问：

（1）射击运动员即将给我们带来精彩的射击表演，在观看表演的过程中，我们应该怎样当好小观众？

（2）当小观众需要注意哪些问题？

3. 我是小记者。主持人引导：

我们参观了各种射击馆，也观看了射击运动员的表演，大家还有哪些问题不明白，现在我们变身小记者采访射击运动员，把自己的问题提出来。

4. 和射击运动员合影。

 活动反馈与反思

一、将活动照片通过博客、网站传递给家长。

二、大年龄段幼儿回家口述，表达参观射击场的感想。

三、班组反思和讨论活动中的不足。

3.3　探究气象的秘密

——"气象日"社会实践活动设计方案

 设计思路

孩子们每天都在幼儿园的墙面上标志当天的天气，如多云、晴天或者雨天；标志当天的气温和雾霾的情况。在此过程中孩子们经常会不解地问："天气预报是怎样测出来的?""这些预报的数据是怎样传递过来的呢?"

俗话说得好："百闻不如一见""实践出真知"。在气象日到来之际，带领幼儿去上海气象局上海佘山天文台实地考察学习，让幼儿在探究气象秘密的真实环境中开阔视野，增长见识，获得体验。

这一类活动不仅是帮助孩子们获得"我听见了，就忘记了；我看见了，就知道了；我做了，就理解了"经验的重要途径，也是课堂教学的延伸。

活动目标

1. 知道气象日是几月几日，结合气象日提出自己的问题，参观气象局，了解气象小知识。

2. 活动中学习用镜头来观察，记录下精彩的画面。

3. 结合气象日主题活动，通过参观上海佘山天文博物馆，感受现代化科技对我们生活的影响，体验和小伙伴一起出游的快乐与温馨。

活动准备

前期经验准备：亲子共同收集资料了解天文台；谈话活动（"为什么会有天气预报?""为什么天气预报能提前知道天气呢?""天文台在哪里?""天文台是干什么的?"）；观看气象云图等视频；我是小小天气预报员（气象日新闻播报）。

教学具准备：每个孩子准备 1 部相机、1 小瓶水、少许零食；大年龄段幼儿"我想知道的问题"题卡。

 活动过程 «««

一、爬山我能行

1. 组织幼儿集体爬山，鼓励幼儿能坚持紧跟队伍登山。

2. 能查路牌，自己寻找目的地路线。

3. 用相机记录佘山景色及小伙伴的活动。

二、科技带来的精彩

1. 参观佘山天文台，介绍天文博物馆内的展区和展品。

2. 请识字量大的孩子进行"小导游"角色扮演。

3. 用自己的相机拍摄参观过程中自己最喜欢的图片。

4. 初步了解中国天文台的分布。

三、神秘的气象局

1. 观看气象小知识短片视频

安排幼儿观看相关天气录像，短片后请气象工作人员对录像进行简单讲解。

2. 参观气象局

（1）在气象工作人员的引领下，边听气象站讲解员讲解，边参观气象局大平台、气象工作人员工作区、气象局仪器基地等。

（2）听气象工作人员介绍气象局网站，通过网站了解世博园区天气。

（3）鼓励幼儿在参观的过程中提出自己的问题。

3. 与气象站叔叔阿姨现场互动

（1）观看完气象小视频，鼓励幼儿积极大胆回答气象工作人员的问题。

（2）答"小记者"问。鼓励幼儿大胆地和气象员叔叔阿姨现场进行"答小记者"活动。如：

① 为什么会知道明天（后天）的天气？

② 台风来了，你们都知道吗？

③ 管天气的卫星是怎么工作的呢？

④ 气象局会不会报错天气？

四、快乐的午餐

1. 与小伙伴一同分享自己的食物，吃完后能主动收拾垃圾。

2. 能用相机记录自己想要拍摄的画面。

活动反馈与反思

一、请幼儿回家后结合自己拍摄的照片给爸爸妈妈介绍天文台。

二、在班级里布置简单的中国天文台主要分布地图，帮助孩子们继续了解和学习。

三、将活动照片通过博客、网站传递给家长。

四、班组反思和讨论，总结活动中的组织经验和不足。

3.4 探索科技馆的秘密

——"参观科技馆"社会实践活动设计方案

 设计思路

　　一般来说，思维品质是人思维能力差异的表现，亦即智力差异的表现。学龄前儿童思维模式基本状态源于具象和直观。提供具体形象的刺激将会极大地激发右脑的创造欲望，有效的实景比图片更加刺激，更能激发右脑的创造灵感。因此，在真实情境中探索和学习对培养和发展儿童创造性思维具有特殊的重要性。

　　《幼儿园教育指导纲要（试行）》中指出，教育活动内容的选择应体现以下原则："既适合幼儿的现有水平，又有一定的挑战性"；"既符合幼儿的现实需要，又有利于其长远发展"；"既贴近幼儿的生活来选择幼儿感兴趣的事物和问题，又有助于拓展幼儿的经验和视野"。因此，结合主题问题开展社会实践活动，有助于幼儿更好发展。如"恐龙世界""人体的秘密"等，让孩子们在科技馆充分体验，利用与声、光、电等高科技控制系统下的各类实物模型互动，激发其对科学探索的乐趣。在 LED 大型电子屏幕等区域操作游玩，帮助他们在玩中探索，在探索中学习，在学习中成长。

　　活动目标

　　1. 结合主题"恐龙世界"，通过置身于上海科技馆"恐龙王国"，近距离感知恐龙世界，直观了解恐龙骨骼的构造、恐龙的分类等小知识。

　　2. 知道参观的要求，能安静、有序参观；体验科技馆探秘带来的愉悦情绪。

 活动准备

　　前期经验准备：谈话活动（"上海科技馆在哪里？""上海科技馆里有些什么？"）；有参观科技馆经验的幼儿新闻播报；幼儿了解活动中需要遵守的规则；"一家人"想知道

的恐龙问题题卡；教师团队事先对科技馆进行踩点。

教学具准备：每个孩子准备1小瓶水、少许零食、1包湿纸巾和1包干纸巾；"一家人"恐龙问题题卡；野餐垫三四个"家庭"共用1块；幼儿园事先与科技馆联系。

 活动过程 《《《

一、神秘的科技馆

活动开始前，主持人提示孩子们积极提问，提出主题学习中令自己感到困惑的问题，如：

（1）恐龙蛋里藏着什么秘密？

（2）哪些是肉食恐龙？哪些是植食恐龙？

（3）世界上什么时候开始有恐龙的？

今天我们带着这些问题一起去神秘的上海科技馆，在科技馆的"恐龙王国"馆中寻找答案。

二、"恐龙王国"展馆探秘

1. "一家人"带着问题的题卡边参观和听讲解员讲解，边寻找答案。

2. 鼓励大年龄段幼儿独立想办法寻求答案，如：询问展馆中的管理员或直接询问讲解员叔叔阿姨。

3. "家庭"与"家庭"之间交流自己寻找的问题答案。

4. 鼓励幼儿通过现场观看，提出新的问题。

三、幼儿进餐，家庭式的分享

1. "一家人"进行食物分享。

2. 教师观察孩子们是否会相互帮助。

3. 倾听孩子们的交往对话。

4. 观察幼儿分享完食物后，是否主动清理场地。

 活动反馈与反思

一、将活动照片通过博客、网站传递给家长。

二、大年龄段幼儿回家后口述并记录参观科技馆感想，次日回园后继续讨论有关恐龙的新闻内容。

三、教研组反思活动的组织、活动中存在的问题和收获的经验。

3.5　我和相机交朋友

——"小小摄影师"社会实践活动设计方案

设计思路

随着数码科技的高速发展，照相机已从高档消费品转化为家庭生活的基本配件，生活中与摄影有关的事件越来越多。

照相是一门艺术，通过镜头，孩子们学习聚焦，捕捉自认为美的镜头，独立表达个体对美的理解和感受，把审美情趣浸透在小小的相机里。

"我和相机交朋友"是儿童艺术领域与时俱进、不可或缺的一种活动形式，深受大小孩子们的喜爱。儿童心理学告诉我们，幼儿主要靠直观的、感性的、带有情感的形象去认识事物、获取知识和接受教育。童年时每个人心里都有一片充满想象、幻想和灵感的美丽星空，我们从事的教育，就是要向这片广阔星空投放更多可想象、可创造的元素和色彩。

我们必须"放手"，学会"相信孩子"。

在众多的远足、郊游等活动中，让孩子透过镜头观赏缤纷世界。

镜头下的春天

活动目标

1. 知道简单的相机使用方法，能仔细观察春天到来后周边环境的变化，并用相机记录下自己找到的春天。

2. 感受春天的气息，体验"一家人"一起出行的快乐。

活动准备

前期经验准备：亲子玩相机，幼儿已有使用相机摄影的经验。

教学具准备：每个孩子准备1部卡片相机、1小瓶水、少许零食；春天摄影作品图片；地点选为幼儿园。

活动过程

一、春天在哪里

播放春天摄影作品图片。主持人提问：看了这些有关春天的摄影作品，你们有什么想法？（幼儿讨论讲述）

1. 总结幼儿的讨论，以及讲述过程中的精彩点。

2. 我们今天要去寻找春天，请用你们手里的相机，把你找到的春天拍下来。相机的镜头（中间）要对准你想拍的春天景色（如树、花、草等）和人。

3. 找春天的过程中，"一家人"需要注意哪些事情呢？例如：弟弟妹妹不会使用相机，老大要给予帮助；弟弟妹妹要上厕所了，老大要及时与老师联系；弟弟妹妹出汗了，老大要指导他们及时增减衣服；遇到问题了，"一家人"要一起想办法；等等。

二、幼儿园的春天在哪里

主持人提问：

1. 春天有可能在哪里呢？我们去公园的路上会不会有春天呢？

2. 找不同的角度来拍春天，老大要学会提醒弟弟妹妹找春天，不让弟弟妹妹离开自己的视线。

三、分享"镜头下的春天"

1. 回教室后互相欣赏拍摄的照片，说说自己找到的春天。

2. 老师利用电视机为幼儿展示每个人找到的不一样的春天。

3. 交代任务：

（1）请幼儿回家后与家人一起分享自己捕捉到的春天摄影作品。

（2）请爸爸妈妈帮助幼儿选择两张自己最喜欢的照片打印（冲印）出来，带到幼儿园参加"春天摄影作品展"活动。

 活动反馈与反思

一、将活动照片通过博客、网站传递给家长。

二、请家长将幼儿摄影作品通过邮件发送给老师，班级老师在博客中为幼儿开设"春天摄影作品"展示栏目。

三、每位幼儿冲印两三张摄影作品，布置在班级"寻找春天"摄影作品展里。

 上海辰山植物园——热带植物摄影

 活动目标

1. 认识各种热带植物，学习用镜头观察、记录下美的画面。

2. 体验"一家三口"一起出游，住帐篷的快乐和温暖。

3. 感受大自然带给大家的舒适和快乐。

 活动准备

前期经验准备：幼儿具有使用相机的经验；"一家人"协商：辰山植物园门票购买计划；辰山植物园"一家人"自主午餐购买活动；教师对辰山植物园提前进行踩点。

教学具准备：每个孩子准备1部卡片相机；每个"家庭"准备1顶帐篷、1块野餐垫、1只风筝、食物若干；每人准备1条毛巾毯（午睡用）；音响1套、寻宝用纸条若干、奖品若干；邀请的4位家长参与活动（搭帐篷、摄影、摄像等义工）；事先与辰山植物园相关负责人联系。

活动过程

一、相机好朋友

主持人提问：今天相机又要跟我们做好朋友了，你和你的相机都准备好了吗？（提醒幼儿检查相机的挂绳是否牢固，检查相机是否有电等）

二、小小摄影师——热带植物摄影

主持人讲解要求并发出指令。

1. 要注意保护好自己的"相机朋友"，要把相机挂在脖子上，不要随意取下，以免弄丢或者损坏。

2. "一家人"要时刻在一起，老大要带好"一家人"，不要走失。

3. 听到集合指令，老大把"一家人"召集好后，跟随老师到下一个景点。

4. 教师边讲解边带领幼儿参观热带花果馆、沙生植物馆、珍稀热带植物馆，照顾好各个"家庭"。

5. 摄影过程中，鼓励幼儿多角度拍摄。指导幼儿除了拍摄景物，还可以拍摄正在摄影的伙伴、老师和观赏植物的人群等。

三、游戏：寻宝行动

1. 在幼儿摄影时，后勤人员在大草坪上藏"宝藏"（纸条，如水晶奖、黄金奖……）。

2. 主持人宣布游戏及规则。

3. 游戏开始，"一家人"不可分开，要一起去寻宝。

4. 指定时间到，宣布结果并颁奖，"一家人"一起领奖。

四、吃吃睡睡乐开怀

1. 每个"家庭"1顶帐篷，"一家人"共同合作铺垫子，分享食物。

2. 鼓励幼儿在闲暇之余，用相机记录和伙伴之间的快乐瞬间。

3. 幼儿取出毛巾毯，"一家人"在帐篷里午睡。

五、放风筝

以"家庭"为单位放风筝，鼓励大年龄段幼儿用相机记录放风筝的快乐瞬间。

 活动反馈与反思

一、回家后挑选一张满意的照片发给老师，并制作一张介绍热带植物的海报带来幼儿园。

二、将活动照片通过主页、博客传递给家长。

三、以班组为单位反思班级在这次活动中的经验与不足，通过教研组相互交流、反思，推进下阶段的工作。

四、活动过程中教师一定要时刻关注"一家人"是否在一起，老大的组织工作做得怎样，回园的总结会上要讲解、表扬。

小小摄影师——上海大学菊花展

活动目标

1. 通过参观菊花展、拍摄菊花，了解菊花的基本特征，在镜头的运用中培养幼儿细致的观察力，提高幼儿的审美能力。

2. 让幼儿在大自然中感受秋天的气息，同时感受"一家人"外出活动的快乐。

活动准备

前期经验准备：幼儿已有使用相机的经验；新闻播报："我知道的菊花"等；教师要对上海大学菊花展览提前进行踩点。

教学具准备：每个孩子准备 1 部卡片相机；食物若干；每人准备 1 条毛巾毯（大巴士上睡觉用）；野餐垫三四个"家庭"共用 1 块；事先与上海大学菊花展相关负责人联系。

活动过程 ≪≪≪

一、菊花展

主持人问题:上海大学的菊花展开始了,每一朵菊花都非常美丽,我们可以用什么办法让这些菊花永久保留下来呢?

二、小菊花,我拍你

1. 主持人引导幼儿讨论:

(1)这里的菊花种类好多啊,都有哪些呢?

(2)有什么办法可以让我们记住每一种菊花的名字呢?

2. 主持人指导:

(1)每位小朋友都可以用相机记录下你喜欢的菊花,还有它的名字。

(2)摄影过程中,鼓励幼儿多角度拍摄,如可以捕捉拍摄正在摄影的伙伴、观赏菊花的人群、大学校舍、湛蓝的天空等。

三、草地小歇

1. 幼儿相互分享食物、午休,鼓励大孩子在草地周围自由拍摄。

2. 组织幼儿在草地上玩游戏,每次游戏鼓励一两名幼儿当摄影小义工记录游戏过程,每次游戏开始相互轮换。

 活动反馈与反思

一、回家后挑选一两张满意的照片冲印,将照片带来幼儿园,布置在幼儿园"菊花作品展"展区。

二、将活动照片通过主页、博客传递给家长。

三、以班组为单位反思班级在这次活动中的经验与不足,再通过教研组相互交流、总结,推进下阶段的工作。

3.6　我们都是小画家

——"写生"社会实践活动设计方案

设计思路

　　喜欢绘画是幼儿的天性。心理学研究表明：绘画对孩子的启蒙作用是相当大的。每个孩子都有绘画潜力，如果忽视关键期，放任自流、不加引导，则孩子在这方面的发展会变得缓慢。如果忽视其发展规律，盲目向其灌输绘画技巧，反而有碍孩子发展。

　　写生是绘画活动的一种形式，就是直接以实物为对象进行描绘。幼儿写生不同于成人写生，不受透视学的约束，是让幼儿将立体的物体直接过渡到平面纸上，把自己对物体空间位置的认识大胆地表现出来的活动。因此，幼儿写生，只是幼儿照着实物作画，即让幼儿面对特定物体或场景，通过观察，把看到的形状特征画下来。

　　教育部《幼儿园教育指导纲要（试行）》中指出："引导幼儿接触周围环境和生活中美好的人、事、物，丰富他们的感性经验和审美情趣，激发他们表现美、创造美的情趣。"写生是培养幼儿观察力和创造力的有效途径，它能为孩子营造一种快乐的氛围与自由的空间。幼儿在写生活动中能加深视觉印象，提高观察力，锻炼手眼协调能力，不断积累与丰富感性经验，为想象奠定基础，更能建立起正确感知物体形态、结构、色彩、空间的概念。

　　因此，每个月我们都会和孩子共同走进大自然，让春天的花儿、秋天的落叶、蓝蓝的天、高高的树、绿绿的草地、石雕、戏水池、滑梯、游乐场等这些孩子们再熟悉不过的事物或生活场景，成为绘画素材。久而久之，写生成为我们常态化的"幼儿园'家庭式'混龄社会性实践课程"内容之一。

活动目标

　　1. 观察树林中各种各样的树，了解树的基本特征（三角形、半圆形、椭圆形），并能自主选择一棵树，尝试写生。

　　2. 能够仔细、耐心、安静地绘画自己选择的树，感受树之美。

　　3. 乐意参加写生活动，培养细致观察的能力，在自然中感受秋天的气息。

活动准备

前期经验准备：谈话活动（"什么是写生?""写生作品有哪些特征?"）；有观察分析物体的经验；亲子购买写生本（速写本）；尝试在活动室里对某一物体写生；结合亲子出行机会，谈论亲子话题（"秋天的树是什么样的?""不同的树有什么不一样?""又有哪些相同的地方?""每一棵树属于什么形状?"）

教学具准备：每人 1 个写生本（速写本）、1 支铅笔、1 小瓶水；穿校服。

活动过程

一、树林里的树

主持人引导提问，提示幼儿学会观察周边的树。

1. 树林里的树一样吗？

2. 树有哪些共同之处？有哪些不一样？

3. 找到一棵你最喜欢的树，仔细观察。

4. 告诉你的伙伴或老师，它是一棵长得怎么样的树？它有哪些特点？

二、我给树朋友画张像

主持人引导：

1. 我们在画树朋友的时候需要注意哪些事情？（简单讨论）

2. 请每一位小朋友选择一个自己喜欢的角度，为你的树朋友画张像。

（1）幼儿自由写生，教师观察并适时指导。

（2）教师指导幼儿注意眼睛离纸的距离和握笔姿势。

（3）让幼儿选择合适的位置坐下来。

（4）提出要求：在固定的位置仔细观察，把自己看到的树和树林画下来。

（5）提示大年龄段幼儿表现树的远近层次关系。

三、我画的树朋友

师幼共同分享交流写生作品。

 活动反馈与反思

一、将幼儿写生作品拍成照片展示在班级博客中，与家长共同分享。

二、鼓励幼儿周末和爸爸妈妈到小区或附近公园再次尝试写生树。

三、每周让幼儿在日常活动中有写生的机会（写生教室物品、植物角植物、种植园地、大型玩具、幼儿园的一角等）；每月一两次带幼儿到附近公园或小区尝试写生（树、花、站牌、房屋建筑等）。

3.7 不一样的"课堂"
——"主题背景"下的社会实践活动设计方案

 设计思路

目前，社会越来越关注儿童自身的发展与需要。上海市学前二期课改中提出了"以幼儿发展为本，以素质教育启蒙为核心，注重幼儿早期脑潜能开发"的课程改革理念。《幼儿园教育指导纲要（试行）》更是在字里行间，旗帜鲜明地倡导尊重幼儿、保障幼儿权利，促进幼儿全面和谐发展的儿童观。莱辛也曾说："好奇的目光常常可以看到比他所希望看到的东西更多。"

兴趣是学习的源泉与动力。

主题教学活动中，我们紧跟幼教课程改革脚步，把每一个主题转型为"探索型主题活动"。我们鼓励幼儿自发参与、自主学习、自由表达，积极捕捉幼儿的兴趣点。老师们会在各个主题中，积极为幼儿创设"主题背景"下的社会实践活动，把教学场所搬到大自然、大社会中，让幼儿朝着自己的关注点在自然、社会、生活的真实情景中不断探索与发展，在亲身体验、自我探索中，获得积累，叠加许多有意义的经验。

寻找交通标志

活动目标

1. 在真实环境中，通过寻找幼儿园附近的交通标志，进一步认识和了解各类交通标志（指示标志、禁令标志、警告标志等）的名称。

2. 愿意参与到交通主题活动中，体验寻找交通标志的乐趣。

活动准备

前期经验准备：幼儿对各类常见的交通标志（指示标志、禁令标志、警告标志等）有一定认识；亲子共同收集各类交通标志；亲子图书制作《我认识的交通标志》；幼儿初步了解交通规则。

教学具准备：每个"家庭"/小组 1 张交通标志记录表、1 支记号笔、1 部相机。

 活动过程 ‹‹‹‹

一、我要当交警

出发前，请幼儿相互交流讨论，了解沿着幼儿园门口的腾冲路寻找交通标志的要求和规则。主持人引导：今天我们要当一回小小交警，一起去看一看，找一找幼儿园附近的交通标志。去之前我们先来探讨一下：

1. 在腾冲路寻找交通标志，我们要注意什么？

2. 我们要遵守哪些交通规则？

3. 找到的交通标志，我们怎样记住它呢？

二、小小交警找标志

1. 腾冲路上的交通标志

（1）你找到了几个交通标志？

（2）这些交通标志代表什么意思？

鼓励幼儿以符号记录各自寻找到的交通标志。在寻找交通标志的过程中，引导幼儿注意遵守交通规则。

2. 不认识的标志

（1）有没有不认识的标志？

（2）想要知道"这个是什么标志？它表示什么意思？"，你有什么好办法？（询问路人或交警；用符号记录，回园查找资料等）

三、介绍我们找到的标志

主持人提问：

1. 你们"家庭"/小组找到了几个标志？分别是哪些标志？

2. 你们"家庭"/小组是怎样记录的？

 活动反馈与反思

一、活动结束后和孩子一起讨论在寻找交通标志过程中的经验和不足。

二、发放寻找交通标志记录表，生活中鼓励亲子继续寻找交通标志，做好记录。

小蝌蚪找妈妈

活动目标

1. 观察小蝌蚪外形特点，认识小蝌蚪；初步了解小蝌蚪与青蛙的关系及小蝌蚪的成长过程。

2. 体验在大自然环境中自主探索、自由讨论的快乐。

活动准备

前期经验准备：谈话活动（"小蝌蚪长什么样？"）；亲子共同学习了解（小蝌蚪的成长）；小蝌蚪系列新闻播报；亲子阅读《小蝌蚪找妈妈》。

教学具准备：穿园服；每个幼儿准备 1 小瓶水；写生板、白纸和铅笔；《小蝌蚪找妈妈》故事动画。

活动过程

一、小蝌蚪找妈妈

观看故事动画《小蝌蚪找妈妈》，初步了解小蝌蚪的特点。主持人提问：

1. 小蝌蚪是什么样的？

2. 小蝌蚪在什么季节出现？

二、池塘里的小蝌蚪

1. 带领幼儿去附近小区的池塘观察小蝌蚪。

2. 教师小结小蝌蚪的外形特点及青蛙与小蝌蚪的关系。

（1）小蝌蚪是黑色的，有尾巴。

（2）小蝌蚪长大后就是青蛙，是绿色的。

3. 幼儿现场为小蝌蚪写生。

4. 共同收集小蝌蚪样本带回教室，幼儿继续观察小蝌蚪。

活动反馈与反思

一、将活动图片上传至博客和园部网站，传递给家长。

二、提供小蝌蚪成长记录本，供幼儿观察记录。

三、后期继续带幼儿到小区观察小蝌蚪 2~3 次，让幼儿记录观察情况。

四、小组以连环画的形式制作图书《小蝌蚪成长记》。

活动目标

1. 愿意参加逛菜场活动，学做调查小记者；通过采访菜场老板，了解 3~5 种秋季蔬菜的名称及价格，并能用自己喜欢的符号完成记录表。

2. 在逛菜场活动中敢于与陌生人交流，遇事能尝试独立解决，体验"一家人"相互帮助、相互照顾的兄弟姐妹情。

活动准备

前期经验准备：对秋季蔬菜有一定了解；有菜场买菜经验；秋季蔬菜主题新闻播报；去菜场买菜前，有制作购买调查表的活动经验；大孩子有 5 元以内找零钱的经验。

教学具准备：每位幼儿准备 5 元钱；每个"家庭"/小组 1 张记录表、1 支记号笔；小记者证和调查记录表；大记录表。

活动过程

一、买菜去

1. 幼儿相互交流讨论菜场买菜活动中的注意事项。（要求和规则）

主持人提问：逛菜场时我们要注意哪些事情？（讨论）

2. 介绍记录表，幼儿讨论怎样做记录。

二、逛菜场

1. 秋季蔬菜调查小记者。主持人提问：

（1）想要知道秋天有哪些蔬菜有什么好办法？

（2）"秋季蔬菜调查"小记者是什么意思？

（3）调查小记者的工作任务是什么？

（4）一个人容易调查，"一家人"怎样完成调查呢？

鼓励幼儿以"家庭"/小组为单位到菜场当调查小记者，了解秋季蔬菜的名称及价格，并能做好相应记录。

2. "一家人"买蔬菜。主持人提问：

（1）"一家人"去买菜要注意哪些问题？（有礼貌地跟摊主打招呼、询问价格、付钱找零、礼貌答谢等）

（2）购买的时候遇到问题怎么办？

鼓励"一家人"独立完成购买秋季蔬菜的任务，老大照顾好弟弟妹妹。鼓励幼儿在购买过程中独立与摊主交流，遇到问题尝试自主解决。

三、"一家人"购买的蔬菜

1. 我家的蔬菜。主持人提问：

（1）你们"家庭"/小组买了几种秋季蔬菜？分别叫什么名字？

（2）购买中遇到了哪些问题，是怎样解决的？

2. 蔬菜回家。鼓励幼儿将各自"家庭"的蔬菜分类放入相应的筐中。

活动反馈与反思

一、将活动过程用文字形式通过微信、博客传递给家长，照片在网站及班级博客中呈现。

二、幼儿购买的蔬菜部分留在班级，完成下阶段活动（洗菜、吃火锅等）；部分带回家和爸爸妈妈一起烧，并组织幼儿相互介绍"我家的蔬菜是怎么烧的""味道怎样""有哪些营养"等。

水果店之旅

 活动目标

　　1. 通过参观水果店，了解秋季水果的品种，知道它们的名称及营养；鼓励幼儿争当小记者，会主动询问，并尝试用自己能看懂的符号做记录。
　　2. 在亲自调查秋季水果品种的过程中，体验活动的乐趣。

 活动准备

　　前期经验准备：对秋季水果有初步了解；亲子逛逛水果店；秋季水果主题新闻播报；有调查记录经验；事先准备好小记者调查题卡。

　　教学具准备：每位大年龄段幼儿准备1张小记者证；每个"家庭"/小组1张小记者题卡记录表、1支记号笔。

活动过程

　　一、秋天有哪些水果

　　1. 幼儿相互交流讨论。

　　（1）秋天有哪些水果？

　　（2）想要知道秋天的水果有哪些种类，有哪些好办法？

　　（3）参观水果店，我们要注意哪些事情？

　　2. 介绍小记者题卡记录表，幼儿讨论怎样做记录。

　　二、水果店之旅

　　1. 我是秋果小记者。主持人提问：

　　（1）秋果小记者采访的过程中要注意哪些事情？

　　（2）怎样将水果店老板回答的问题记录在小记者题卡上？

　　鼓励幼儿以"家庭"/小组为单位到水果店当秋果小记者，了解秋季水果的品种、名称，并能做好相应题卡的记录。

2. 水果店的水果。

鼓励幼儿用看看、闻闻、摸摸等方法，认识、比较各种水果的异同。鼓励"一家人"独立完成购买采访任务，老大能照顾好弟弟妹妹。鼓励幼儿在采访过程中独立与店主交流，遇到问题尝试自主解决。

三、秋果你我知

鼓励幼儿以"家庭"/小组为单位介绍自己的采访内容。教师和幼儿一起将各"家庭"/小组采访内容汇总。

 活动反馈与反思

一、以图文并茂的形式将活动简讯传送至班级博客或园部网页。

二、幼儿回家和爸爸妈妈一起分享秋季水果店采访之旅的小故事；下阶段带幼儿到水果店进行水果购买活动。

银杏果系列活动

 "银杏果是个宝"——采摘银杏果

活动目标

1. 认识银杏树，知道银杏树的果实叫白果，并初步了解银杏树和银杏果的用途。

2. 在自主探索过程中，掌握并了解收获银杏果的方法，愿意尝试一起采摘银杏果，体验收获银杏果的欢乐。

 活动准备

前期经验准备：观察幼儿园的银杏树和银杏果的变化；亲子了解"我周边的银杏树"；银杏树/银杏果新闻播报；亲子阅读百科图书《银杏树》《银杏果的秘密》。

教学具准备：竹梯；细长竹竿；每位幼儿准备 1 双一次性手套；每个"家庭"1 个装银杏果的篮子；大水桶三四个；相机；等等。

活动过程

一、幼儿园的银杏树

带幼儿来到银杏树下，观察、谈话。主持人提问：

1. 银杏树又有哪些变化了？

2. 银杏树的树干长得什么样？树叶像什么？

3. 银杏树还有其他名字吗？

4. 银杏树有什么用途？

银杏树又叫公孙树，即第一代人栽树，第三代人采果；还叫白果树，银杏树的果实白果可做成白果粉、可入菜等。银杏叶可做茶叶，做成中药能治疗脑血栓等疾病；银杏树是珍贵木材，能用于雕刻名贵物品，树干可做砧板。银杏树浑身都是宝。

二、收获银杏果

主持人组织讨论：

1. 银杏果用处这么大，怎样收获呢？谁有好办法？

2. 医生说银杏果的表皮会腐蚀皮肤，这可怎么办？

汇总幼儿讨论：

1. 大家一起商定简便、安全的方法采摘银杏果。

2. 请阿姨用棍子敲打，小朋友捡。

3. 安全注意：捡银杏果时，每个小朋友戴上手套。

4. 教师和幼儿一起收获银杏果。

 活动反馈与反思

一、将活动简讯传送至博客、园部主页，与家长共同分享；并将下阶段活动（给银杏果去皮）亲子配合事项以邮件、博客等形式传递给家长。

二、和幼儿共同将采摘回来的银杏果浸泡在水桶中。

三、幼儿回家和爸爸妈妈一起聊聊采摘银杏果的感想。

四、亲子探索：给银杏果去皮的方法和注意事项。

"给银杏果脱衣" —— 银杏果去皮

 活动目标

1. 初步了解给银杏果去皮的方法，尝试探索给银杏果去皮的方法。

2. 在"一家人"共同给银杏果去皮的过程中，体验自主探索及合作完成任务的乐趣。

 活动准备

前期经验准备：观察浸泡后银杏果的变化；谈话活动（"银杏果在水里有哪些变化呢？""活动室里的'怪味'哪来的？"）；亲子了解"给银杏果去皮的方法""给银杏果去皮要注意哪些事情"；新闻播报"银杏果去皮好方法"。

教学具准备：每个家庭 2 个塑料盆；每位幼儿 1 双塑料手套、1 个口罩和 1 件防水反穿衣；水桶和清水；已经去皮和没去皮的银杏果、石灰水。

活动过程

一、怎样给银杏果"脱衣"

1. 教师两手分别拿一个没去皮和去好皮的银杏果，引导幼儿探索去皮的方法。

主持人提问：我们怎样才能给银杏果脱掉一层层的衣服呢？

2. 幼儿动手操作，尝试给银杏果去皮，教师有针对性地对老二、老三进行指导。

3. 幼儿和教师共同总结去皮方法。

4. 安全提示：银杏果果皮有腐蚀性，去皮时避免皮肤直接接触。

二、给银杏果"脱衣"的好办法

1. 引导幼儿相互交流讨论：

刚刚你的"家庭"/小组用了什么好办法为银杏果"脱衣"呢？

2. 给银杏果"脱衣"的好方法。

（1）将银杏果浸泡在水中。

（2）待皮肉松软后，用各种方法去表皮：

① 戴上手套用剪刀剪去表皮。

② 将皮肉松软的银杏果拿在手中用力搓

去表皮。

③ 将银杏果放在石块上磨去表皮。

④ 在硬地板上用脚踩去皮。

三、给银杏果"洗洗澡""吹吹干"

将银杏果洗干净后，在太阳下晾晒。鼓励幼儿以"家庭"/小组为单位，为各自"家庭"/小组去皮后的银杏果"洗澡"，并在户外进行晾晒。

 活动反馈与反思

一、将活动简讯传送至博客、园部主页，与家长共同分享；将下阶段活动（银杏果与人体健康）亲子配合事项以邮件、博客等形式传递给家长。

二、让幼儿回家和爸爸妈妈分享给银杏果去皮的方法。

"微波银杏果"——品尝银杏果

活动目标

1. 通过实践——微波银杏果，尝试自己动手打开银杏果，初步品尝银杏果的味道。

2. 知道多吃银杏果会中毒的秘密，了解成人和幼儿每天最多能吃几颗银杏果。

3. "一家人"品尝银杏果，体验收获银杏果的成就感。

 活动准备

前期经验准备：观察洗晒好的银杏果的变化；谈话活动（"银杏果现在什么样了？""它们的皮肤都干了吗？"）；亲子了解"银杏果对人的身体有哪些益处？""多吃银杏果会发生什么事情？""银杏果是什么味道的？"；新闻播报。

教学具准备：每个"家庭"1个牛皮纸信封；微波炉1台；钳子若干；清洗晒干后的银杏果若干；"银杏果和我们的身体"新闻PPT；新闻播报员一两名。

 活动过程

一、采摘的银杏果

主持人出示幼儿采摘和去皮后的银杏果并提问：

1. 这些都是什么呀？

2. 它们是怎么变成现在这样的呀？

二、银杏果的秘密

1. 银杏果和我们的身体——新闻播报

（1）听"银杏果和我们的身体"新闻播报，帮助幼儿了解多吃银杏果会中毒的秘密，并初步了解银杏果对身体的好处。

（2）讨论吃银杏果对我们的身体有什么好处。

① 银杏果可以怎样吃？

② 小朋友一次最多能吃几颗银杏果？

③ 成人一次最多能吃几颗银杏果？

2. 银杏果的味道

鼓励幼儿猜想银杏果的味道，激发幼儿下一步探索的欲望并提出问题。如"银杏果会是什么味道的呢？"……

三、品尝银杏果

幼儿以"家庭"/小组为单位用牛皮纸信封包装银杏果（每人1颗），将包装好的银杏果放入微波炉烤熟后，以"家庭"/小组为单位品尝银杏果。

活动反馈与反思

一、将活动简讯传送至博客、园部主页，与家长共同分享；并将下阶段活动（银杏果还能怎么吃）亲子配合事项以邮件、博客等形式传递给家长。

二、让幼儿回家告诉家人银杏果多吃会中毒的秘密及银杏果的味道。

三、亲子探索：银杏果的多种吃法。

"银杏果的多种吃法" —— 吃银杏果的方法

活动目标

1. 知道银杏果常见的几种吃法，初步了解不同吃法中银杏果的基本功效和作用。

2. 喜欢自主探索，并再次感受收获银杏果的喜悦。

前期经验准备：谈话活动（"银杏果还可以怎么吃？"）；亲子了解"银杏果的各种吃法"；新闻播报"吃银杏果的方法"；鼓励爸爸妈妈和孩子一起尝试用一种方法制作银杏果；以"家庭"/小组为单位收集银杏果的吃法；联系厨艺高超的家长在活动当天用 3 种方法制作银杏果食物，当天带到幼儿园。

教学具准备：每位幼儿 1 个小盘子和 1 把小勺子；以"常见银杏果吃法"为主题制作图片或 PPT；用 3 种不同方法烹饪或制作的银杏果食物（能直接吃的）；"银杏果的功效和作用"视频。

一、银杏果的功效和作用

观看视频，帮助幼儿再次了解银杏果对身体的利弊，以及银杏果不同吃法的作用和功效。例如："银杏果有哪些营养？""它对我们的身体有哪些益处？"

二、银杏果的各种吃法

1. 以"家庭"/小组为单位介绍各自收集的银杏果的食用方法。

熟吃银杏果的方法有很多，可以把它入菜，采用多种烹饪方式，如炒、蒸、煨、炖、焖、烧、熘、烩等。

一般常见的银杏果做法有：银杏粥、白果汤、白果烧鸡、白果汤圆、椒盐白果等。

2. 熟吃银杏果要注意的事项：

银杏果内含有少量氰苷，在一定条件下可分解为毒性很强的氢氰酸，因此不能生吃。虽然遇热后毒性会减弱，但也不能大量食用。对于成年人来说，一般一次不要超过 8~10 颗，而小朋友则一次不宜超过 3 颗。此外，容易出血的人和身体虚寒的人不能吃银杏果。

如果是新鲜的白果，需要先去除外壳，剥出来的白果仁外面会蒙着一层淡褐色薄膜，只要在开水中浸泡 3~5 分钟，就能方便地将其撕尽；也可以到超市购买已经加工好的鲜银杏果。烧鸡、炖肉、煲汤时都可以放几颗银杏果，不但会让菜看更美味，还能消除吃肉时的油腻感。

在入菜或煲汤时，最好迟些放入银杏果。这是因为，银杏果的淀粉易于糊化。为了尽量保持银杏果的香味，最好在鸡肉、鸭肉等肉类熟透之后放入银杏果仁，再稍微加热一会儿即可出锅。

三、美味的银杏果

请幼儿品尝银杏果粥、银杏果汤圆（注意每位幼儿只能食用少量）。鼓励幼儿相互说说味道怎样。

 活动反馈与反思

一、将活动简讯传送至博客、园部主页，与家长共同分享，感谢家长义工的特别帮助。

二、班组总结及反思活动中的经验和不足。

吃 火 锅

 活动目标

1. 介绍自己的火锅食材名称及营养，知道冬天吃火锅可以让身体暖和起来。

2. 体验大家一起"吃火锅"的快乐。

活动准备

前期经验准备：谈话活动（"保暖的方法有哪些？"）；亲子调查"火锅的食材有哪些？""哪些食材不能放在火锅中煮着吃？"；亲子谈话"吃火锅要注意哪些事情？"；有和爸爸妈妈一起吃火锅的经验。

教学具准备：每位幼儿准备两三种火锅食材（蔬菜、荤菜均可）；提前联系食堂熬制骨头汤锅底；分类餐盘若干；小饭碗、勺子与幼儿人数相等。

 活动过程

一、我带来的火锅食材

幼儿介绍自己带来的火锅食材。鼓励幼儿以"家庭"/小组为单位，进行火锅食材分类。

二、吃火锅

1. 讨论：吃火锅要注意的问题有哪些？

2. 学烧火锅：

（1）师幼共同烧火锅，估算3~5种火锅材料煮熟的时间。

（2）幼儿边听故事《吃火锅》边等待。

听故事并提问：

① 小动物们是怎么让身体暖和起来的？（吃火锅）

② 小动物火锅里都放了些什么？（重点：将各种动物与其喜欢的食物对应起来）

③ 你们有谁家里也吃过火锅？你喜欢吃什么？

④ 大家一起吃火锅，感觉怎样？（冬天吃火锅，大家围成一桌，既暖和，又开心）

3. "一家人"吃火锅。

"一家人"围坐吃火锅，感受围坐在一起开心和温暖的感觉。

 活动反馈与反思

一、将活动图片上传至博客和园部网站，传递给家长。

二、亲子调查："长期吃火锅对人体健康有哪些危害？""哪些火锅食材不能多吃？"

3.8 中国节日味道浓

——"中国传统节日"社会实践活动设计方案

设计思路

　　教育部《幼儿园教育指导纲要（试行）》指出："充分利用社会资源，引导幼儿实际感受祖国文化的丰富与优秀，感受家乡的变化和发展，激发幼儿爱家乡、爱祖国的情感。"我国五千年历史底蕴已沉淀出许多内容丰富、蕴含深厚的民族文化节日。然而，在日新月异的新时代，人们的思想观念和文化消费、生活方式等都悄然发生着变化，不知从何时起，外国的一些节日的热度超过了中国传统节日，令人担忧。

　　如何在幼儿园教育中渗透传统的、民族的、中国的节日文化，使其转化为爱国家、爱家乡的活动，需要设法另辟蹊径。我国幼教前辈陈鹤琴先生曾指导我们，编制课程的第一个原则是民族的，要学会挖掘本国的教育资源，形成具有中国特色的、能反映中华民族悠久历史文化传统和美德的"中国化"课程。

　　这些年来，我们以中国日历为依据，将所有传统节日拓展为社会实践活动，并将民族传统节日与西方节日融合，深入挖掘节日的核心价值。引导幼儿在丰富多样的活动中，真切感受和理解各类节日的风土人情，自然知晓和传承中国的、民族的节日文化。

喜气洋洋的春节 ——"歌舞"温暖新年

活动目标

　　1. 知道春节是我国的传统节日之一，了解春节的习俗等小知识，感受、探索、学习中华民族优秀的文化，从小培养民族自豪感。

　　2. 尝试在集体面前表现自己，感受表演的愉悦，感受春节的欢乐气氛、体验兄弟姐妹共庆春节的快乐。

活动准备

前期经验准备：谈话活动（"春节是一个怎样的节日？""你知道关于春节的哪些习俗？"）；熟悉新年音乐（《新年好》《恭喜恭喜》《新年快乐》）；艺术活动（偏美术）（《做鞭炮》《年画和春联》《中国龙》《剪窗花》）；幼儿园、班级活动室春节环境的渗透；各班节目编排（走秀、舞龙练习）；亲子阅读（《春节的传说》《春节》《年兽》等各类习俗由来的小故事等）；亲子观察小区、马路或出行周围环境的变化（哪些过年元素环境，如挂灯笼、贴对联等）；亲子准备春节服装。

教学具准备：小零食、水果若干、饮料若干；将幼儿座位席场地按春晚圆桌形式布置，每张桌上放若干零食和水果；气球；舞台布置；音响设备；各班幼儿表演道具；幼儿穿自己的春节服装来园；舞龙表演；舞龙队服装；大鼓若干；各类活动音乐（新年走秀，各班节目音乐等）；家长祝福视频。

 活动过程

一、哥哥姐姐来舞龙

1. 新年到了，我们有许多高兴的事。接下来请大家看看哥哥姐姐在新年到来时给我们带来怎样的表演。

2. 哥哥姐姐表演了什么节目？

3. 为什么要进行舞龙表演？

二、歌舞，温暖新年

1. 在主持人的带领下，全场热身，表演《新年快乐》。

2. 各班幼儿表演节目，要求：

（1）每班两个节目，节目开始以走秀形式出场。

（2）每两个班级节目表演结束后，玩一个新年游戏或播放一段家长祝福视频（提前录制各班家长对孩子的新年祝福，可以是小集体、大集体或个别代表）。

节目一　舞蹈《我不上你的当》

节目二　歌表演《上海话童谣》

节目三　酷炫情景剧《哎呀呀》

节目四　小合唱《新年好》

……

3. 引导幼儿在边看边吃的同时，当好文明小观众（鼓掌、不随意大声喧闹等）。

三、新年，祝福送大家

观看事先录制好的年级组全体幼儿新年祝福小短片。

活动反馈与反思

一、各班将全组幼儿新年祝福小短片上传至班级博客，让家长、其他年级组老师感受混龄孩子们的新年祝福。

二、通过微信传达亲子小任务：在春节期间，引导孩子观察、发现"我们家是这样过年的"；大年龄段幼儿从其中一个角度展开制作新闻；春节假期后回园播报新闻，小年龄段幼儿可以采用谈话活动的形式进行。

欢欢喜喜过元宵

活动目标

1. 知道农历正月十五是我国的传统节日——元宵节，了解元宵节的来历及习俗（赏花灯、猜灯谜、吃元宵等）。

2. 与大小伙伴（老师、小朋友）一起拉花灯、猜灯谜、做元宵、吃元宵，感受和大小伙伴一起过节的快乐，进一步感受团圆的意义。

活动准备

前期经验准备：大年龄段幼儿通过调查、参观、猜灯谜等多种途径，小年龄段幼儿通过讲故事、看故事绘本、观看视频等途径，对元宵节的传统文化和民俗习惯有一个基本了解；亦可通过自身参与、介绍，进一步获得对节日气氛的体验，获取多方面经验：① 农历正月十五是元宵节，是团圆的日子。② 元宵节有许多传说、故事、儿歌。③ 元宵节有吃元宵、赏花灯、猜灯谜、划旱船等风俗习惯。④ "元宵"象征着"团圆"，它有不同的种类和味道。⑤ 元宵节有各种各样的花灯，给人们带来了喜气和欢乐。⑥ 自己动手做元宵、做花灯可以感受更多的快乐……

教学具准备：每位幼儿亲子自制花灯 1 盏，每盏花灯 1 个灯谜；糯米粉若干；汤圆馅儿（豆沙、芝麻、麦丽素等）；一次性桌布若干；小盘子若干；花灯视频；元宵喜乐晚会视频。

 活动过程 《《《

一、好看的花灯

观看花灯视频，激发孩子过元宵节的兴趣。主持人提问：

1. 你在视频里看到了什么？

2. 为什么会有好看的花灯展呢？

3. 你觉得这些花灯怎么样？

4. 看完花灯展视频，你的心情怎么样？

二、赏灯、猜灯谜

1. 走廊元宵灯池展览会

（1）将幼儿带来的花灯悬挂在走廊，悬挂高度不宜过高，以便幼儿可以在走廊元宵灯池中看到灯上的谜面。

（2）幼儿以集体→小组→分散的形式赏灯，与伙伴一起聊聊"自己喜欢哪几盏花灯？为什么？"或介绍自己的花灯。

2. 大家一起来猜灯谜

（1）幼儿以"家庭"/小组为单位结伴选择花灯，尝试猜灯谜。

（2）组织猜灯谜比赛，幼儿集体猜灯谜。

三、大手小手做汤圆

做汤圆（老师或家长义工带领幼儿制作汤圆），帮助幼儿了解做汤圆需要的材料、做汤圆的步骤及做汤圆的主要秘诀（重点步骤或需要特别注意的地方）。

四、汤圆好味道

边吃自己亲手制作的汤圆，边观看"元宵喜乐晚会"视频，体验别样的元宵节味道。

 活动反馈与反思

一、活动过程中所有组织环节可以创造性地调换，如大手小手做汤圆；可以根据不同年龄段采用不同形式，如小班用报纸（橡皮泥）搓汤圆，中大班可以组织孩子到超市去购买汤圆等。

二、提前通过家园共育制作大的兔子灯雏形，让幼儿于元宵节前一周或后一周在部分区域中装饰兔子灯。

清明时节雨纷纷

活动目标

1. 知道清明节是几月几日，初步了解清明节的意义、习俗等小知识。

2. 通过烈士陵园扫墓与革命小故事相结合，让幼儿懂得革命先辈舍己为人、不争功名的精神，增强对传统文化的认同感，热爱祖国和我们的民族文化，更加珍惜今天的幸福生活，并学会感恩先辈。

活动准备

前期经验准备：晨聊"踏青"；学习古诗《清明》；清明节新闻播报（清明节的介绍、清明的习俗、革命故事/人物介绍等）；亲子自制菊花或购买菊花；亲子了解"扫墓是一个怎样的活动""扫墓和其他的远足活动有什么区别""清明节烈士陵园扫墓需要注意哪些事情"。

教学具准备：青团若干；革命小故事简短视频；自制菊花或购买鲜菊花若干；幼儿穿园服。

活动过程

一、革命小故事

1. 观看革命小故事简短视频，激发幼儿对革命先辈的崇敬之情。

2. 再次了解扫墓的注意事项及意义。

3. 主持人提问：

（1）今天我们要去烈士陵园扫墓，这是一个怎样的活动？

（2）它和我们以前的远足活动有什么不一样？

（3）扫墓的过程中我们要注意哪些事情？

二、烈士陵园扫墓

1. 革命烈士纪念馆

（1）带领幼儿参观革命烈士纪念馆，引导幼儿认真倾听讲解员的介绍（对烈士纪念馆等的介绍、对烈士纪念馆内革命先辈小故事的讲解）。

（2）鼓励幼儿提问：

① 这里一共住着多少名革命烈士？

② 他们都是我们上海市闵行区的人吗？

③ 这些碉堡怎样阻止敌人的进攻呢？

2. 鲜花送烈士

（1）鼓励幼儿自发献出自己手中的菊花。

（2）引导幼儿说出感谢烈士的话。

（3）引导孩子鞠躬。

三、清明节吃青团

午餐或午点安排吃青团，让孩子知道清明节有吃青团的习俗。

 活动反馈与反思

一、烈士陵园扫墓适合大班幼儿；中小班可以组织幼儿观看革命电影（如《闪闪的红星》《小兵张嘎》等）。

二、清明节的教学活动还可以有：做青团；远足踏青；了解寒食节、清明节，插柳介绍；各家各户放置香袋；吟诵清明节古诗；等等。当然，这些活动可以互相结合，也可单独组织，成为班级或年级组的活动。

五月五 过端午

活动目标

1. 知道端午是中国的传统节日之一，初步了解其来历及风俗习惯（如赛龙舟、吃粽子等）。

2. 在观察、品尝中发现粽子的口味、形状多种多样，初步了解粽子的制作过程，并乐意与同伴交流。

3. 喜欢和大家一起共度端午节，积极参与端午节活动，体验节日的快乐。

活动准备

前期经验准备：亲子记录表"端午节——我的调查"或"我的发现"（① 可记录家中端午节活动的进展，如买粽子、包粽子、门口悬挂艾草等；② 可记录有关端午的问题以及端午的传说与习俗方面的调查资料）；亲子收集端午节新闻，展开端午节系列新闻播报；班级中陈列幼儿收集的与端午节有关的物品（艾草、粽子、鸭蛋、香包）；亲子收集"各种各样的粽子"（图片）。

教学具准备：有关《屈原的故事》的图片；龙舟赛简短视频；各种各样的粽子；绿豆糕、鸭蛋等。

活动过程

一、屈原的故事

观看图片，倾听《屈原的故事》，了解端午节的来历，理解故事内容，激发对爱国诗人屈原的敬佩之情。主持人提问：

1. 端午节是哪一天？

2. 为什么要过端午节？

3. 为什么要纪念屈原呢？

4. 人们是用哪些方法来纪念屈原的？

5. 端午节还有哪些习俗？

二、各种各样的粽子

1. 展示、介绍"我收集的粽子"，了解粽子种类的多样。

（1）你带来的是什么粽子？

（2）这些粽子看上去有什么不同？

（3）这些粽子是什么口味的？

2. 观看包粽子的过程，了解包粽子所需要的材料。

（1）你知道包粽子需要哪些材料吗？（讨论、认识包粽子的材料）

（2）根据幼儿所述，出示相应材料并引导幼儿认识。

（3）观看老师（或家长义工）包粽子、煮粽子的过程。

3. 品尝粽子、交流粽子的口味等，体验过端午节的乐趣。（除粽子外，再增加各种端午美食——绿豆糕、鸭蛋等）

活动反馈与反思

一、分区域提供与主题相关的操作材料，如：① 图书室（提供有关端午节的图书、图片，供幼儿欣赏、阅读）；② 美工区（向大年龄段幼儿提供纸、线等材料，供幼儿尝试包粽子、缝香包、编鸭蛋网，向小年龄段幼儿提供橡皮泥，让幼儿尝试自制绿豆糕、鸭蛋）。

二、可以组织幼儿制作龙舟，举办"美丽的龙舟展"，或组织游戏"划龙舟"。

三、可以与"赛龙舟"活动的有关单位联系，组织亲子参观"赛龙舟"；可以组织开展家长、幼儿互动式智力竞赛，让幼儿进一步了解端午节的主要习俗，也可以组织家长、幼儿一起玩亲子游戏（如包粽子比赛等）。

团团圆圆过中秋

活动目标

1. 知道八月十五是中秋节，简单了解中秋节的来历，知道中秋节又叫团圆节。
2. "一家人"大胆地动手制作小月饼，体验"家庭"合作完成月饼制作的快乐。
3. 共度中秋佳节，体验过节的快乐，感受中国传统的文化习俗。

活动准备

前期经验准备：中秋节系列新闻播报；亲子阅读与中秋节相关的故事；幼儿已有用橡皮泥制作月饼的经验；熟悉有关月亮的歌曲《小白船》《爷爷为我打月饼》等；亲子收集"各种各样的月饼"展示在区域中。

教学具准备：烤箱；月饼模具；面粉；各种馅料；幼儿中秋节新闻播报。

活动过程

一、中秋节新闻播报

安排两名幼儿进行中秋节新闻播报，帮助幼儿深入了解中秋节的来历和习俗。

二、大家一起做月饼

在老师（家长义工）的带领下，"一家人"合作制作中秋小月饼。幼儿在音乐伴奏下自由选料尝试制作。引导幼儿根据个人喜好选择不同的馅料，并注意月饼外形的美观。注意制作时的技巧，学习如何把馅儿包进面团里。在制作好的月饼下面铺上锡纸，由老师（家长义工）放进烤箱烘烤。月饼出炉后，组织幼儿以"家庭"/小组为单位围坐，师生共同品尝不一样的月饼，并相互交流活动中的感受。

 活动反馈与反思

一、可以组织"大手牵小手"中秋月饼自助餐活动，还可让孩子将自制的月饼带回家，和家人共同分享。

二、让幼儿在中秋节前后观察月亮的变化，并做相应记录。

甜甜的腊八节

活动目标

1. 初步了解腊八节的来历，知道腊八节的时间和风俗习惯，感受传统民俗节日的气氛。

2. 通过听听、看看、吃吃，过一个热热闹闹的腊八节，感受浓浓的年味和传统习俗文化带来的快乐，充满对新年的美好期待，懂得要从小做一个勤劳的人。

 活动准备

前期经验准备：亲子共同了解，认识各种粗粮，包括它们的外形和营养价值；腊八节新闻播报；晨聊"我知道的腊八节小故事"；能积极主动地参与腊八节活动的环境布置和材料收集；以"家庭"/小组为单位自制给爷爷奶奶的邀请函；事先邀请一两位爷爷奶奶，负责活动当天给幼儿讲腊八节的小故事。

教学具准备：热气腾腾的腊八粥；腊八粥制作视频；水果；桌椅；音响设备；投影仪；音乐等。

 活动过程

一、听爷爷奶奶讲故事

主持人提问：

1. 今天是什么节？大家知道吗？

2. 为什么会有腊八节呢？

3. 我们一起欢迎××爷爷为我们讲关于腊八节的故事，大家掌声欢迎。

4. 听爷爷/奶奶讲腊八节小故事。事先联系讲故事的爷爷/奶奶，提前准备腊八节小故事。这些故事可以是腊八节来历小故事，也可以是爷爷/奶奶小时候过腊八节的真实小故事。

二、和爷爷奶奶一起过腊八节

1. 在主持人的带领下，爷爷/奶奶和小朋友共同跟随喜庆的音乐跳开场舞，鼓励孩子主动邀请爷爷/奶奶和自己一起动起来。

2. 和爷爷/奶奶一起玩腊八节小游戏"纸杯传豆子"。

3. 和爷爷/奶奶一同观看腊八粥制作视频。

4. 送上暖暖的腊八粥，和爷爷奶奶一同品尝；边品尝边听自己的爷爷/奶奶讲小时候过腊八节或新年的小故事。

 活动反馈与反思

一、回家和爷爷奶奶一起自制腊八粥，品尝腊八粥的味道，以口述或记录的形式传递到班级博客，与更多人分享。

二、可以组织自制腊八粥评比大赛，幼儿和爸爸妈妈自制腊八粥并带到幼儿园，幼儿相互品尝并评选出"腊八粥大王"。

3.9　"小鬼"当家

——"六一"游园社会实践活动设计方案

 设计思路

六一儿童节是孩子们的节日，每年节日到来，幼儿园都会充满"六一"气息，但幼儿对"六一"的认识很大程度上停留在吃、玩、收礼物上。

如何让幼儿更好地发挥主体性，让孩子过一个更有意义的节日？如何从幼儿的能力、兴趣和需要出发，进一步挖掘活动的教育价值？如何抓住节日的契机，培养幼儿活泼开朗的性格，增进幼儿与伙伴间、幼儿与老师间的情感，增强幼儿的社交能力？

我们根据《幼儿园教育指导纲要（试行）》社会领域中关于"支持幼儿自主地选择、计划活动，鼓励他们通过多方面的努力解决问题"的精神，设计每年的"六一"活动。让幼儿在教师的支持下，合作完成"六一"的活动设计，鼓励幼儿参与其中，成为节日真正的主人。

活动目标

1. 知道 6 月 1 日是国际儿童节，是自己的节日；鼓励幼儿节前积极参与班级讨论与活动策划，确定节日活动方案，积极为节日活动做准备。

2. 通过小社会再现，在交往、交流的游园活动中，培养幼儿有序、等候、守规则的好习惯。

3. 感受"六一"的欢乐和喜悦，过一个快乐的"六一"节。

活动准备

前期经验准备：谈话活动（"'六一'是我们的节日，怎样迎接'六一'节?""大家想怎样过节?"）；各班老师与孩子共同商量、讨论并设计班级"六一"游园活动的游戏计划、环境布置、海报等；亲子准备"六一"新闻播报。

教学具准备：全园宣传海报；各班"六一"主题海报；面值5元、10元的"游园币"若干；气球；"六一"礼品。详见表3-1。

表3-1　"六一"教学具准备

内　容	要　求	完成日期	负责人	备　注
宣传大海报	① 各班主题海报：根据本班主题内容，张贴在班级门口 ② 宣传海报，张贴在幼儿园大门口	×月×日	各班老师	海报用于招揽顾客和展示游戏说明，让孩子参与设计；宣传海报营造节日气氛
幼儿用代币券	面值5元、10元两种"游园币"若干	×月×日	教研组长	任务分解，各班储存一定数量的纸币
场地布置	在幼儿园门口搭建气球拱门	×月×日	×××	活动前一天完成
各班所需物资	根据不同需要领取或制作	×月×日	×××	
木偶戏演出	各班组织好幼儿就座	×月×日	×××	根据天气情况安排室内或室外；安排在"六一"游园前一天
自助餐	英伦茶点自助餐	×月×日	×××	下午点心时间进行

 活动过程

一、我们的节日

1. 今天怎样过节。主持人提问：

（1）今天是什么节？是谁过节呀？

（2）我们今天会怎样过六一儿童节呢？

（3）我们自己设计的"游园式"的六一儿童节，可以在 16 个主题活动室随意活动——赚钱或花钱。

2. 游园时注意事项。主持人提问：

（1）在游园的过程中，我们要注意哪些问题？

（2）当选择的活动区人较多时，应该怎么办？遇到困难怎么办？

① 幼儿学会有序等候、不在走道上奔跑。

② 管理好自己的"游园币"，不弄丢。

③ 混龄班"一家人"一起游园；其他年级组结对游玩，相互协助，自主选择。

"六一"游园活动开始前带幼儿参观各活动场地，与幼儿共同了解每个活动室的具体内容（"这个活动室内是什么游戏，怎样玩？""哪些活动室内的活动可以赚钱？""哪些活动室内的活动可以消费？"……）。

二、快乐的"六一"游园

幼儿以"家庭"/小组为单位结伴，自由选择活动区进行活动，具体活动设计参照表 3-2。

表 3-2　"六一"游园活动设计

主　题	安　排	地　点	责任人
警察局	幼儿可上班赚钱	杰立卡	根据各实际场所安排相应班级教师，行政、后勤人员参与其中
礼品店	幼儿可消费	音乐室	
翻斗乐	售票处设在舞蹈房	大型玩具	
皮鞋美容部	幼儿可上班赚钱	二楼棋类室	
水果店	幼儿可消费	中×班	
女儿红	幼儿可上班赚钱	中×班	
COCO 奶茶铺	幼儿可赚钱或消费	中×班	
克里斯汀蛋糕店	幼儿可赚钱或消费	中×班	
小小电影院	幼儿可当检票员赚钱 看电影或购买爆米花消费	混龄×班	
曼都美容美发店	幼儿可赚钱或消费	混龄×班	
西瓜庄园模特公司	幼儿可赚钱或消费	混龄×班	
湾仔码头饺子店	幼儿可赚钱或消费	混龄×班	
乐高玩具城	幼儿可赚钱或消费	大×班	
中国面馆	幼儿可上班赚钱	大×班	
邮电局	幼儿可上班赚钱	大×班	
大白兔糖果店	幼儿可上班赚钱	大×班	

三、英伦茶点自助餐

组织幼儿以"家庭"/小组为单位开展英伦茶点自助餐活动。鼓励大年龄段幼儿积极参与，成为英伦茶点自助餐志愿者——服务生，几组幼儿轮班进行。

四、礼物大搜索

老师事先将幼儿园准备的"六一"礼物藏在活动室，英伦茶点自助餐活动结束后，幼儿寻找礼物，全体师生合影留念。

 活动反馈与反思

一、大年龄段幼儿表达"六一"活动感想，班级老师与家长联系，收集孩子和家长对活动的反馈，了解孩子对活动组织形式的喜爱程度，为以后开展类似活动提供更好的依据。

二、组织幼儿将自己的活动感想，通过新闻播报传递出去。

3.10 我家来客人了

——"串门子"社会实践活动设计方案

 设计思路

《幼儿园教育指导纲要（试行）》中指出："幼儿园应与家庭、社区密切合作，与小学相互衔接，综合利用各种教育资源，共同为幼儿的发展创造良好的条件"；"幼儿同伴群体及幼儿园教师集体是宝贵的教育资源，应充分发挥这一资源的作用"；"家庭是幼儿园重要的合作伙伴"；"充分利用自然环境和社区的教育资源，扩展幼儿生活和学习空间"。

如何落实"依霖"礼仪课程？这一类课程很难靠说教实施，要达到无痕教育效果，只有创设真实的、可操作的、可用心体验的情境，让幼儿在互动、交流、观察以及成人提示中去感悟。怎样接待客人？接待客人需要学习哪些礼仪？客人来了我怎样当好小主人？怎样到别人家去做客？做客人要学会哪些礼仪？……

著名教育家陈鹤琴先生也明确主张以大自然、大社会为出发点，为儿童创设能够身体力行获取生活经验和知识的环境。"串门子"活动是徐刚园长在20世纪90年代初一期课改中提出的，其文章发表在当时北京的《幼儿教育》上，这一活动被广大学前教育工作者接受。

小客人和小主人

活动目标

1. 通过"串门子"活动，学习做客人（主人）的基本礼仪，懂得主动与主人（客人）打招呼。

2. 通过"串门子"活动，培养自主交往的能力，遇事能主动与主人（客人）沟通。

活动准备

前期经验准备：观看"做客"视频；师生讨论（你有做客的经验吗？你是怎样做客的？做客需要注意什么？）；做客礼仪的谈话活动（"如果你是小主人，你准备怎样接待客人？""当小主人要注意哪些问题？"）；学习做客的儿歌等；做客幼儿提前准备小礼物和祝福小贺卡。

教学具准备：事先联系好家长；与家长沟通"串门子"的相应活动安排；提前告知做客幼儿与幼儿家长，带孩子准备一份做客小礼物和祝福小贺卡。

活动过程

一、我想去做客

1. 让幼儿知道今天是到××小朋友家里去做客，××小朋友今天是小主人。

2. 请幼儿讨论：

（1）怎样做一个小客人？

（2）做客时要注意什么？

3. 怎样做客：

（1）要有礼貌，看见大小主人都要主动打招呼。

（2）在主人家里要安静地参观或坐立，轻声说话。

（3）注意保持桌面和地面的整洁，不弄坏主人家里的东西。

（4）吃东西时要说谢谢，并把垃圾放到垃圾桶里。

（5）离开时要礼貌地和主人说再见。

4. 与幼儿共同探讨"串门子"路上的安全注意事项。

二、我们做客去

1. 主动问好。

小客人、小主人互相主动问好，小客人能主动和大主人打招呼。

2. 送礼物。

客人双手送上自己的小礼物并用语言表示祝福，小主人能有礼貌地答谢。

3. 参观小主人房间。

小主人能大方介绍自己的房间，小客人们能有礼貌地询问自己想要了解的事情。

4. 快乐"小馋猫"（分享小零食、水果、果汁等过程）。

小主人能主动询问"你要喝果汁吗？""要不要再来点薯片？"等。小客人能主动答谢，当有需求时能主动有礼貌地提出来，如"我可以再喝杯果汁吗？"……

5. 捏捏十二生肖像。

跟老师学用橡皮泥捏十二生肖像，操作时互相谦让，不争也不抢，有问题会主动询问或请教。

6. 午餐——面条、馄饨。

餐前能主动洗手，注意用餐礼仪。

主人会主动招呼："你想要吃面条还是馄饨啊？""要不要再来一碗？"

小客人要及时、有礼貌地回答小主人的询问，并答谢，有需要时会主动提出来。

 活动反馈与反思

一、回园后，一起聊一聊：

1. 我今天"串门子"做客人表现好的地方和不足的地方在哪里？

2. 在以后的"串门子"活动中，我们还有哪些地方是要特别注意的？

3. 小主人今天的表现怎么样？如果你是小主人，你会怎么做？

二、鼓励大年龄段幼儿完成"串门子"后的感想口述记录，并通过小主持播报与大家分享。

三、总结和反思"串门子"过程中的问题，作为下次活动时需要注意的事项。

探望小病人

活动目标

1. 学习探望病人的礼仪，培养关心他人的情感。
2. 使幼儿懂得体验生病小朋友的情绪、情感和需要。

活动准备

前期经验准备：谈话活动（"探望生病的人有哪些礼仪？""探病的过程中要注意哪些问题？"）；有探病的经历。

教学具准备：手工纸、贺卡等材料；录音机；录音磁带。

活动过程

一、谁生病了？

1. 通过点名的方式，引发幼儿讨论："××小朋友今天怎么没有来？"

2. 电话联系××小朋友，开免提，幼儿询问其不来园的原因。

3. 分组讨论：怎么帮助生病的小朋友？

4. 请幼儿按意愿选择"关心病人"的方式，参加相应的小组活动。（如做慰问卡或手工小礼物、购买小点心、录音安慰语等）

（1）幼儿口述，教师代笔，共同给病人写一封问候信，送上大家的祝福。

（2）把自己想和生病小朋友说的话录音，通过录音把问候和快乐传递给生病小朋友。

（3）为小病人制作一些有趣的小礼品，祝他早日康复。

（4）教师要对孩子们的每一种"关心"予以表扬和鼓励。

二、探望生病的伙伴

1. 主持人提问：

（1）探病跟我们以往的"串门子"有什么区别？

（2）看望病人时要说些什么？

（3）探病的过程中，我们要注意哪些事情？（如探望病人前应预约好时间，轻轻地敲门，轻轻地走路，轻轻地说话，探望的时间不宜过长，让病人好好休息）

2. 带部分幼儿探望生病的××小朋友：

（1）幼儿的关心和问候："××，你好点了吗？""我们很想你！"

（2）分别推举幼儿代表将写好的信读给生病的孩子听。

（3）将所有孩子的关心录音、礼品、小贺卡转给生病的孩子。

3. 告别，送上我们的祝福。

活动反馈与反思

一、将生病幼儿的感谢通过代表带给班级所有的孩子。

二、鼓励幼儿给生病的小伙伴打电话，延续探望后的关心。

3.11 从小练就小小"铁脚板"

——幼儿远足社会实践活动设计方案

 设计思路

　　远足活动是一项富有健身价值和教育意义的活动，能有效地帮助幼儿增强体质、磨炼意志、增长知识、陶冶情操。随着社会发展，人们生活水平不断提高，公寓化的居住条件，逐渐增多的车辆，使得生活区周围活动空间减少，幼儿上学不是坐电瓶车、摩托车，就是乘坐小轿车。

　　家长们也注重带幼儿外出活动，但对家长的问卷调查结果显示，家长带幼儿外出时，乘车的占70%，幼儿独立行走的只占25%，另有5%的幼儿是被人抱着走的，这使幼儿的锻炼机会少了许多。为了促进幼儿身心的健康发展，增强其体质，远足是一项很好的运动。

活动目标

　　1. 让幼儿通过远足活动学会独立，学会在活动中和同伴友好相处，遇到困难时能和同伴一起解决。

　　2. 在行走中，让幼儿接触大自然，对周围事物和现象进行观察比较。

　　3. 让幼儿喜欢按下相机的快门，用相机记录下自己找到和喜欢的景色，注意拍照时的画面布局，能拍出清晰的照片。

活动准备

　　前期经验准备：谈话活动（"大家喜欢远足吗？为什么？""远足有什么好处？""想到哪里去远足？"）；亲子周末远足；和孩子聊聊远足对身体的益处；联系出游大巴、公园门票、展馆门票；幼儿午餐提前领取，并分别装好；幼儿园服着装，穿运动鞋（提醒幼儿不穿皮鞋及洞洞鞋）；每班增派 1 名教职工辅助。

教学具准备：班级准备垃圾袋、纸巾、野餐垫；幼儿自备 1 条毛毯、1 部相机；幼儿自备午餐和零食。

 活动过程 ◄◄◄◄

一、就要远足去

1. 等待出发。

8：45 前　幼儿来园，老师与幼儿一起检查书包，清理出多余的东西（书本等），把幼儿午餐放进书包内，登记幼儿所带的毛毯样式、相机型号。

2. 快乐出行。

9：00　按班级顺序上车。所有班级在教室内等待叫号，按叫号顺序有序上车，待所有幼儿坐好并系好安全带后即可出发。

二、小小"铁脚板"

9：50　到达××公园，下车前往集合地点，整装、盥洗。

10：00　参观海洋馆、公园风景。各班老师带领幼儿进入海洋馆内参观，"一家人"手牵手欣赏沿途风景，老师为幼儿介绍园内植物、海洋馆内生物，并引导幼儿拿出相机拍照记录。

提示老大注意观察老二、老三拍照情况，并给予指导。

三、野餐派对

11：00　开展野餐派对。老师让幼儿在班级指定地点放下行李后，带领幼儿进行盥洗活动。保育老师负责张罗野餐场地，把野餐垫铺好等待幼儿进餐。老师注意让幼儿先吃，"三位一体"以孩子为主。老师进餐时始终面向孩子。

12：30　野餐结束，老师可组织一些简单的游戏活动。

13：00　收拾行装，前往动物剧场。

四、小动物表演

13：15　观看动物表演。表演过程中，老师时刻关注幼儿安全，不要让幼儿擅自离开座位，提醒"一家人"坐在一起，老大注意保护弟弟妹妹。

14：15　幼儿盥洗、整装。

五、愉快归途

结束快乐旅途，回园车上提示幼儿小歇，注意为幼儿盖上毛毯，注意空调温度。

活动反馈与反思

一、每月可以组织一次远足活动，出游地点可根据季节、天气或主题而定，如桂花飘香的季节可带孩子们到桂林公园观赏桂花，也可到附近小区进行负重远足活动、踢足球活动、写生活动、观看小蝌蚪活动等。

二、教研组反思活动的组织与后续工作，教师交流活动感想。

三、做好班级博客、幼儿园网站信息传递工作。

3.12 "一家人"游公园

—— "游公园"混龄班大带小社会实践活动设计方案

 设计思路

独生子女的社会问题越来越被人关注，很多家庭教养的态度和方式是溺爱与过度保护，造成部分孩子出现一切以自我为中心、任性、依赖性强、胆小、不合群等问题。设法弥补这些客观存在的问题，创设适宜的成长环境，让幼儿从小学习做人最基本的道理，为社会培养文明有修养的公民，是当今素质教育的方向和目标。

开展"大带小"游公园活动，不同年龄幼儿相互交往共玩，能在其中自然体会兄弟姐妹之情，放大"性本善"的善意，不知不觉中摆脱"自我中心"的意识，这类活动对促进幼儿良好的社会性行为发展有深远的影响。"大带小"游公园时，与同伴相处，了解彼此关系，互相间的碰撞学习会产生情感共鸣，从而获得更广泛的社会认知。

一个好习惯的养成需要连续 21 次，经常组织"一家人"游公园，可充分挖掘混龄教育之潜力，让"教与学"在孩子之间自由转换，互相影响，"三人行，必有我师焉"，教师不再是唯一。

活动目标

1. 观察秋天周边环境的变化，"一家人"一起用画笔记录秋天的美。

2. 在活动中激发哥哥姐姐照顾弟弟妹妹的美好情感，弟弟妹妹体验和哥哥姐姐一起户外远足的乐趣。

活动准备

前期经验准备：谈话活动（"'一家人'游公园，哥哥姐姐有哪些责任?""哥哥姐姐要注意哪些问题?""我们会遇到怎样的困难?""弟弟妹妹要注意哪些事情?"）；大年龄段幼儿家长和孩子耐心地聊聊出游应该怎样照顾好弟弟妹妹等问题；联系出游大巴、公园门票、展馆门票；幼儿午餐提前领取，并分别装好；幼儿着园服，穿运动鞋（提醒幼儿不穿皮鞋及洞洞鞋）；每班增派 1 名教职工辅助。

教学具准备：班级准备垃圾袋、纸巾、野餐垫；幼儿自备毛毯 1 条；每人准备适量零食、1 块写生板。

活动过程

一、负重爬山

先拿到小山坡上的红旗的那组获胜。

老大、老二、老三书包中装有不同重量的水和食物，以"家庭"为单位徒步冲上小山坡。

二、快乐分享

1. "一家人"互相照应，找地方围坐下来。

2. "一家人"共同分享小零食。

3. "一家人"共同清理场地。

三、美丽的秋天

1. 秋天在哪里？观察并寻找秋天。

要求：观察树叶和落叶，从颜色上判断秋天与夏天的区别；观察公园里人们的衣着，从衣着上分析夏天和秋天的区别；感受风的凉暖程度，说说夏风和秋风的区别。

2. 聊聊秋天的话题。

要求：秋天来了，你们有什么要问秋天的吗？教师注意将幼儿问问题的思路引至更宽的领域，让幼儿由秋天联想到其他更多的问题。

3. 写生：我用笔来记录秋天的景象。

要求：感受在大自然中画画的快乐和秋高气爽的闲逸，教师在指导各年龄段孩子时有不同的要求和方法。

活动反馈与反思

在"大手牵小手"的活动中，教师要时刻把"混龄"的意识挂在嘴边，如：你的弟弟妹妹呢？你们"一家人"准备得怎么样了？你的老大呢？……

从“混龄”这个角度出发，教师对这类活动进行反思，会更好地促进下一次“大手牵小手”活动的开展。

3.13 我和春天有个约会

——浦东世纪公园春游社会实践活动设计方案

 设计思路

　　学习中有个"三维学习需求模型"，即"群体−个体、知识−体验、发展−反思"。群体、知识与发展是教育的基础与主要表现，代表了教育的外在表象。而综合实践活动是基于幼儿的实践经验，密切联系幼儿自身生活和社会实际，综合应用生活知识的实践性课程。其形式核心是有效地实践，推动教育走向个性、体验和反思的内涵层面。

　　给传统的春游、秋游赋予课程的特色，将综合实践活动课程确定主题、实践体验、交流学习等环节融入春游、秋游，使春游、秋游活动更符合幼儿发展的要求，真正起到综合教育的浸透效果。

活动目标

　　1. 寻找春天的景色（托班），学习用镜头观察、记录春天植物的美。
　　2. 感受一起出游、做游戏、品尝食物的快乐和温馨，感受大自然带给大家的舒适、快乐。

 活动准备

　　前期经验准备：教学园长、保教主任、教研组长事先进行实地踩点，对春游地点、设施以及车队停放等情况做到心中有数；春天系列新闻播报；熟悉春游当日游戏的玩法、规则等；亲子周末春游；家长协助幼儿掌握使用相机的方法，在家尝试摄影等。
　　教学具准备：每人准备1条毛巾毯（午睡用）；每个幼儿准备若干食物、湿纸巾（事先准备好）；穿藏青色毛衣、红色背带裤、合脚的鞋子；幼儿自备少许零食；班级准备垃垃袋、纸巾、野餐垫；后勤协助联系车辆；呼叫机；教师、幼儿午餐、水；药箱和急救药。

 活动过程 《《《《

一、我们要出游

来园集合（准时、守纪、顾全大局、服从指挥）注意点：8：20全体幼儿准时到齐，在教室集合待命，走廊及外围无家长走动，幼儿如厕完毕，逾时不候。

上车出发（迅速、有序、纪律良好）注意点：教师组织好班级队伍，方可带出班级，教师站位处于队伍前、中、后，严禁幼儿掉队；听从指挥，从教室迅速走到站点排队上车；教师安排幼儿上车，从后向前就座，晕车幼儿最后上车，快速帮幼儿系好安全带；3位教师座位前、中、后分开，随时注意孩子安全第一。

一部后门出门顺序：中×班→中×班→中×班→中×班→大×班→大×班→大×班→大×班；一部前门出门顺序：混龄×班→混龄×班→混龄×班→混龄×班。二部出门顺序：托×班→托×班→托×班→小×班→小×班→小×班→小×班→小×班。

乘车安全注意点：行进途中，幼儿不得站立在座位上，不得与前后排幼儿嬉笑打闹，不吃食物，不离开座位，不开窗户，将垃圾丢在垃圾袋中，保持地面清洁。

二、大自然中收获快乐

1. 寻找春天的景色。

大草坪游戏、游乐场游玩，避免人多拥挤，各年级组按不同内容同一时间不同地点岔开进行，午餐后互换；班级3位老师共同负责引领、保育、安全工作。

中大班：浦东世纪公园进门第一块大花园寻找春天的景色，玩大草坪游戏；每位幼儿带一部相机，记录春天的景色，拥抱大自然，和大树做朋友。回家后挑选一张最满意的照片，发给老师。

混龄班：游乐场中选择2项适宜的活动。

小班：大草坪游戏，各班教师组织幼儿做游戏、唱歌，如抱树、蚂蚁爬、彩虹伞等。

托班：鸽子苑喂鸽子。

2. 我们的野餐。

将桌布铺在草坪上，幼儿坐在桌布上与好朋友共同分享食物，引导幼儿对分享食物给自己的人说"谢谢"；鼓励幼儿主动用湿巾清洁自己的嘴和手，主动收拾食物垃圾，清理餐具和食物。

三、愉快的回程

回程注意点：听从指挥，自己掌握时间节点，按时返回停车场；教师组织幼儿有序上车，清点人数及物品；严禁返程途中教师擅自先行离开；临走前教师引导每个幼儿整理、检查装备（如相机、衣服、书包等）；教师必须等家长接完孩子后方可回家。

活动反馈与反思

一、召开全园反思会议，反馈活动中各班工作经验和问题，收集教师活动后的感想和建议，从而吸取经验，以便更好地开展下阶段工作。

二、活动可以分春季和秋季两个季度展开。

三、可让孩子们带上帐篷，在公园草地上享受在"小家"午睡的神秘感和快乐。

3.14 天然氧吧

——"植树节"社会实践活动设计方案

设计思路

春天到了，万物复苏，万木吐春，正是植树的时节。

3月12日是植树节，树木是人类的好朋友，它们有一个非常庞大的家族，家族成员种类繁多，用途不一，但它们都有个共同的特征：承担着绿化环境、净化空气的作用。

从小对幼儿进行环保教育，是现代幼儿教育内容更新的具体体现。活动设计应让幼儿在认识自然植物的基础上，了解自然与人类的关系，颂扬人类改造自然、保护自然，与自然界万物共生存的精神。

让幼儿观看树木与人类关系以及春天特征的多媒体课件，推动幼儿将认知、情感、行为贯穿于各种活动中；推动幼儿采用不同的认知思路，多层次地去认识周围世界；推动幼儿运用观察、谈话、种植、游戏等多种方法，丰富活动内容，培养思维能力。

活动目标

1. 引导幼儿观察形形色色的植物，了解植物的名称、形态、特点、生长规律等。

2. 让幼儿知道3月12日是植树节，进一步增进对植物的认识，理解人与植物的内在联系。

活动准备

前期经验准备：教师带领孩子们观察冬天过后班级的植物角，和孩子们一起讨论（"我们的植物角，现在是什么样子的？""看到这样的植物角你们感觉怎么样？""春天来了，有什么办法可以让我们的植物角更美丽？"）；各班提前下发"'绿色家园从我做起'——我为校园添点绿"倡议书，并做好博客宣传；收集块茎类植物（萝卜、土豆、红薯、大蒜等）；请家长送植物来幼儿园时写一张植物的介绍和喜好卡片贴在植物上，并指导孩子学习照料和养护植物的方法（如浇水次数、修剪等）；通知家长×月×日起将绿化植物带来幼儿园（要求花卉存活率较高，可以让孩子在室外长期种植、观察，如太阳花、月季花、芦荟、仙人球、吊兰等）。

教学具准备：播种的劳动工具（浇水壶、铲子）；植物角成长记录表；教师准备好统一的空白标签纸，供"一家人"共同制作植物标签；教师做植物类别分类标签；冰棍小棒。

 活动过程 ‹‹‹‹

一、晨谈：植树节知多少

1. 介绍植树节的来历等相关知识，宣传植树节意义。

2. 请一两名幼儿从不同角度介绍自己带来的盆栽（名字、习性、怎样照料）。

二、我为班级添点绿

1. 每班在班级创设绿色植物角，鼓励每位幼儿带一盆植物布置班级的植物角。

2. 和孩子一起布置"天然氧吧"分会场（班级植物角），鼓励孩子们参与讨论，大胆提出建议。

3. 教师给每个家庭发一张空白标签纸，供"一家人"制作家庭标签。

4. 介绍植物角记录本，通过每天的浇水、观察、记录，让孩子了解植物的生长过程。

5. 所有孩子共同选出 5 盆盆栽展示到幼儿园风雨走廊，参加"天然氧吧"主会场展览活动；和孩子一起将植物名称及孩子的姓名、班级填入爱心标签的爱心卡中，然后贴在花盆上，请大年龄段幼儿协助送到"天然氧吧"主会场展览地。

6. 参观"天然氧吧"展览活动，教师带领孩子们先到"天然氧吧"展览长廊参观，继而到"天然氧吧"分会场（各个班级的植物角）参观，并介绍"天然氧吧"内植物的种类等。

三、照顾从这一刻开始

1. 参观完"天然氧吧"后，鼓励孩子以"家庭"/小组为单位照料植物，观察、浇水、修剪，并做好相应记录。

2. 大班幼儿参与"天然氧吧"主会场植物的照料及幼儿园内大的绿色盆栽的照料，准备小水桶 10 个左右（可以让部分孩子从家中带来）。

3. 其他每个班级在幼儿园找一个小片区，开展浇水等活动。

活动反馈与反思

一、以"家庭"/小组为单位共同商量讨论，确定每周一至周五的"天然氧吧"主会场照料负责人，同时跟进班级"天然氧吧"分会场每日的植物观察、记录。

二、鼓励幼儿当宣传员，向爸爸妈妈宣传"保护环境，从我们做起"。

三、将"天然氧吧"植物、幼儿互动照片上传至园部主页、班级博客，同时传达对家长的感谢。

 倡 议 书

亲爱的小朋友们、家长们：

我们中华民族自古就有"爱树、育树"的传统。有了树，才会有和谐美丽的大自然；有了树，才有清爽、新鲜的空气；有了树，才会有高楼、房屋……

一年一度的植树节即将来临，让我们共同携手，在这美丽的校园里播下绿色的种子。在此我们呼吁：

1. 多走几步路，不要穿越绿化带，践踏绿地。

2. 拒绝使用一次性筷子，节约每一张纸。

3. 爱护每一棵树，劝阻身边不文明行为。

4. 关心认养的树，定时浇水。

5. 选择一些成活率高的植物种养，知道部分植物的名字。

6. 将自己的家和班级变成一个绿色家园。

我们倡议，从自己做起，从身边做起。让我们播种绿色，播撒文明。我们相信，有了道德的阳光，绿树才会常青，我们一起努力让天更蓝、地更绿、水更清！

依霖幼儿园

3.15　走进农庄　收获快乐

——崇明农庄实验基地社会实践活动设计方案

　设计思路

　　幼儿期是人一生社会性行为和意识发展的关键期，他们对社会、对自然、对周围的一切都没有全面、系统的了解，但同时又对这一切有着浓厚兴趣，喜欢亲自去体验社会、感受社会，从而去适应社会。因而，社会性教育是幼儿全面发展的重要组成部分。

　　教育部《幼儿园教育指导纲要（试行）》指出："引导幼儿了解自己的亲人以及与自己生活有关的各行各业人们的劳动，培养其对劳动者的热爱和对劳动成果的尊重"；"引导幼儿实际感受祖国文化的丰富与优秀，感受家乡的变化和发展，激发幼儿爱家乡、爱祖国的情感"；"引导幼儿认识、体验并理解基本的社会行为规则，学习自律和尊重他人"。可见，孩子的社会性发展在幼儿期至关重要。

　　为此，幼儿园为孩子们在上海崇明岛上，建立了名为"依霖"敬德农庄的劳动实验基地。基地的建立，能保证幼儿每年在春天播种和秋天收获的季节下乡劳动，收获种植和丰收的劳动喜悦与感悟，收获对农作物探究的知识与经验，收获劳动的辛苦与快乐。

春天，我们去播种

 设计思路

经过寒冷的冬天，冬藏的孩子们高兴无比，大自然在召唤着他们，"老师，柳树长出嫩芽啦""迎春花开出小黄花了""幼儿园草地上的小草渐渐变绿了""老师，什么时候可以带我们去崇明'依霖'的实验基地播种呀"……教室里的自然种植角、幼儿园的种植园地早已不能满足这些孩子，农庄广阔天地才是他们翘首盼望的地方。

"创设在真实情境中学习"的教育思想早已经成为我们设计课程的主打理念。孩子们在每年探索如何播种、如何收割的学习活动中，不知不觉埋下了好奇好问、探究的种子，与大自然互动是他们最高兴的事。

那还等什么？快出发吧！

活动目标

1. 初步了解选种、播种、压实、浇水的播种程序，和农民伯伯一起在劳动中学习播种知识，积累播种经验，感受田间劳动的快乐。

2. 欣赏沿途农村风景，"一家人"在与大自然交流中，感受共同播种的快乐。

3. 在真实的环境中感受生活，体验生活，学习生活，学习做人，习得相关经验和知识。

活动准备

前期经验准备：谈话活动（"春天是一个怎样的季节？""怎样播种一粒种子？"）；亲子共同收集播种小资料（播种的方法、播种的注意事项）；带孩子在幼儿园种植园地或班级植物角尝试播种；观看有关播种的视频或 PPT。

教学具准备：播种的劳动工具（浇水壶、铲子）；相关植物的种子；交通工具（大巴士）；帽子、毛巾、水壶等郊游用具。

 活动过程

一、挑选健康的种子

请农民伯伯给我们讲讲怎样选种子（农民示范讲解）；筛选出粒大饱满新鲜的种子，经自然风干。引导幼儿以"家庭"为组，根据标准挑选出自己"家庭"要播种的种子。

二、"一家人"一起来播种

幼儿实践操作：

1. 根据种子种类及大小，进行播种。根据种子种类及大小，进行点播、条播或撒播，覆土厚度为种子直径的两三倍，细小的种子可不必覆土。教师巡视观察指导。

2. 压实：使种子与土壤密切接触，以利吸收水分而发芽。

3. 浇水：用细喷壶喷水，使整个苗床吸透水。

4. 幼儿园种植园地内，"一家人"商量怎样分工合作。

5. 完成种植任务并做好第一次记录（由老大或能干的老二负责）。

6. 引导幼儿进行劳动后的整理：在工具的整理和衣服裤鞋等清洁整理过程中感受劳动的自豪与快乐。

三、采收春天的农作物

请每个幼儿拿好小篮子跟随农民伯伯去田里采收春天丰收的农作物，如蚕豆、莴笋等。

 活动反馈与反思

一、鼓励幼儿回家和爸爸妈妈聊聊播种的经验和方法。

二、将活动情景通过视频网络、微信等途径传递给家长，让家长把幼儿采摘的"成果"做成菜和家人一起品尝。

三、采摘的"果实"可以进一步用于教学活动，如：认识蚕豆、剥蚕豆、数蚕豆、做蚕豆宝宝（美工）、弹蚕豆游戏等。

秋天，我们去收获

设计思路

秋天是一个收获的季节，我们春天播撒的种子，是不是也能收获了？它们长成什么样了呢？每当秋天到来，孩子们的心里总是这样嘀咕着，对自己亲手播撒的种子念念不忘……

"创设在真实情境中学习"的教育思想不光只停留在春天的播种，而是跟随式地延续到秋天的收获，让孩子们在亲自体验播种后，再由他们自己亲自采摘，这样更能从内心深处激发孩子们的探索兴趣，让他们感受到"一分耕耘，一分收获"的快乐。

活动目标

1. 在采摘秋天农作物花生、毛豆活动中，感受田间劳动的快乐；在现场认识芦黍的教学活动中增长知识。

2. 欣赏沿途农村风景，保护农庄的自然生态，品尝绿色植物，体验"一家人"互相照顾和关爱的情趣。

3. 在真实的环境中感受生活，体验生活，学习生活，学习做人，学习相关经验和知识。

活动准备

前期经验准备：通过图片或视频认识芋艿、毛豆、花生和芦黍；师生共同讨论在农庄活动的注意事项；亲子了解采摘毛豆和挖花生的方法；亲子准备薄型小手套等用品。

教学具准备：邀请家长义工（每班 2 名，最好 1 名能负责摄影）；准备与幼儿人数相等的碗、勺、小毛巾各 1 份；餐巾纸；小瓶装的水，每人 1 瓶；小篮子每人 1 个；每人 1 部小相机（相机用根绳子拴住，在相机上写上班级、姓名，并请家长检查一下相机有无电）；给孩子准备 1 副薄型小手套（摘毛豆、花生时用），带 1 条小浴巾（回来途中幼儿休息时用）；统一园服（蓝色长袖格子衬衣，红色灯芯绒背带裤）；运动鞋、橘红色园帽；背上"依霖"蓝色书包，书包里准备少许零食；大号垃圾袋若干；交通工具（大巴士）；帽子、毛巾、水壶等郊游用具；药箱和晕车药。

 活动过程 ◀◀◀

一、我们出发啦

大巴行程中提醒孩子们注意休息，可以安静地欣赏周边的景色，鼓励孩子用相机记录窗外的风光。下车后，从田间小道到农庄的路程中，带领孩子共同欣赏农村的景色，适当以"抛接球"的形式介绍田间小道周边的农作物（水稻、棉花、路边的柿子树等），鼓励孩子看一看、闻一闻、摸一摸或用相机拍摄等。到达农庄后，先组织孩子们稍作休息。休息期间，可以让孩子们在适当的范围内自由活动（观看农庄的建筑、拍摄、与农庄主人聊聊天等）。

二、秋天，在农庄里的收获

1. 摘毛豆、挖花生。

主持人提问："还记得我们在这块地里种的是什么种子吗？""我们播撒的种子现在变成什么样了？"

采摘之前，先和孩子们共同讨论采摘的方法。

主持人提问："采摘毛豆有什么好办法？""怎样把花生从地里挖出来？谁能给大家介绍介绍？"让幼儿当小老师介绍自己的方法，并示范。幼儿以"家庭"/小组为单位采摘毛豆、挖花生。田间道路不平，提醒孩子注意安全。

2. 端上香喷喷的农家饭，鼓励幼儿安静进餐，餐后组织幼儿聊聊："今天的饭菜和平时吃的有什么不一样？""味道怎么样？"

3. 农场里有很多小动物，可以喂养小鸡、小鸭、小羊，给农场里的小动物拍照等。鼓励幼儿自由畅玩，注意幼儿的安全。

4. 认识芦黍。带孩子们认识芦黍、品尝芦黍。

三、农庄大合影

带领孩子和收获多多的小篮子在农庄前大合影，

和农庄叔叔阿姨主动告别，并能表达感谢。

 活动反馈与反思

一、回家和爸爸妈妈一起将自己的劳动成果做成美味佳肴，和家人共同分享。

二、鼓励大年龄段幼儿尝试做口述感想记录（幼儿口述，家长协助记录），提高孩子的口头"作文"能力，收集幼儿口述感想，并传递至网站或博客。

三、收集家长义工的感想和建议，为下阶段更好地开展工作做准备。

四、根据季节与当下农作物有选择地进行户外现场教学，可于活动前与农场联系确定内容，教研组讨论而定，并提前做好教学计划准备，如：认识红薯，挖红薯；认识蚕豆，摘蚕豆；认识花生，播种花生；认识玉米，播种玉米。

3.16　学做小学生

——"幼小衔接"社会实践活动设计方案

 设计思路

　　从幼儿园进入小学是幼儿生活中的一件大事，也是幼儿人生旅途中的一次重大转折。幼儿园和小学在很多方面都存在着一定差异，这种差异必然形成一个"坡度"，如衔接不好，势必会影响幼儿将来在小学的生活和学习。

　　教育部《幼儿园工作规程》明确指出："幼儿园和小学应当密切联系，互相配合，注意两个阶段教育的相互衔接。"

小学生好厉害啊！

　　教育部《幼儿园教育指导纲要（试行）》也明确指出："幼儿园应与家庭、社区密切合作，与小学相互衔接，综合利用各种教育资源，共同为幼儿的发展创造良好的条件。"

　　怎样才能引导幼儿走好这个"坡度"？这些年，依霖幼儿园幼小衔接工作在一个个真实的情境活动中展开，让幼儿自然过渡，在亲身体验中积累经验。

开学军训

活动目标

　　1. 通过活动，近距离体会警察、军人雷厉风行的作风；增强幼儿的组织性、纪律性。鼓励幼儿积极参加军训活动，培养幼儿坚强的品质，在活动中引导幼儿懂得吃苦耐劳，珍惜现有生活。

　　2. 通过活动，让幼儿感受和体验成长的快乐与自豪。

 活动准备

前期经验准备：谈话活动（"军训是什么意思？""军训要做什么事情？""警察叔叔/军人叔叔是做什么的？"）；家园共育宣传（博客、微信、邮件、电子屏）；每名参与军训的幼儿准备 1 套迷彩服；自备运动鞋；联系闵行区公安局刑侦支队协助进行军训。

教学具准备：每名幼儿准备迷彩服、垫背毛巾、自备水壶。

活动过程

一、我是一名军人

1. 请老师把所有参加军训的幼儿带到操场，并在操场上整理队伍，等待军训开始。

2. 主持人介绍今天带领幼儿训练的教官：请××教官向所有幼儿做自我介绍。

二、军训开始

1. 军姿训练：踏步、甩臂、抬腿等动作，整齐有力，站立时抬头挺胸，英姿焕发。

2. 反应训练：根据口令做出立正、稍息、向右看齐、四个方向转身、解散、集合等快速动作反应。

3. 队列练习：整齐地原地踏步走、齐步走、立定等

动作训练。

4. 中小班幼儿观摩哥哥姐姐军训，初步感受军训的意义，在观看的过程中，能为自己的老大加油。

三、厉害的警察叔叔

警幼互动：警察叔叔擒拿格斗术欣赏。

四、哥哥姐姐们辛苦了

军训结束后，中小班幼儿为老大准备茶水、毛巾，表达对哥哥姐姐的敬意。

 活动反馈与反思

活动结束后和孩子一起讨论军训后的感想，请幼儿回家口述，由爸爸妈妈负责写下幼儿口述内容。

 学做小学生

活动目标

1. 通过活动让幼儿更加全面了解小学的学习环境，感受小学生的校园生活，了解小学生的课堂纪律以及作息规律，激发幼儿想要成为一名小学生的愿望。

2. 让幼儿体验在小学上课的乐趣，通过与小学老师互动，让幼儿感受小学课程与幼儿园课程的区别，提早感受小学生活，对小学生活充满憧憬。

 活动准备

前期经验准备：谈话活动（"小学生生活是怎样的？""怎么样才能做一名小学生？""有什么问题想问小学里的哥哥姐姐？"）；联系即将组织参观的小学，确认参观时间。

教学具准备：幼儿穿园服；每名幼儿准备 1 瓶水。

活动过程

一、谈话活动

主持人提问：

1. ××小学在哪里？

2. ××小学在什么路上？

3. 你是从哪里知道××小学的？

提出参观活动的要求：保持安静，有礼貌。

二、参观小学

1. 大班幼儿手牵手，走到××路××小学。

2. 参观一年级、二年级、三年级的教室，走进课堂听老师上课。

3. 参观校园环境，说说小学和幼儿园的异同。

4. 参观××小学操场，近距离接触体育课。

三、说说你看到的小学是什么样的

主持人提问：

1. 小学和我们的幼儿园有什么不一样？

2. 你喜欢小学吗？为什么？

3. 你想上小学吗？为什么？

4. 怎么样才能做一名合格的小学生？

 活动反馈与反思

一、教研组反思活动的组织过程及活动过程中幼儿的表现等。

二、在参观小学的活动中，可增加观看小学生做早操、升国旗，观看小学生上课，参观小学各个功能室等活动。

三、请家长帮助幼儿做口述记录，请幼儿说说小学里有什么活动、建筑等。

小学生的一节语文课

活动目标

1. 在进入小学前，让大班幼儿更好地做好入学准备，了解小学生的学习生活，帮助孩子们在真实的情境中学做小学生，从而感受和体验小学学习生活。

2. 本次活动邀请家长现场观摩，帮助家长了解孩子在课堂中的闪光点与不足之处，更好地促进家园共育。

活动准备

前期经验准备：联系来园做讲座的小学老师；发送邀请函给家长，请家长来园进行观摩；谈话活动（"小学生会怎样上课?""上课要遵守什么规则?"）

教学具准备：幼儿统一穿园服；准备上课地点，布置场地（幼儿坐的位置以及家长或坐或站的位置）；准备家长会地点。

活动过程

一、爸爸妈妈"学本领"

1. 10：20　家长准时到××专用活动室集中，教研组长组织家长学习观摩策略。

2. 组织家长了解如何评价孩子。

二、家长观摩讲座

1. 10：25　家长观摩前的讲座。

主持人与家长交流在接下来的观摩活动中，家长们应该如何纵向观察、比较自己的孩子的发展，不能横向比较。要看到自己孩子的进步、闪光点以及不足之处。

2. 进入课堂。

10：25　各班大班幼儿陆续进入一年级语文课堂体验的活动场地，各班老师各自调整幼儿位置。

三、一年级语文课堂体验

1. 10：35　家长进入一年级语文课堂体验的活动场地。

2. 10：40　家长入座后，主持人宣布活动开始。

主持人介绍今天上课的小学语文老师，请小学语文老师做自我介绍，并展开一年级语文课堂体验。

四、大班幼儿家长会

11：10　幼儿离场，家长回到刚刚开展家长观摩讲座活动的地点，召开大班幼儿家长会，主持人和各班班主任与家长交流本次活动。

 活动反馈与反思

一、将活动过程用文字形式通过微信、博客传递给家长，照片在网站及班级博客中呈现。

二、本次活动家长反响很好，家长能够看到自己孩子在活动中的闪光点与不足之处。幼儿园还可以尝试安排小学数学体验课、小学英语体验课等课程。

小学生讲座

·活动目标·

1. 通过小学生讲座，激发大孩子们想要成为一名小学生的愿望。

2. 能大胆提出自己想要知道的问题，在与小学生面对面的互动中，了解小学生活与幼儿园生活的区别。

 活动准备

前期经验准备：联系 1 名一年级小学生为幼儿做讲座；亲子交流讨论（交流"我想知道的关于小学的问题"，并记录在提问卡上）；小学生讲座地点准备。

教学具准备：书包、提问卡；1 份小奖品。

 活动过程

一、小学生来访

小学生来访，鼓励全体幼儿和小学生打招呼、拥抱。

二、小学生介绍"我的小学"

1. 请小学生做自我介绍（所在的学校、年级、班级）。

2. 小学生几点到学校，迟到了怎么办？

3. 小学生是怎样上课的？

三、问题对对碰

1. 展开提问环节，幼儿拿出提问卡，提出自己的疑虑和问题。

2. 小学生根据幼儿的问题回答。

四、我会整理书包

到了小学后，书包需要自己整理，因此开展整理书包比赛，看看哪位幼儿会整理书包。由小学生担任评委，检查各个大班幼儿整理的书包，最终评出整理得又快又好的幼儿，奖励小奖品。

 活动反馈与反思

一、根据活动反响，还可以让小学生给幼儿提出一些简单的要求，并让大班幼儿进行记录。

二、小学生讲讲自己在学校发生的故事，并展示自己在学校学到的本领。

3.17   我们的毕业典礼，我们来做主

——"幼小衔接—毕业典礼"社会实践活动设计方案

 设计思路

  每个人一生中都会参与各种各样的典礼。在《现代汉语词典》中"典礼"是指郑重举行的仪式。典礼是一时的，但典礼中蕴含的情感却是深刻而持久的。

  首先，对于从未参加过毕业典礼的大班幼儿而言，他们尚不能理解典礼的庄严和神圣，如何使他们投入情感而有深刻的体验呢？毕业典礼有哪些可以挖掘的教育价值？幼儿的发展点何在？教师如何激发幼儿的情感？家长如何融入共同体验活动？……带着这些思考，我们在《幼儿园教育指导纲要（试行）》的理念指引下，汲取了生态体验式德育的养分，从幼儿情感发展特点出发，赋予毕业典礼新的内涵。

  幼儿入场后，首先由领导、家长致辞，让幼儿感受毕业典礼的庄严，再通过颁发毕业证书、传递毕业册等活动让幼儿体验毕业时依依惜别的情感。

  然后，我们"放手"让孩子成为毕业典礼真正的主人，孩子自己候场、上台、表演等。自主的演出展示，不仅让孩子享受到成长的快乐，更让孩子体验了"我的毕业典礼，我做主"的成功感。活动中教师、家长和幼儿共同构建充满灵性与感动的课程，孩子们在庄严而隆重的典礼中感受到师生间、同伴间真挚的感情，感受到自己成长的喜悦；教师也在典礼中感受到真善美，感受到职业的快乐与幸福！

我的毕业典礼，我做主

活动目标

    1. 以幼儿为主体，以"我们的毕业典礼，我们来做主"为工作指导思想，充分挖掘孩子们的能力。

    2. 家园共育，让家长共同参与规划、陪伴。让幼儿人生中的第一个毕业典礼在幼儿和家长心中成为难忘而美好的记忆。

    3. 让幼儿懂得感恩老师们的辛勤付出，感恩成长道路上所有为自己付出的人。

活动过程

亲子陪伴排练和毕业典礼晚会现场活动相结合。

活动时间：

_____年___月___日—___月___日

活动地点：

_____区青少年艺术中心演艺厅

活动形式：

亲子陪伴学习与排练　×月×日—×月×日

向弟弟妹妹告别巡演活动　×月×日

毕业典礼当天现场活动　×月×日

毕业典礼晚会现场活动　×月×日 18：30

参加人员：本届大班毕业生及家长、混龄班大班

毕业生及家长、毕业班老师以及园领导。

一、活动具体时间、内容与要求

活动具体时间、内容与要求见表3-3。

表 3-3　活动具体时间、内容与要求

工作内容		负责人	要　求	时　间
总策划		×××	制订活动方案	4 月×日
			沟通协调各部门组织实施	4 月×日—6 月×日
			当天活动的组织与实施	6 月×日
工作小组	教学组	××× ×××	协助组织教研组内整个活动的配合与推进；负责班级博客信息的更新，将活动进行过程的花絮、照片、资料等收集上传至信息部；配合园部开展家园共育指南的指导	
		教研组长 班主任	活动中资料收集：毕业典礼主持人竞选资料、图片、家长来稿；活动中园部下达的各项通知、公告等资料；活动中各类家园共育学习记录表	
	行政组	×××	网络媒体：园所网站开辟"我们的毕业典礼，我们来做主"毕业典礼专栏	5 月初
			音乐剪辑制作：协助教学组完成音乐的剪辑与刻录	6 月×日
		×××	财务经费保障工作：物资道具购买协助、场地租赁、劳务报酬支付等工作	5 月底前
			场地联系：确认剧场使用时间、租赁费用等工作，联系场馆、实地考察	4 月×日
			节目单印制：协助进行邀请函、节目单设计与印制工作	6 月×日前
			协助洽谈摄影以及晚会光盘刻录工作	5 月×日
	后勤物资组	×××	协调后勤各部，完成毕业典礼物资保障、道具提供、晚会演出换装、安保及车辆调度工作	
		×××	物资保障	
		×××	卫生保健饮食	

二、活动推进安排

活动推进安排见表3-4。

表 3-4 活动推进安排

日　期	活动推进	负责人	备　注
2 月×日	第一次碰头，计划初稿讨论	×××	核心组成员参加讨论
3 月×日	策划方案定稿讨论	×××	全体教师参加讨论
3 月×日	场地确定与联系	×××	请×××协助联系
4 月×日	主持人选拔活动启动	各班教师	进行家园共育宣传
4 月×日	各班主持人选拔活动启动	各班教师	每班选出 5 名
4 月×日	家园节目《许愿》成员上报	×××	每班 3 名幼儿、家长
	幼儿学唱歌曲《毕业歌》《感谢》	各班教师	孩子们轻轻地、有表情地演唱
	《感谢》视频链接下发家长	各班教师	家园共育，家长学唱
4 月×日	家园节目《许愿》MP3 下发家长	×××	参与家长、幼儿须学会
	节目名称内容上报	班主任	
4 月×日 —×日	年级组主持人，5 进 3 复选	教研组长	每班选出 3 名
4 月×日 —×日	园部主持人 3 进 1 决选	×××	每班选出 1 名
4 月×日	主持词完成	×××	
5 月×日	节目初审，主持词下发家长	×××	地点（各班级）
5 月×日	服装、道具验审	×××	
5 月×日起	主持人排练	×××	
5 月×日	大合唱站位合练	全体孩子	会议室
5 月×日	每个节目完整审核	×××	会议室
6 月×日 —×日	邀请函制作、摄影工作具体方案讨论	×××	收集主持人竞选花絮照片、文字，节目排练中的花絮
6 月×日	大合唱排练	×××	会议室
6 月×日	第一次节目串排	×××	会议室
6 月×日	第二次彩排带装配主持人	×××	会议室
6 月×日	第一次正式彩排	×××	会议室
6 月×日	第二次正式彩排	×××	会议室
6 月×日	演艺厅彩排	×××	演艺厅全天提供
备注	教师舞蹈自 6 月 1 日后开始排练，每周 1 次。时间以通知为准，人员将会进行适当调整，以有舞蹈专长的教师为主		

三、教学准备

1. 幼小衔接与感恩课程结合，将节目分解落实到日常艺术教学中，由各班负责。

2. 信息部开辟毕业典礼的专栏，各班级随时将活动花絮、各项公告通知及教师感想、家长来稿进行上传。

四、后勤准备

后勤准备工作见表3-5。

表3-5 后勤准备工作

日 期	主要内容	负责人
4月×日	服装准备	××× ×××
5月×日	主持稿完成	××× ×××
5月×日	摄影确定	××× ×××
5月×日	各个节目服装道具添置审查	×××
5月×日起	各个节目服装道具采购	×××
6月×日	校车安排（送孩子、运道具）	×××
	场地租赁劳务费用支付、布置舞台背景、准备观众座位、安排舞台效果（灯光、音响等）、搭建气球拱门、布置家长签到台	××× ×××
	搬运道具	××× ×××
	教师、幼儿用餐、水等食物	×××

五、大班毕业典礼小主持人海选活动安排

活动目标：

1. 为孩子创设展示机会和平台，锻炼幼儿大胆表达的能力，提高幼儿语言表达能力。

2. 培养幼儿的自信心，让其敢于展示自己的风采，选拔毕业典礼小主持人。

活动日期：_____年____月____日

参与对象：大班/混大全体幼儿、教师

活动主持：_____

活动准备：

（1）场地布置、选票箱、选票。

（2）大班主持人参赛幼儿需准备好主持词。

（3）各班班主任负责将相关通知（时间、准备事宜等）通知家长。

（4）参选幼儿需正装出席。

活动流程：

1. 9：20—9：25　各班主任组织幼儿热身暖场。

2. 9：25—9：30　开场（介绍各班参选小主持人的幼儿）。

3. 9：30—10：20　介绍海选规则及投票规则，候选主持人依次登场。

出场顺序：大×班→大×班→大×班→大×班，每个班级小主持人主持完毕后，由另一个班级的全体幼儿为小选手投票，票数最高的前两名幼儿最终当选。

4. 10：20—10：30　班主任宣布幼儿选票，公布自己班级最终入围幼儿名单。

5. 10：30　主持人活动点评，宣布活动结束。

六、第×届大班毕业典礼节目单及负责人

第×届大班毕业典礼节目单及负责人见表3-6。

表3-6　第×届大班毕业典礼节目单及负责人

篇　章	序　号	节目说明	负责人
第一篇章 我们的心愿	1	家园节目 亲子大合唱《许愿》 表演形式：台上台下齐声高唱 节目时间：3 分 10 秒 台上参与家庭：每班 3 个家庭代表 大班组名单：＿＿＿＿＿＿＿ 混龄组名单：＿＿＿＿＿＿＿ 指挥：1 名总指挥、8 名小指挥	教研组长
		家园共育要求：录制《许愿》MP3 下发全体家长，制订歌曲家园学习记录本，进行学习情况跟踪	班主任
	2	开场节目《威风锣鼓》 表演形式：与家园大合唱交叠进行，锣鼓队小朋友击打节奏伴奏 节目时间：4 分钟	××老师
		家园共育要求：将《威风锣鼓》视频下发全体家长，制订家庭排练记录本，进行家庭排练情况跟踪	

续表

篇　章	序　号	节　目　说　明	负责人
第二篇章 我们的心声	3	篮球舞《炫动宝贝》 节目时间：4 分 03 秒	××老师
	4	艺术团舞蹈——《哈哈美丽心世界》	舞蹈团
	5	打击乐《森林武会》 节目时间：5 分钟	××老师
		演出要求：制作舞台背景道具，营造童话世界	××老师
	6	舞蹈《Bar Bar Bar》 节目时间：3 分 30 秒	混大班
		家园共育要求：录制《Bar Bar Bar》视频下发全体家长，制订家庭排练记录本，进行家庭排练情况跟踪	混龄组长
	7	家长互动：《幸福拍手歌》 节目时间：5 分钟	××老师
		家园共育要求：《幸福拍手歌》MP3 下发全体家长，歌词统一	班主任
	8	艺术操《向前冲》 节目时间：3 分 48 秒	××老师
	9	舞蹈《月光下的凤尾竹》 节目时间：4 分 30 秒	××老师
	10	艺术团舞蹈二《小草》	舞蹈团
	11	艺术团合唱《古诗吟诵》《劳动最光荣》 节目时间：7 分钟	合唱团
第三篇章 我们依依不舍	12	师幼舞蹈《老师，我不想说再见》 节目时间：4 分 45 秒	××老师
	13	园长讲话 毕业生代表讲话 大主席讲话 家长献花 节目时间：8 分钟	××老师
尾声 我们的感谢	14	幼儿大合唱《毕业歌》 节目时间：1 分 29 秒	××老师
		家园大合唱《感谢》 表演形式：台上台下齐声高唱 节目时间：4 分钟	××老师
		颁发毕业证书，嘉宾：园长、教师、各班家委会代表 颁发时间：4 分钟	
		家园共育要求：将《感谢》视频下发全体家长，制订歌曲家园学习记录本，进行学习情况跟踪	班主任

七、第×届大班毕业典礼现场脚本

第×届大班毕业典礼现场脚本见表3-7。

表 3-7　第×届大班毕业典礼现场脚本

环　节	主持词	幕布、音乐、灯光及道具摆放要求	候场节目
开场画外音	×××（中英文各一遍）： 　　上海闵行区××幼儿园第×届大班毕业典礼现在开始，有请今晚的节目主持人闪亮登场	1. 幕布开，主持人造型各异站在舞台候场，主持人走到台前以后，幕布关 2. 话音落，音乐起 3. 面光暗、背光亮，等主持人由后台走向前台时，灯光渐强	24个《许愿》演唱家庭，以及《威风锣鼓》演员
正式开始	甲组：亲爱的爸爸妈妈，我是大×班×××，我是大×班××× 乙组：亲爱的爷爷奶奶，我是大×班×××，我是混龄×班××× 丙组：亲爱的外公外婆，我是大×班×××，我是混龄×班××× 丁组：亲爱的弟弟妹妹，我是混龄×班××，我是混龄×班××× 英语主持：我是今晚的英语主持人，混龄×班××× 齐声：亲爱的老师，大家晚上好！	1. 关闭幕布 2. 主持人开始，音乐停 3. 面光亮 4. 道具组安静迅速摆放《威风锣鼓》道具	《许愿》演唱家庭候场
	甲组：今天，是我们毕业的日子 乙组：今天，是我们欢聚的日子 丙组：今天，是我们展示的日子 丁组：今天，是我们做主的日子 英语主持：今天，是我们终生难忘的日子	同上	同上
	甲组：四年了，我们学会了最初的生活本领 乙组：四年了，我们学会了最初的学习习惯 丙组：四年了，我们学会了最初的做人品质 丁组：四年了，我们珍藏数不清的宝贵印记 英语主持：我们留恋亲爱的老师 甲组：冬娃娃运动会，笑声满天 乙组：新年化装舞会，多彩多姿 丙组：崇明农庄生活，溢满汗水 丁组：海湾风筝上天，精彩纷呈 齐声：今天，我和我的小伙伴们一起大声地对你们说："我们长大啦，我们毕业啦！" 英语主持：今天，我们的毕业典礼就让我们来做主吧，让"我们的心愿""我们的心声""我们依依不舍"作为回报和感恩	1. 灯光暗下，主持人退场 2. 总指挥由中心幕后现身，追光打向总指挥 3. 锣鼓队演员迅速上鼓	同上

续表

环　节	主持词	幕布、音乐、灯光及道具摆放要求	候场节目
节目 1 大合唱 《许愿》	×××：今天是我们的毕业典礼，今天过后，我们就要离开依霖幼儿园了。"依霖"是我们人之初的第一所学校，在这里，我们留下无数欢歌笑语；在这里，我们留下太多青涩懵懂的故事；在这里，我们留下成长中的每一个印迹；在这里，我们留下生命中最快乐的时光。 今天，我们即将离开依霖幼儿园，我们要用自己的方式来感谢曾经帮助和引导过我们的老师、叔叔、阿姨，感谢陪伴我们共同成长的爸爸、妈妈。这一切的一切都是依霖幼儿园和爸爸妈妈对我们的祈愿，他们将浓浓的爱、深深的情，化作对我们美好未来的许愿，请全体家长一起高歌《许愿》	1. 音乐起，大幕开，演员到位，总指挥退至家长队伍，小指挥走向台前站上小台面指挥 2. 总指挥说"起"，《许愿》伴奏音乐起 3. 大幕拉开后，灯光全亮，锣鼓队演员击鼓合奏	／
节目 2 开场 《威风锣鼓》	甲组：×××，刚才的大合唱震撼吗？ ×××：嗯！我们很幸福，有爱我们的老师和爸爸妈妈，我们会带着美好祝愿走进小学 ×××：让我们将幸福和期望都融进今天的鼓声里，有多少鼓点就有我们多少精彩，有多少鼓声就有我们多少快乐！有多少鼓声就有我们多少心声！ ×××：接下来请欣赏混龄大班小朋友带来的《威风锣鼓》 英语主持：混龄大班小朋友表演《威风锣鼓》	1. 第一个节目结束不拉幕，《威风锣鼓》节目结束拉幕 2. 《威风锣鼓》音乐 3. 灯光全亮 4. 节目结束，道具组迅速安静撤离道具	大×班《向前冲》候场
节目 3 《向前冲》	乙组×××：我们的鼓声响亮吗？爸爸妈妈的掌声在哪里？ ×××：这些鼓声让我感到浑身充满力量，特别振奋，特别激动 ×××：你感觉到了吗？ ×××：嗯！我也有同样的感受呢！不光鼓声令人振奋，下一个节目会让大家找到同样的感觉呢，比锣鼓声更加地激励我们 ×××：是的，他们用充满力量与节奏感的动作向我们大声地发出号令"向前冲！" ×××：请看大×班小朋友的艺术体操表演《向前冲》 英语主持：大×班小朋友艺术体操表演《向前冲》	1. 大幕关闭，演员摆造型后即幕开，表演结束幕关 2. 《向前冲》音乐等英语主持人说完起 3. 先背光，表演时即全亮	艺术团舞蹈一《小草》候场

环　节	主持词	幕布、音乐、灯光及道具摆放要求	候场节目
节目4 艺术团舞蹈—— 《小草》	丙组×××：爸爸妈妈，让我们一起为大×班的精彩表演鼓掌好吗？ ×××：×××，你认识小草吗？ ×××：当然认识了，小草最普通，没有小草的地方大地就是光秃秃的 ×××：是的，老师告诉过我们，小草是最有生命力的植物，我们就像小草，普通但是充满勃勃生机 ×××：请看艺术团小朋友表演的舞蹈《小草》，在柔美的舞姿中，表现出我们对未来的希望 英语主持：请看艺术团小朋友表演的舞蹈《小草》	1. 摆好造型幕开，节目结束，随演员下场幕关 2. 主持人下，音乐起 3. 先背光，幕开全亮 4. 此节目无道具，道具组准备打击乐道具两侧放好准备	大一班打击乐候场
节目5 打击乐 《名曲鉴赏》	丁组×××：×××，你们听过世界名曲吗？ ×××：Of course! ×××：世界名曲不只是爸爸妈妈能够听得懂，我们也会欣赏呢 ×××：是的，中外名曲我们不但听得懂，还能够用我们的方式表现呢 ×××：不信，你们看，大×班的小朋友组成了爱乐打击乐团要给大家献上一个精彩的《名曲鉴赏》哦 ×××：那就赶快请他们吧 英语主持：大×班打击乐表演《名曲鉴赏》	1. 《小草》结束幕关后，打击乐演员迅速上场就座，幕开；节目结束幕关 2. 音乐随小指挥手势响起 3. 全光 4. 道具组《小草》结束后迅速摆放好架子鼓，小乐器由演员自己拿。节目结束撤掉架子鼓	舞蹈《Bar Bar Bar》候场
节目6 舞蹈 《Bar Bar Bar》	甲组×××：亲爱的爸爸妈妈们，刚才的表演精彩吗？ ×××：这还用问啊，当然精彩了。更加精彩的还在后面呢，你们看，混龄大班的小朋友们头戴头盔、神采奕奕、活力四射地等着一展身手呢 ×××：对对对，下面请看混龄大班小朋友带来的舞蹈《Bar Bar Bar》 英语主持：混龄大班舞蹈《Bar Bar Bar》	1. 上一个节目关幕即迅速上场摆好造型，音乐响即开幕；节目结束关幕 2. 幕开音乐起 3. 幕开，灯全亮	××老师候场
节目7 家长互动 《幸福拍手歌》	××老师主持	1. ××老师上场，音乐起 2. 灯光全光	大×班篮球表演《炫动宝贝》候场

续表

环　节	主持词	幕布、音乐、灯光及道具摆放要求	候场节目
节目 8 大二班 篮球表演 《炫动宝贝》	乙组×××：我们的快乐是没办法隐藏的，爸爸妈妈也已经被感染了，对吧！（随后将话筒伸向观众，家长大声地回应） ×××：爸爸妈妈的回答让我们感到无比的幸福与激动，比看 NBA 还有劲！ ×××：哦，×××，你还知道 NBA 啊！ ×××：这有什么！NBA 还是因为姚明才被我们接受的呢，是不是啊，爸爸妈妈们！ ×××：那好，让我们去大×班的篮球队里面探寻我们心里的姚明吧！ ×××：好！接下来请看大×班小朋友的篮球表演《炫动宝贝》 英语主持：大×班篮球表演《炫动宝贝》	1. 上一个节目关幕即迅速上场摆好造型，音乐响即开幕；节目结束关幕 2. 幕开音乐起 3. 背光亮，前光打在中间，随音乐全光	艺术团舞蹈《哈哈美丽心世界》候场
节目 9 艺术团舞蹈 《哈哈美丽心世界》	丙组×××：真是羡慕死了，大家跳舞都这么好看，看不够啊 ×××：×××，你也可以跳舞啊 ×××：别别别，千万别提跳舞，这可是我的硬伤啊，舞蹈动作到了你们那里叫美，到了我这里就只有凹造型了（边说边不停着造型） ×××：好吧，为了安慰爸爸妈妈们刚才受到的小小刺激，现在有请艺术团小朋友再次献艺 ×××：下面请欣赏舞蹈班小朋友表演的舞蹈《蓝精灵》 英语主持：希望爸爸妈妈们欣赏演出的情绪别受影响。请欣赏舞蹈班小朋友表演的舞蹈《哈哈美丽心世界》	1. 上一个节目关幕即迅速上场摆好造型，音乐响即开幕；节目结束关幕 2. 幕开音乐起 3. 背光亮，前光随音乐打在中间，男生出场即全光	大×班《月光下的凤尾竹》候场
节目 10 舞蹈 《月光下的凤尾竹》	丁组×××：×××，毕业典礼进行到现在，我们的节目有力量美，舞姿又美，还有精彩打击乐，真是没看够啊 ×××：是吧，没看够吧，告诉你哦，刚才大×班小朋友的舞姿美应该是属于力量型的健美，活力奔放，就连音乐都听起来节奏感十足。可是，还有一个班级的小朋友，她们的舞姿充满韵味，非常柔美 ×××：是的，下面这支舞蹈是民族舞，这个民族特别喜欢孔雀和凤尾竹，还用舞蹈动作表现孔雀的各种形态，爸爸妈妈们，你们知道这是哪个少数民族了吧 ×××：那就再让爸爸妈妈们一饱眼福，有请大×班小朋友表演舞蹈《月光下的凤尾竹》 英语主持：大×班小朋友表演舞蹈《月光下的凤尾竹》	1. 上一个节目关幕即迅速上场摆好造型，节目结束关幕 2. 幕开音乐起 3. 全光 4. 道具组合唱台准备	小合唱准备

续表

环　节	主持词	幕布、音乐、灯光及道具摆放要求	候场节目
节目11 小合唱《古诗吟唱》《劳动最光荣》	甲组×××：×××，×××，你们俩将衣服换成合唱团的服装了？ ×××：是的，刚才看到小朋友那么多的精彩表演，我们合唱团的小朋友早就摁不住了 ×××：是啊，今天是我们毕业典礼的日子，我们要用歌声来表达我们的心声，感谢老师，感谢爸爸妈妈 ×××：合唱团的小朋友也来了吗？ ×××：早来了。他们早就迫不及待想表演在场的所有人看了 ×××：合唱团的小朋友都准备好了吗？小伙伴们一起回答："准备好了！" ×××：那好吧，赶快请他们表演吧（大幕徐徐拉开） ×××：请听"依霖"小小合唱团的小朋友演唱《古诗吟唱》和《劳动最光荣》 英语主持：小小合唱团的小朋友演唱《古诗吟唱》和《劳动最光荣》	1. 现场钢琴伴奏 2. 随着主持人的一句"那好吧，赶快请他们表演吧"，大幕拉开，节目结束关闭幕布 3. 全光 4. 道具组关闭幕布后迅速撤离合唱台	师幼节目《老师，我不想说再见》候场
节目12 师幼共舞《老师，我不想说再见》	甲组：看了这么多的节目，爸爸妈妈们你们说，我们的本领是不是非常大啊 乙组：是的，我们的本领都是老师教的，四年的幼儿园生活，我们和老师就像风筝和线，在老师的带领下，即将放飞的风筝会越飞越高 丙组：我们的幼儿园时光像歌曲一样美好，我们的生活像阳光一样灿烂，我们的笑声像风铃一样清脆，我们的活动像童话一样丰富多彩 丁组：我们就要毕业了，老师们也有许多话想说 齐声：其实，我们最想说的就是"老师，我不想说再见！" 英语主持：我们舍不得和老师说再见，三四年的幼儿园生活会深深印在我们和爸爸妈妈的心中。下面请看依霖幼儿园教师舞蹈队和中班小朋友表演的师生共舞《老师，我不想说再见》	1. 主持人话落大幕拉开，节目结束关闭幕布 2. 幕布音乐起 3. "烛光里的妈妈"部分开始是暗光，演员手中蜡烛光闪烁；追光打向领唱老师；高潮副歌开始全光亮，随第一部分音乐渐弱，灯光暗下 4. "老师，我不想说再见"部分，追光打向造型，直至队形散开全光亮 5. 道具组准备大合唱合唱台	幼儿大合唱队形准备，16位爸爸候场

续表

环　节	主持词	幕布、音乐、灯光及道具摆放要求	候场节目
尾声 园长寄语		1. 将轻柔的《朋友》音乐作为背景音乐 2. 幕布关闭，追光打在园长身上 3. 道具组摆放合唱台 4. 教师组织幼儿站位，道具组及驻班人员合唱台后保护；教师站在合唱台前准备接受献花	16 位爸爸候场
爸爸演唱组《朋友》	园长寄语说到一个点题的话语后，16 位家长上台准备演唱	1. 幕布关闭 2. 灯光打向爸爸演唱组 3. 演唱结束，大主席简短致辞，16 位家长转身向老师献花，幕开	大合唱准备到位
大合唱《老师，再见了》	×××：3~4 年的时光让我们从稚嫩的小苗长成了小树 ×××：176 棵小树将来会变成一片茂密的树林 ×××：小小的雏鹰就要展翅飞翔，我们依依不舍 ×××：在这里我们要感谢老师的辛勤培育 ×××：在这里我们要感谢爸爸妈妈的辛勤陪伴 ×××：是你们，用智慧，点亮了我们成长的道路 ×××：是你们，用爱心，唱响了我们美丽的童年 ×××：今天，我们要毕业了，要离开一生中最初的学校 英语主持：让我们再说（合声）："老师，你们辛苦了！"	1. 英语主持话语落《毕业歌》音乐起 2. 全光 3. 道具组及驻班人员合唱台后保护	
大合唱《感谢》	×××：小伙伴的话语说出了我们 176 个大班孩子的心声，我们感激老师，感谢成长中为我们付出的每一个人！心怀感恩迎接明天！	1. 主持人话音落，《感谢》音乐起 2. 全光 3. 道具组及驻班人员合唱台后保护	

续表

环　节	主持词	幕布、音乐、灯光及道具摆放要求	候场节目
宣布结束	甲组：今天，我们播种心愿，耕种希望 乙组：明天，我们收获成功，展望未来 丙组：今天，我们好好学习，天天向上 丁组：明天，我们报效祖国，为国争光，请园长妈妈、老师、爸爸妈妈们为毕业生颁发毕业证书（园长、老师、各班家委会代表为孩子们发毕业证书） 英语主持：亲爱的老师，亲爱的爸爸妈妈，亲爱的小伙伴，让我们相约明天 众合：让我们相约明天，相约美好的未来，相约依霖幼儿园，永远 甲组：××幼儿园20××年大班毕业典礼到此结束 众合：祝老师们永远青春美丽，祝爸爸妈妈们身体健康，祝愿小伙伴们学习进步！祝依霖幼儿园本次活动圆满成功	1. 背景音乐《朋友》 2. 大合唱结束拉幕 3. 面光 4. 道具组、驻班教师、班级教师先组织幼儿离开合唱台后，道具组再撤离合唱台	
家长接幼儿离场	各班班主任在观众席内组织家长等候通知，按序离开到大厅接幼儿	1. 背景音乐《朋友》 2. 关闭幕布 3. 全场灯光亮 4. 后勤整理	
	副班主任、保育员、驻班教师后台组织幼儿拿好幼儿物品，排好队送至大厅指定位置，做好家长来接的准备工作		
	观众入场口维持秩序人员： _____		
清理返园	全体教职员工： 将所有物资物品拉回幼儿园后方可离岗		

八、第×届大班毕业典礼会场布置工作安排

时间：

_____年____月____日（周____）　　　____：____

1. 参与人员

（1）后勤人员：保洁组、司机组、保育员、保健组

（2）行政人员：_____

（3）参加幼儿：9位主持人

（4）车辆安排：园长、副园长

2．运送物品

（1）道具（教师负责）

《威风锣鼓》道具：大鼓18个，毛竹2套，鼓槌36副

《打击乐》道具：架子鼓1套，钟琴1架，乐器1箱，可套叠塑料凳，小椅子

《Bar Bar Bar》道具：油漆桶

《炫动宝贝》道具：篮球

《向前冲》道具：花环

《月光下的凤尾竹》道具：葫芦丝

（2）物资准备（后勤负责）

横幅、吊景、警戒线、班牌、5部对讲机、10支勾线笔、2个塑料筐、各班签到表、3张班级台标长条桌、清洁打扫卫生用品、饮水机、饮用水、合唱凳、宽胶带、双面胶、剪刀、美工刀、即时贴、班级座位帖。

3．工作安排

舞台吊景、横幅布置：××××××

卫生打扫、座位帖：××××××

舞台、化妆间、202教室、剧场打扫：××××××

主持人走台：×××

灯光、音响调试：×××

附：毕业典礼邀请函及纪念册。

邀 请 函

_____小朋友家长:

您好!

热情邀请您参加第×届上海闵行区依霖幼儿园大班毕业典礼,本次毕业典礼的主题为"我的毕业典礼·我做主"。让我们一同见证孩子们的成长,用掌声、欢呼声庆祝孩子们光荣毕业!

本次毕业典礼地点:

_____区_____路___号(_____区青少年活动中心剧场)

时间:

_____年___月___日(星期___) _____:_____

温馨提示:

1. 请家长于×月×日下午_____:_____—_____:_____准时入场,并在会场入口处领取幼儿毕业册、毕业典礼纪念册、家园卡、家园册。

2. 请大家妥善保管邀请函,此邀请函视为当日门票。家长凭邀请函入场,1张邀请函仅代表1位家长门票。即:您的家庭如有2位家长参加,将会拿到2张邀请函,入场各持1张,复印无效。

3. 为确保会场秩序,将由指定人员进行现场拍摄,家长不得随意离开座位。

4. 青少年宫不提供停车位,请家长尽量避免开车前往。

5. 请您做文明观众,当日请大家不要带零食入场。

上海闵行区依霖幼儿园

××××年×月

2014 年，依霖孩子们提出"我的毕业典礼·我做主"的经典句，留下一场恋恋不舍的经典作品。

"放手"——把学习和生活的自主权还给孩子

6月，总是来得那样匆忙，似乎早已有了准备，当真的来临却又那么措手不及，心里总被填满种种情绪难以割舍，放不下啊……

这些天"我的毕业典礼·我做主"的排练气氛鼓舞着大班孩子们在园的学习生活，他们很兴奋，仿佛一下子长大了很多。从海选节目主持人到如何当评委；从节目构思讨论到服装准备；从指导爸爸妈妈家庭练习到幼儿园排练；从为弟弟妹妹演出到最终谢幕表演，他们想用这些年来所学习积累的知识和经验，通过这次毕业典礼证明自己，展示属于他们的自信、自主、自我表达的开朗和豁达。

依霖对课程是否优质的评价是：我们所设置的课程内涵是否从孩子中来，回归孩子；是否"放手"，把舞台还给孩子。

依霖大班6月主题课程是"我的毕业典礼·我做主"。课程目标是落实依霖园本课程"生存课程""学做人—学生活—学学习"中，为幼儿园搭建的无数个成长平台中的最后一个成才平台。借助这一平台，融合综合智能的提升，如音乐、运动、空间知觉、艺术审美、表达表现、自信勇敢、交流协作、集体荣誉等。放手让孩子们在真实的情景中，主动去体验从心灵深处升腾起"我自豪，我长大了"的各种情感和自信，因为，相信自己的存在，是实现人生下一步目标最重要的基石。

偌大一个舞台，没有父母在一旁的细细叮咛，没有老师在前面伸手引领，孩子们，你们能行吗？

孩子们，舞台属于你们，你们是主角，是红花，老师和爸爸妈妈会在舞台下做好绿叶，做好配角，陪你们一同前行。

孩子们，祝你们成功！

徐刚园长

我的 毕业典礼 我做主

我抽到的是 1 号，我能选上吗？小心脏直打鼓。
我对自己说，别怕，我会勇敢自信的。

我上场了，我的舞台我做主，我演的和后台的白雪公主没什么区别吧！

老师们在后面做大众评委，看看她们多么认真。
结果，师生评价是一致的。我们不错吧！

走 T 台，也是考验主持人风采的一道题目，看，我们是不是有点专业主持人的味道？！

今天我主持，有什么不可以。
第一轮班级选拔赛。
大家聚精会神地听我演讲，感觉好神奇，帅呆了？！

我投给几号呢？唉，多几张选票就好了。

第二轮，年级组选拔赛，即使没有选上也不要紧，因为，我已经站在这个舞台上了。

谁选上都一样，我们都会为他鼓掌。

爸爸妈妈帮助我做好了充分准备，你看我的气场，一定能选上！

我也想上来参加选拔，现在还来得及吗？

等待中，我的心在剧烈地跳动，小朋友个个都很自信勇敢。

你拿到的是几号啊，我是1号。等待中也不忘交流几句。

老大，你要上场了，把领子翻翻好，兄弟祝你成功，耶！

拿好你参赛的号码，贴在胸前，别弄丢了。

选出自己心仪的小主持人，这是"我的毕业典礼·我做主"赋予我们的权利。

你看看这几位，哪一位又晋级了？

我第一次班级海选通过，又参加了年级组海选，过五关斩六将是需要勇气的！

不好意思，我说错了，能不能再给我一次机会？当然！

评委很专业，你看他们的眼神，认真的模样，一点也不逊色吧！

等待评委宣布晋级名单，时间过得有点慢，心情有点紧张，不知大人们是不是也这样？

哥哥，你选谁啊，我想和你选的一样，大家一起商量一下？不，我还是自己拿主意！

把选票贴在你喜欢的小主持人身上。谢谢你选中我，支持我。

我的 **毕业典礼** 我想**说**

大家好！我叫胡可欢，今年 6 岁，我在依霖幼儿园混二班上学。我最喜欢的食物是奶油蛋糕和冰激凌；我最喜欢的书是《公主故事》；我最喜欢的运动是跳绳；我喜欢的兴趣课程是跳舞。我们家有 5 个人，爸爸妈妈，大姐姐，小来和我。我爱我的家人。我为大家表演的才艺是歌曲《小螺号》。

Hi Everyone! My name is CHAICHLY. I am 6 years old. My favorite food is cake and ice cream. My favorite book is about princess. My favorite sport is jumping rope. My favorite subject is dancing. There are five people in my family, my daddy, my mommy, my sister, Catherine and me. I love my family.

胡可欢（混龄二班）

时间就像长了翅膀的小鸟，飞得真快。一眨眼，我们已经在幼儿园生活和学习了四年，这里是我们成长的第一个台阶，是我们最快乐、幸福的家！还记得四年前，我们哭哭啼啼地来到幼儿园，害怕地看着这个陌生的世界，是老师们用自己无私的爱温暖我们、照顾我们、呵护我们。四年来，老师教给了我们许多本领：我们学会了自己穿衣、自己吃饭；我们学会了读书画画、唱歌跳舞；我们还懂得了许多做人的道理，养成了良好的生活习惯。在这人生的第一个台阶上，我们走得越来越棒！日复一日，年复一年，不知什么时候我们已经深深地爱上了幼儿园，爱上了这个家。可现在我们就要毕业了，就要离开这个温暖的家，在依依不舍的临别之际，我们想对幼儿园的每一位老师说："老师，您辛苦了！谢谢您给我们的爱和关怀！谢谢您的教育和培养！老师，我们爱您！"

李若旸（混龄四班）

亲爱的爸爸妈妈，亲爱的老师，亲爱的同学们，大家下午好，我是大三班顾米乐。

今天，由我来主持 2014 年依霖幼儿园毕业典礼。

三年前，我第一次走进幼儿园，这里的老师真亲切。

三年来，我在幼儿园学到了好多本领，我们会说英语了。

我们能自己讲故事，我们画的画贴满了幼儿园，我们的早操做得很有力。

我们的舞跳得越来越美。

亲爱的老师，您爱我们，教育我们，照顾我们。

您知道吗？我们真想叫您一声——妈妈！

亲爱的爸爸妈妈，您爱我，教育我，照顾我。

您知道吗？我一直想对您说一声——谢谢！

亲爱的小伙伴，我们一块儿游戏，一块儿淘气，一起长大。

顾米乐（大三班）

我想跟你说——我们的友谊地久天长！

是鱼儿就要游到大海，是小鸟就要飞到蓝天。

再见了，老师！再见了，小伙伴！

再见了，幼儿园！

毕业典礼到此结束，感谢各位的光临。

我是今天的支持人，大三班顾米乐。请投我一票，谢谢大家！

余奕涵（大三班）

各位敬爱的老师，叔叔阿姨，各位亲爱的小朋友们，大家晚上好！

今天，我们依霖幼儿园又一次欢聚一堂，为我们即将毕业的大班小朋友们送上一台精彩的演出，为他们的幼儿园生活，画下一个完美的句点。

我是依霖幼儿园大三班的余奕涵。从托班开始，我在依霖幼儿园度过了整整四年的时间。在老师的精心照顾和培养下，我从一个懵懂的小娃娃，成长为一个合格的小学预备生。我和我的同学们，度过了快乐的四年时光。今天，我能够站在这里，为大家主持晚会，我感到骄傲而又快乐，我想和大家一起度过这个美好的夜晚。

我们大班、中班、小班和混龄班的小朋友们以及亲爱的老师们为大家准备了精彩纷呈的节目，下面就请大家一起来欣赏吧！

亲爱的老师，亲爱的爸爸妈妈，还有亲爱的小朋友们，大家好！

你们可记得三年前第一次来到依霖幼儿园的情景吗？

王 焱

我们躲在爸爸妈妈的身后，睁着一双大大的眼睛，心里有些害怕，又充满了好奇。

是亲爱的老师轻轻地牵起我们的小手，告诉我们不要害怕，这里就是另一个家！

转眼间，三年的时间匆匆过去，我们在这个家里长大了，变得聪明懂事了，也学会了许多本领。

我们会唱好听的歌曲，能朗诵优美的诗篇，会跳可爱的舞蹈，会画美丽的图画……除了这些，我们还会其他好多的本领！

今天，我们诚挚地邀请爸爸妈妈、爷爷奶奶和关心我们的老师们来参加我们的毕业典礼。

请大家检验三年来我们学到的本领！

尊敬的各位老师，亲爱的小朋友们，在座的爸爸妈妈们，大家晚上好！

我是郑嘉鸿，来自依霖幼儿园大三班。

三年前，我们是一群可爱不懂事的娃娃，躲在爸爸妈妈身后睁大好奇的眼睛，想了解这个有趣的地方；

三年前，当我们迈着蹒跚的步伐走进幼儿园，是老师轻轻接过我们的小手；

三年前，我们只能唱一些简单的歌曲；

三年前，我们只会画涂鸦式的图画；

三年后的今天，站在这里的还是我们，但我们长大了，变得聪明、懂事，学会了许多本领。

我们会唱好听的歌曲，我们会跳可爱的舞蹈，我们会朗诵优美的诗篇，我们会画美丽的图画，我们还会许多本领……

郑嘉鸿（大三班）

今天，我们诚挚地邀请爸爸妈妈们，以及曾经爱护、关心我们的领导、老师们一起来参加我们的毕业典礼。

请大家检验我们所学到的本领，与我们共同分享成长的快乐！

我宣布依霖幼儿园 2014 大班毕业典礼晚会现在开始。

Welcome to our Yilin kindergarten 9th graduation ceremony！

We are so happy to see you！

Please enjoy our opening dance. Are you ready？Go！

我的 毕业典礼 我想画

我的 毕业典礼 排练花絮

看孩子们排练有感

喧天的鼓声在呐喊（混龄组）

我们长大了！

我们毕业了！

鼓声悠扬，传递着所经历的岁月天天与年年；

鼓声洪亮，传播着孩子们成长中点点滴滴的精彩；

鼓声齐鸣，穿接着小学生活将向我们昭示；

鼓声雄壮，预示着小将们即将整装待发，奔向属于我们自己的征程。

欢庆的大鼓啊，请敲响依霖 2014 届大班毕业生的自豪！

欢庆的大鼓啊，请擂响依霖 2014 届大班毕业生成长的喜悦！

欢庆的大鼓啊，请齐鸣，告诉敬爱的老师，亲爱的爸妈，今天的舞台属于我们，我们做主啦！

结果已不再重要（大四班）

临近毕业，6 月份主题课程"我的毕业典礼·我做主"让孩子们紧张而又紧凑地行动起来。每当《月光下的凤尾竹》音乐响起，孩子们顿时没了声音，整个教室里只有音乐伴随着小演员们渐渐进入角色的情景：女孩子随着音乐的节拍而起舞，脸上带着甜美的微笑，节点亮相尤为出色；男生也手拿葫芦丝迈着新学的步伐摇晃进场，虽不整齐，但已经很帅气，整齐的转圈尤为漂亮。

有一个在家里扭伤脚的孩子，走起路来一瘸一拐，排练时他毅然决然地要参与，小伙伴们让他在一旁休息，可他还是会站在自己的位置上走位，手上的动作一点都没有马虎。他的这份坚持、这份执着让大家感动不已，更激励着全班小朋友继续刻苦排练，大家之前觉得有些累和苦的念头都随着榜样的力量消失了。

其实，好的课程不在乎是什么形式，殊途同归，在排练中孩子们收获的不只是不那么完美整齐的舞蹈，更多的是一种坚韧的精神，一种执着的坚持，一种追求更好、向自我极限挑战的意念。

这让人感叹，孩子的学习一旦成为他们自己需要的动力，内在的上进欲望瞬间会被激发，在孩子自己做主的舞台上，结果已经不重要了，但结果一定有意义。

篮球，孩子们的最爱

时尚、动感的音乐，阳光、活泼的孩子们，音乐与运动魅力的结合。现代教育下的孩子们，不应成为学习的机器，不应只接受智力的教育，还要在运动中展现自己独特、阳光的一面，实现多样化发展。瞧，传球、接球、抛球、拍球、转球等，无一例外地讲究着合作、专注、坚持、自信和勇敢，孩子们双脚踩着动感的节拍，带着炫动的舞姿和球技向我们展示着训练有素的成长风采！

炫动宝贝　收获其中

随着毕业脚步的临近，孩子们认真、投入地开始准备自己人生的第一场典礼——毕业典礼节目练习！他们变身舞台上的炫动精灵，踩着动感、时尚的音乐节拍，练习着炫动的舞姿，挑战着"花样的"球技。

所谓"台上一分钟，台下十年功"，做任何一件事情想要成功，都是需要付出汗水和努力的，而孩子们在排练的过程中也体会着这样的道埋。在练习拍球的过程中，从最开始的单手拍球、控球的不熟练到双手拍球、上下拍球、旋转拍球、跨越拍球等，孩子们学习如何收放自如，对于篮球的掌控技巧在一步一步变得娴熟。练习舞姿的小女孩们也一遍一遍乐此不疲地练习着，休息的空当，还看到小伙伴之间互相纠正动作，自己反复练习，而不愿休息。孩子们的这种认真、坚持让我们感动，相信在辛苦练习的同时大家也慢慢体会到坚持、责任与担当的重要性，而培养这些优秀品质正是我们教育工作者的使命！

练习虽然辛苦，但孩子们的心却是快乐的、充实的。因为有期待、有努力，期待成功、体验努力带来的收获与成长，这将是孩子们人生宝贵的经验和财富！

相信孩子　教育之本

"我的毕业典礼·我做主"，这是孩子们人生的第一场毕业典礼，孩子们是典礼的主人，为了让孩子们成为典礼的主人，今年的毕业典礼从每个环节和细节处出发，放手给孩子，相信孩子，从孩子的发展来考虑安排。

今年毕业典礼节目主持人甄选更换了形式，从班级海选初赛到年级组复赛，最后再到全园的决赛，一路走来，孩子们自己准备竞选词，练习、演讲，自己担任评委，给选手打分。很多孩子在复赛那天说："哎呀！终于要比赛了，我昨天一晚上都没睡好，满脑子都在背词儿。"平时内向的小朋友也克服胆怯，勇敢地站上舞台，发挥出色，最后还代表班级参加决赛，与其他班级 PK。

说实在话，孩子们的眼睛是雪亮的。"大众评审团"选出的小主持人和老师们心目中的小主持人几乎是一致的。

一路走来，每个小朋友都参与其中，既是参赛选手又是大众评审，比赛现场一片欢乐，这个过程让我们真正看到了孩子们的积极主动，自己做主，潜能无限。仅仅是"我的毕业典礼·我做主"主持人海选，就已经再一次证实我们的教育主张：教育是孩子们自己的事情，学校和家庭只需要提供足够健康和充满智慧的内容与平台，将目标隐喻其中。

依霖幼儿园第九届大班毕业典礼节目单

第一篇章：我们的心愿
家园节目 亲子大合唱《许愿》
　　表演形式：台上台下齐声高唱
　　台上参与家庭（每班 3 个家庭代表）：
　　大一班：鲜昊佳、吴彦霖、桂清远；大二班：王语愔、卓家宜、王燊；
　　大三班：史雅铭、胡亦冉、吴承奥；大四班：王薇涵、施程铭、王怡丹；
　　混一班：田思语、周懿儒、张逸芝；混二班：王璐宜、大米、小米；
　　混三班：王怡嘉、陈安琪、杨汝田；混四班：谌子语、龚帅廷、钱思伊；
　　指挥（主指挥+8 名小指挥）：张奕红、桂清远、王燊、史雅铭、王薇涵、田思语、杨汝田、龚帅廷
开场节目《威风锣鼓》
　　表演形式：与家园大合唱交替进行，锣鼓队小朋友击打节奏伴奏。

第二篇章：我们的心声
　　大三班艺术体操《向前冲》
　　艺术团舞蹈一《小草》
　　大一班打击乐《名曲鉴赏》
　　混龄大班舞蹈《Bar Bar Bar》
　　大二班篮球赛《炫动宝贝》
　　家园互动节目
　　艺术团舞蹈二《哈哈美丽心世界》
　　大四班舞蹈《月光下的凤尾竹》
　　艺术团小合唱《古诗吟唱》《劳动最光荣》

第三篇章：我们依依不舍
　　师幼舞蹈《老师，我不想说再见》
　　园长讲话，毕业生代表讲话，大主席讲话，家长献花

尾声：我们的感谢
　　幼儿大合唱《毕业歌》
　　家园大合唱《感谢》
　　颁发毕业证书，嘉宾：园长、教师、各班家委会代表

孩子们，请带着爸爸妈妈的希望
展翅飞翔吧！

我们心爱的伊翎宝贝，恭喜你幼儿园毕业了！

唐伊翎家庭

幼儿园的生活是短暂的，对你的一生却至关重要，这里有你太多的第一次和数不清的第一步！在这里你学到了好多知识，你长大了，进步了，爸爸妈妈真为你高兴，同时也感到幸福！

我们希望你永远不要忘记幼儿园里给予你启蒙教育以及对你百般呵护的老师们！

转眼间，你即将迈进小学校园，相信你一定会更加勇敢与自信，带给我们更多的惊喜，爸爸妈妈希望你在以后的人生道路上平平安安，做个普通、平凡的人，拥有一个幸福美满的人生。

薛至一家庭

寄语：习得知识、强壮体魄、结下友谊、砥砺品质，成为一名真正的小男子汉。

至一宝贝：成长的列车开得真快，如果说家是第一站，幼儿园则是第二站。四年一晃而过，你在幼儿园期间学会了团结、友爱、互助，学会了游戏、自理、欢笑。宝贝，请你记住师长对你的殷殷关切，再次出发，将列车开往神奇、欢乐而充满挑战的第三站——小学。

爸爸妈妈希望你能在那里习得知识、强壮体魄、结下友谊、砥砺品质，最后锻炼成一名真正的小男子汉。你已经做好准备了吧，加油！

幼儿园的领导、老师：

　　你们好！

　　时光飞逝，三年的幼儿园生活即将结束，首先我要感谢你们让我的孩子在这里度过了幸福、快乐的幼儿园生活。三年前，我的孩子迈着蹒跚的步履走进了这里，那时他还在牙牙学语，三年后他将带着你们的教导和呵护离开这里。

刘思源家庭

　　此刻我的心中充满感激，我真诚地感谢幼儿园的老师们三年来对孩子们的关心与呵护，感谢你们长久以来的努力工作，感谢你们长久以来的默默奉献，感谢你们爱的行动。正是你们的努力、你们的奉献、你们的爱成就了孩子们的快乐、幸福和笑容。在与老师和小朋友的朝夕相处中，他们学会了互帮互助，团结友爱，乐观上进。看着孩子们在幼儿园里快乐地生活，健康地成长，养成了良好的生活学习习惯，而且得到了最好的启蒙教育，作为家长，我感到很庆幸。

　　三年的时间一晃而过，我的孩子怀着激动与兴奋、眷恋与不舍的心情告别生活三年的幼儿园。今天，他即将与朝夕相处的老师分别，他就要飞向广阔的蓝天，此时我百感交集，又倍感欣慰，请接受我发自内心的话语：谢谢老师们！

王中泽家庭

　　亲爱的 Bobby：

　　　转眼间，你就要从幼儿园毕业了，这个暑假一过你就是一名小学生啦！时间过得好快，记得你刚进幼儿园托班时，小小的你，懵懵懂懂，偶尔还会哭着找妈妈，现在的你是混龄一班里的老大，是弟弟妹妹的 "波哥"。而你从需要哥哥姐姐照顾的小老三成长为照顾弟弟妹妹的老大，四年里点点滴滴的成长和进步都离不开各位老师对你的关爱和教育；离不开已经毕业了的老大们对你的照顾；也离不开幼儿园设计组织的各种各样丰富多彩的活动；当然也离不开爸爸妈妈对你的爱！

　　亲爱的宝贝，四年里你在幼儿园学会了好多本领：你学会了自己的事情自己做，学会了遇到问题自己想办法，学会了如何照顾弟弟妹妹，学会了遵守规则，学会了……你长大了！有这么多本事，这些本事都是你在幼儿园里学来的，并将使你终身受益。

　　亲爱的 Bobby，爸爸妈妈希望你带着在幼儿园学到的本领，在你将来的学习生涯中不断地进步成长。加油吧！我们的小男子汉！

寄语：相信你在小学里也会很棒！

一转眼，四年过去了，小帅长大了，变成一个真正的小帅哥了！

四年前你说着一口家乡话，老师听都听不懂，四年后你学会了一口流利的普通话，还会讲英文；

四年前你哭闹不肯上幼儿园，四年后你交了很多好朋友，在幼儿园里到处玩，一放学就找不到你的身影；

四年前你看到老师就躲在妈妈背后，四年后你远远看到老师就大声打招呼。

四年的时间，你学到了很多的本领，会自己的事情自己做，对老师和小朋友有礼貌，会主动帮助小朋友们，变成一个聪明的老大，虽然你不是最出

龚帅廷家庭

色的，但是在爸妈眼中你是最棒的！在幼儿园里，我们对你的教育是让你尽量玩，没有给你很多学习压力，希望你有一段轻松快乐的幼儿园时光。现在你马上要上小学了，你要准备好开始正式踏上漫长的学习之旅，要认真地学本领，要有良好的学习习惯，尤其是要养成每天及时准备好自己的学习用品，每天及时完成老师布置的任务的好习惯，做一个独立自强的好孩子！

加油，小帅，相信你在小学里也会很棒！

小雪：四年的幼儿园生活转眼即将结束，记得有一天睡前和你聊天中妈妈感觉到了，你有多么地不舍得你的同学和老师。毕竟在依霖幼儿园的这四年中有你太多的第一次和数不清的第一步。你在幼儿园这个大家庭里面收获了老师的悉心照顾与培养，收获了小朋友们的珍贵友谊，收获了无数的欢歌笑语，收获了很多很多！作为小雪的家人，感谢依霖幼儿园的老师们，你们对小雪的爱我看在眼里，感谢在心中。小

林雪怡家庭

雪，你从一名托班的小妹妹变成了现在的大班小姐姐了喔，你的每一点进步，每一滴成长，每一个小故事，妈妈都会深深地记在心中、印在脑海。你即将迈进小学校园，相信你一定会带给我们更多的惊喜，愿你以后的人生充满希望和鲜花，不辜负老师的关心和爱护，我们的小雪长大了，进步了，爸爸妈妈真为你高兴，同时也感到欣慰。

不知不觉中，乐乐在依霖幼儿园四年的幼儿园生涯接近尾声，他就要离开幼儿园成为一名小学生了，时间过得真快啊！这才发现，孩子在老师的关心下茁壮成长起来了，望着身边活泼可爱又日渐懂事的他，心中不觉感慨万千。每逢休息日，乐乐都会对我说："妈妈，我要去幼儿园找乔老师、徐老师、裴老师，还有我的好朋友们。"看似不经意的话语流露出孩子对学校、对老师、对同学深深的依恋，是因为老师们用妈妈般的爱呵护着他，让他对这里有了深厚的感情。在这里，怀着一颗感恩的心，请允许我对亲爱

屈子博家庭

的老师们表示深深的感谢。想想刚入园时候的乐乐，十分调皮，总是一个人玩，上课也坐不住。是你们用无微不至的关怀，用爱心和耐心，呵护着他的成长。不久他就要结束给予他们无限温暖和关怀的幼儿园生活，走进小学的校门，开始新的学习生涯，祝愿他从这里迈出坚实的脚步，在未来的道路上越走越宽，越飞越高，祝福老师们在一批又一批孩子的陪伴下开心生活和工作，祝福明天越来越美好。

童童家庭

童童，祝贺你，这是你人生中的第一个毕业典礼——你从幼儿园毕业啦！正如毛毛虫会变成蝴蝶，蝌蚪会变成青蛙，你也从幼儿长成儿童了。

人是社会性动物，没有人能单独生活而不与人交往，在依霖幼儿园共同度过了愉快而又有意义的三年，就要告别陪伴你的老师和小伙伴们，是不是有一点舍不得？

这三年里，你学会了拼音、算术，会游泳、骑车、打牌，会自己穿衣、刷牙、洗澡，看来你学会的本领还真不少啊！"为学者，必有初"，这些本领还都是初级的，所以才要继续上小学。学习的过程并不快乐，但学到了有趣的知识，你会觉得快乐。比如你知道了电会"咬人"，要远离危险；光跑得最快；人有206块骨头；地球是个球，而且是太阳系第三颗行星；你能认出小花园里的好几种树；真实的狗熊可比熊大、熊二凶猛多了；各种爆炸真是危险……

你总能发现一些"好玩"的东西，最近又迷上了蚊香，对吗？保持你的童心和好奇，这比学习本身还重要，但是也要守规矩。今后你要继续学习与人相处和遵守纪律。地球也有七个小伙伴及太阳老师啊，如果它也不遵守纪律乱跑，那我们就惨了，不是热坏就是冻僵。

要做个快乐的小孩可不简单，不过我相信你一定能做到。好吧，小汽车人，变形出发！

寄语：健康、自信、快乐地享受生活、享受成长。

认真地做好要做的事情，好好地成为最好的自己。

女儿快要幼儿园毕业了，往事一件件、一幕幕浮现在脑海。四年前志忐不安地将女儿交到老师手里，善解人意的老师中午就打电话来告知："孩子睡午觉了，很好，别担心……"关切的话语如和风细雨；老师们在风雨交加的夜晚自发地为家长们引路，笑颜似花，如冬日暖阳；运动会上，老师们每一个举手踢腿都近乎完美，

盛阅桐家庭

他们也这样要求着孩子；舞蹈课上，老师就像带着一群小鸟飞来飞去，孩子有板有眼的样子给我带来意外的惊喜……转眼间，孩子就长大了，要离开这里了，心里有很多不舍，很想感谢依霖培养了那么多自信活泼阳光的孩子！

四年来，迈迈不穿尿不湿了，学会自己脱衣服了，知道察言观色了，会读拼音了，有时会来上一段舞蹈，有时会带回一张稚嫩的毛笔字，有时会尝试涂鸦，更让人欣慰的是她养成了爱阅读的好习惯，还会告诉好朋友："不要做危险动作，小弟弟妹妹会照你学样的"……迈迈，你还有很长的人生路要走，在这一路上，爸爸妈妈盼着你能健康、自信、快乐地享受生活、享受成长，认真地做好要做的事情，好好地成为最好的自己。

宝贝，爸爸妈妈永远爱你！

王语惜家庭

寄语：自己要尽全力做到最好！

亲爱的宝贝，第一天幼儿园生活的视频里你就像一条毛毛虫，没头没脑迷迷糊糊地看看这边看看那边。尽管也有几天不那么情愿，你还是一次都没哭很快适应了幼儿园生活，第一个月全勤！渐渐地，多姿多彩的幼儿园生活变得更有吸引力，甚至爸爸妈妈带你旅行都要和你商量，提前告诉你会对上学有什么影响才能决定行程。你热情骄傲地参与各种活动探索：时装秀、天马山军训、冬娃娃运动会、农场采摘、观影、故事比赛、小主持人选拔、捐款义卖……

三年过去了，当年的"小糊涂虫"竟然都在准备毕业演出了！你该永远记得在这里陪伴过你的老师们：

你第一次离家独自在外的时候，是她们照顾你的生活，培养你良好的生活习惯；

你第一次走进集体的时候，是她们鼓励你拥抱周围的小朋友；

你满脑瓜都是千奇百怪的小问号的时候，是她们引领你开始探索世界，她们时时刻刻用言行告诉你去关爱、去感恩。

在你即将进入小学学习生活的前夕，我们想对你说："宝贝，保持你拥有的良好品质，健康快乐地成长！想玩什么，想做什么，都要自己尽全力做到最好！"

寄语：做一个和老师一样勤奋细心、充满爱心的人。

亲爱的佳佳：马上你就要离开幼儿园成为名副其实的小学生了，感叹时间过得那么的匆匆。

朱佳璇家庭

第一次牵着你的小手带你进入依霖幼儿园的场景还历历在目，你那么喜欢幼儿园的生活，可是转眼四年的幼儿园生活就要结束了，你不得不和一群你那么喜爱和尊敬的老师们告别，和那么多朝夕相处的小伙伴们告别，和像另一个家一样的幼儿园告别了，你的心里一定万分不舍和难过吧？妈妈和你一样也非常不舍得这一切，可是，这是我们成长中必须经历的毕业季，这是意味着长大和告别的毕业季，每一个小朋友都会离开我们熟悉和热爱的幼儿园里的一切，去重新认识和融入小学里崭新的一切。

在四年幼儿园时光里，你从一个一点点大的小不点儿变成了个子高高的漂亮小姑娘了，而成长的不只是你的个头，还有你的内心，你的思想。你从懵懂的娃娃，变成了懂礼貌懂规矩，乐意帮助别人和乐于融入集体生活，懂得了很多知识、习惯团队合作的孩子，更棒的是你学会了与人真诚交流，自信乐观地融入身边的环境，我相信这都是依霖赋予你的闪光点，与老师们潜移默化中对你们的教育和引导密不可分，我们必须感谢老师，谢谢她们那么耐心细致，那么充满爱心地对待你们，她们为你们花费了那么多心血，甚至为你们牺牲自己很多的业余时间，这些都是你们应该永远感恩于心的。未来的你们，也应该时刻严格要求自己，做一个和老师一样勤奋细心、充满爱心的人，这样才不会辜负老师们的教导！才会无愧于曾经是个依霖人！加油哦！

吴彦霖家庭

在依霖幼儿园的三年里，你有老师无微不至的关怀，你有同学有笑有泪的朝夕相伴，感恩他们让你的幼儿园生活过得如此多姿多彩！从讲故事、新闻播报中，你锻炼了"胆量"；从合唱团的学习中，你知道了"坚持到底就是胜利"；在与老师、同学们的相处中，你学会了"协作"……爸爸妈妈为你的这一切进步感到骄傲！临近毕业之际，爸爸妈妈祝福你永远以一颗真诚、善良的心，去探索和学习一切有意义的事情，踏踏实实地走好每一步人生路。

2014 年初夏，张无寒在依霖幼儿园迎来了人生的第一个毕业季。这一时刻，是爸爸妈妈既盼望又希望它慢慢来临的时刻。但时光总是勇往直前、悄无声息的。时光催生了爸妈的白发，同时又增长了你和小朋友的身高与本领。时光真是一个奇妙的东西。你轻视它，它忽略你；你雕刻它，它塑造你。张无寒，在你人生的第一个毕业季，爸爸妈妈想对你说：让我们一起雕刻时光，美化我们的人生。

张无寒家庭

在依霖幼儿园，你经历了四年成长，从一个横握小勺、米粒满身的小娃娃成长为熟练用筷、吃饭倍儿香的小男生；从一个需要妈妈抱抱的宝宝成长为一个骑着小自行车帮妈妈拎购物袋的小劳动力；从一个乱堆积木的小捣蛋鬼成长为一个研究说明书自己拼装复杂玩具的小工程师；从一个只会数 1~10 的小"为什么"成长为一个能做 100 以内应用题的小知识分子；从一个乱弹琴的小调皮成长为一个像模像样的双手练琴的小音乐家；从一个满地乱爬的小小猪成长为一个会传球会射门的小足球运动员；从一个不高兴就哭的小无赖成长为一个可以跟爸妈聊天谈心的小知心朋友……这四年的过程，你雕刻了时光，时光也雕刻塑造了你；你在成长，你在进步，你在美化自己的人生。爸爸妈妈一直在你身边，陪伴你。

张无寒，我们还要学会感恩。你们即将在毕业典礼上唱的那首歌，希望你一直牢记在心里，爸妈也将陪你哼唱。感谢亲爱的爷爷奶奶，感谢爸妈、学校、老师和小伙伴，感谢路边的小花小草，感谢经历的风风雨雨，这所有的一切是我们的财富和幸运。

时光在流逝，感恩的心永存。

张无寒，你即将从依霖幼儿园毕业，进入小学。我们在你身边，一起成长。

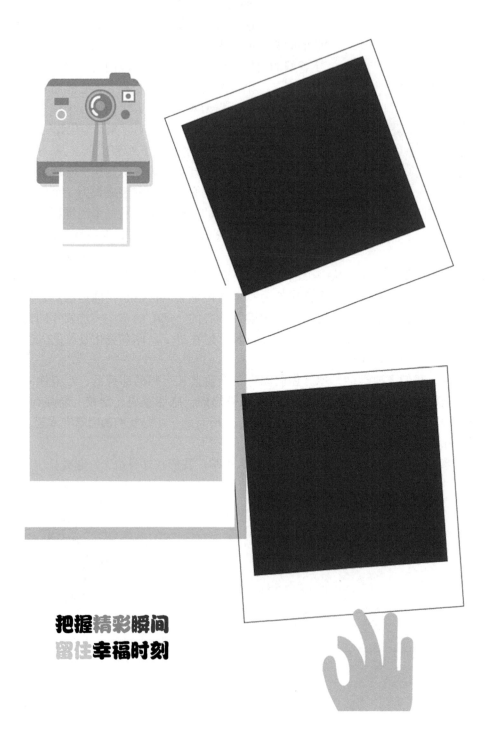

把握精彩瞬间
留住幸福时刻

把握精彩瞬间
留住幸福时刻

　　今晚,"我的毕业典礼·我做主"成功降下帷幕,这一切已是不可复制,也不可逆转的,一切都将成为孩子、老师和爸爸妈妈心中永远美好而深刻的记忆。

　　在记忆中,"放手"这个词,是我们成人给予孩子最为充分的信任、支持和帮助,勇敢的"放手",尽心的"陪伴",才是我们给孩子"最宝贵的东西";

　　在记忆中,"感恩"这个词,是我们要让孩子们懂得的,在他们踏入人生第一个小社会里蹒跚学步时,幼儿园里的老师始终给予其母爱和师爱;

　　在记忆中,"留住"这个词,是我们要让孩子们记住的,在那些精彩摄影和摄像的镜头背后,有着爸爸妈妈在现场的鼓励、呐喊、助威与今后一路的陪伴;

　　在记忆中,"依霖"+亲爱的孩子和家长这个特殊的组合团队里,"依霖人"将是我们抹不去的共同印记。

　　今晚,在成人的眼里,孩子们的展示可能会有这里还不够好,那里有些小小的瑕疵的评价,但在孩子的世界里,只要是他们自己做主的,就是最好的。

　　感谢依霖幼儿园全体教职员工!感谢依霖大班家长!

　　祝愿孩子们健康、平安、快乐地进入人生第二个小社会——小学学习,祝愿他们好好学习,天天向上!

徐刚园长
2014 年 6 月 28 日

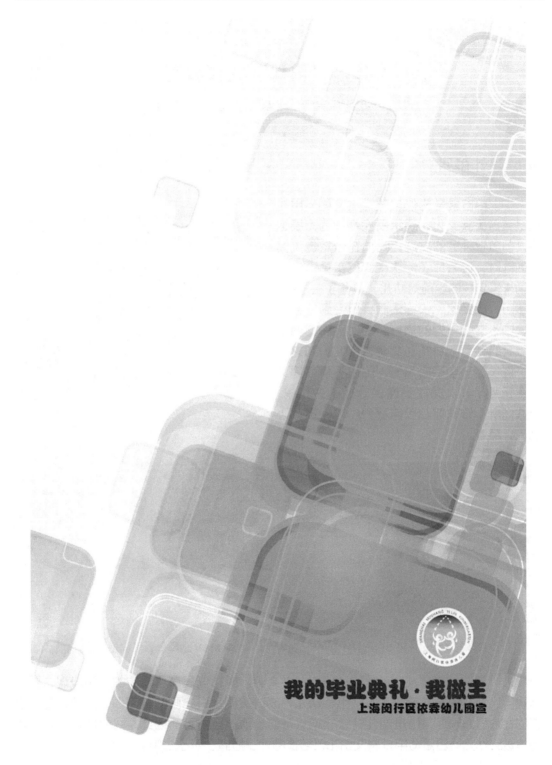

3.18 "依霖"礼仪教育

——"礼仪教育"社会实践活动设计方案

 设计思路

　　中国自古就是礼仪之邦，讲文明、用礼仪是弘扬民族文化、展示民族精神的重要途径。但随着社会的发展，我们在否定传统弊端的同时，也丢掉了一些传统的美德。作为祖国未来支柱的学前期幼儿，具备了会思考、会学习、接受信息快等素质，但受到社会大环境中不文明行为的熏染，加上接受文明礼仪教育的缺乏，幼儿对文明礼仪知识知之甚少，滋长了一些不良习气，例如不懂尊重父母、长辈，与人交往不懂谦让、不讲礼貌，公共场所不守秩序，以自我为中心，不关心别人，等等。

　　人们常说："言为心声，行为心表"，讲文明、懂礼仪是尊重对方的一种表现，更是展现当代幼儿素质的重要手段。引导幼儿养成讲文明、讲礼貌的好习惯，使幼儿习得必要的社会行为规范，也是幼儿社会领域教育的一项重要内容。因此，我们将礼仪教育内容渗透到幼儿一日活动中，将文明礼仪习惯的种子播撒于孩子心中。

幼儿礼仪课程安排如下。

一、混龄小班

混龄小班礼仪课程安排见表 3-8。

表 3-8　混龄小班礼仪课程安排

时间	内容	学期	目标	儿歌	家园互动
第1~2周	来园离园的礼貌用语	上学期	愿意上幼儿园，能用响亮的声音回应老师和老大老二的问候。离园时，知道要同兄弟姐妹和老师说"再见"。	《老三问好》老大老二你别说我小 主动大胆招呼 一个都不少 早上见面道声：早早早！ 晚上分手我也会 say goodbye！	在家园共育指南中指导家长如何配合幼儿园做好周礼仪；将儿歌发给家长，请家长和孩子一起学习。引导家长以身作则，做好孩子的榜样。在入园离园环节，家长做好孩子的榜样，主动和老师、小朋友打招呼。
		下学期	每天都能高高兴兴地来园，能主动招呼或大声回应老师/伙伴的问候。离园时，能主动与兄弟姐妹和老师道别。	《老三是个礼仪宝》老三棒　有礼貌 进园先叫老师早 老大老二　你们好 回家问声爸妈好 人人都说 老三是个礼仪宝	
第3周	站立	上学期	学习哥哥姐姐站站直，初步学习正确的站姿。帮助孩子养成良好的体态。	老大老二站得好 我学他们站站好 挺起小胸膛 小手不摇摆 身体不摇晃	在礼仪专栏中粘贴正确的站姿照片。生活中，家长提醒幼儿改正错误的站姿。
		下学期	知道站姿对我们身体直挺的影响，能坚持站站直、站站好。继续帮助孩子养成良好的体态。	两手臂　垂直放 收小腹　挺胸膛 眼平视　看前方 脚并拢　站姿棒	家园互动评选周站立小明星。在生活中，家长继续提醒幼儿改正错误的站姿。
第4周	升旗	上学期	初步了解升旗的仪式。初步跟哥哥姐姐学习升旗仪式中站立不动的礼仪。	祖国在我心中 五星红旗在我心中 升国旗　最庄重 身肃立　情感浓	在家观看升旗仪式录像，跟孩子说说升旗的礼仪。运动会升旗仪式中做好孩子的榜样。
		下学期	尝试坚持站立不动的姿势、行注目礼，直至仪式结束。知道升旗是庄重和神圣的仪式。	《升旗》升国旗　站站好 不扭不动不乱跑 老三升旗讲礼仪 眼睛看着国旗飘	在家帮助孩子建立爱国的情感。

续表

时 间	内 容	学 期	目 标	儿 歌	家园互动
第5周	走路	上学期	初步学习走路的正确姿态。 愿意和哥哥姐姐一起玩"走走走"的游戏，在游戏中逐渐养成以正确仪态走路的习惯。	《走路》 不奔不跑慢慢走 不蹦不跳轻轻走 抬头挺胸好好走	用互动游戏的方式纠正孩子不正确的走路姿态。
		下学期	知道正确走路的姿态要求，跟哥哥姐姐一起学习"走"。 继续在游戏中养成正确走路好习惯。	走路挺起胸 摆动两只手 挺胸向前走	在家园共育指南中体现，帮助孩子继续养成走姿好习惯。
第6~7周	坐	上学期	初步学习坐椅子、坐垫子的正确姿态。 在哥哥姐姐的熏陶下，逐渐养成坐椅子、坐垫子的好习惯。	《坐椅子》 小椅子　怎么坐? 跟着哥哥姐姐学学坐 小脚并拢　身体立直 小手找到膝盖做朋友	爸爸妈妈在孩子面前以身作则，做好孩子们的榜样。 在家帮助孩子纠正不良坐姿。
		下学期	知道正确坐椅子、坐垫子的姿态要求，跟哥哥姐姐继续学习"坐坐好"。 在日常活动中继续帮助孩子养成良好的坐姿。	《坐垫子》 小垫子　怎么坐? 看看哥哥姐姐怎么坐 小屁股找垫子 两条小腿盘盘坐 身体挺直不做驼背老公公	在家园共育指南中体现，帮助孩子继续养成坐姿好习惯。
第8周	上下楼梯	上学期	知道上下楼梯要靠右走。 跟着老大、老二排好队伍一步一个台阶上下楼梯。	《上下楼梯》 老三老三上楼梯 靠右走　不拥挤 一步一格小心走 老三老三下楼梯 靠右走　不推拉 一步一格小心走	家长学会放手，遇到上下楼梯的机会，让孩子自己上下楼梯。 将儿歌发给家长，请家长和孩子一起学习。
		下学期	能双脚交替上下楼梯，每次上下楼梯都能靠右走。和老大、老二排好队伍一步一个台阶上下楼梯。	《走楼梯》 上下楼　不打闹 脚步轻　不蹦跳 有长辈　您先请 依次行　不嬉闹 《上下楼梯》 轻声慢步走楼梯 不追逐　不打闹 不停留　不游玩 上上下下靠着右边走	家长观察孩子是否遵守上下楼梯的规则，及时给予引导。

续表

时 间	内 容	学 期	目 标	儿 歌	家园互动
第9~10周	洗手	上学期	知道饭前便后要洗手，帮助幼儿养成爱洗手的好习惯。 在老大、老二的帮助下，初步学习正确的洗手方法。 学习哥哥姐姐排队洗手的好方法，不拥挤，不插队。	《洗手》 左手搓　右手搓 洗得细菌无处躲 手心搓　手背搓 饭前便后都要做	家长会上介绍幼儿在园洗手的正确方法，发动家长在家继续引导孩子用正确的方法洗手。 家长在家引导孩子外出游玩回家、饭前、便后都要洗洗小手。
		下学期	愿意使用正确的方法洗手，养成良好的卫生习惯。 洗手时，不玩水，养成节约用水的好习惯。 每次洗手时，自己督促自己排好队，不拥挤，不插队。	《洗手排队》 哥哥姐姐队伍排得好 我是老三也能排得好 洗手排队不乱跑 整整齐齐最棒了 《老三爱洗手》 老三老三爱洗手 卷起袖来淋湿手 抹上肥皂搓呀搓 清清水里冲一冲 再用毛巾擦擦手 我的小手真干净	在家跟孩子一起聊聊、说说排队的故事，知道排队的规则。 带孩子逛超市、逛商场时，引导孩子观察排队买单的人，说说自己的感受。
第11周	喝水	上学期	跟哥哥姐姐学正确取杯、放杯、接水的方法。 知道饮水时排队的礼仪，喝水不浪费。	《喝水歌》 小朋友　要记住 多喝水　不生病 自己杯　自己用 节约水　好宝贝	家长平时注意引导幼儿拿水杯和喝水的正确方法。
		下学期	能自觉或在兄弟姐妹提醒下正确使用水杯喝水，知道喝水对身体的好处。 知道排队的礼仪，能自觉排队喝水。	《喝水》 喝水去　排好队 先他人　后自己 取到杯　再接水 喝多少　接多少 慢慢喝　别呛着 咕咚咕咚　换口气	带孩子逛超市、逛商场时，引导孩子观察排队买单的人，说说自己的感受。

续表

时 间	内 容	学 期	目 标	儿 歌	家园互动
第12周	搬椅子	上学期	跟哥哥姐姐学搬椅子的本领，知道用正确方法搬椅子。 离开座位知道要把小椅子送回家。	《搬椅子》 小椅子 我会搬 两手抓住放胸前 一个挨着一个放 整整齐齐真好看	吃饭前或游戏时，家长可以引导孩子用正确的方法搬自己的小椅子，初步培养孩子的自我服务意识。
		下学期	坚持每次用正确的方法搬椅子、放椅子。 学做"小轻轻"，养成轻拿轻放椅子的好习惯。	《我是轻轻》 我是轻轻 搬椅子轻轻 放椅子轻轻 小椅子回家轻轻送	将儿歌发给家长，请家长跟孩子一起学念。
第13~14周	玩具送回家	上学期	培养孩子爱护玩具的意识，玩好玩具和哥哥姐姐一将玩具送回原处。 愿意跟哥哥姐姐一起整理玩具。	《玩具回家》 幼儿园里玩具多 娃娃皮球小汽车 我爱玩 我会收 玩具回家乐呵呵	每次孩子玩完玩具，家长利用儿歌或故事引导幼儿送玩具回家。
		下学期	自己玩的玩具能主动送回家。 愿意帮助同伴一起整理玩具，能初步放整齐。	《玩具送回家》 我们有个家 玩具有个家 你有家 我有家 玩具玩好送回家	在家督促孩子自己的玩具自己整理，学习整理的方法。
第15周	进餐	上学期	跟哥哥姐姐学习进餐的正确姿态。 培养幼儿安静进餐的好习惯。	《吃饭啦》 吃饭啦 快洗手 队伍齐齐拿饭菜 找到位子快快坐 一手扶碗一手握勺 大口大口自己吃 《自己吃》 扶着碗 拿着勺 一口菜 一口饭 老三自己吃得好 不要大家追着喂 身体健康长得高	家长平时应鼓励孩子自己动手吃饭，不追着喂饭，不包办代替。 家长以身作则，和孩子一起养成安静进餐的好习惯。
		下学期	知道吃饭坐姿很重要，尝试保持正确的坐姿进餐。 继续养成安静进餐的好习惯。 向哥哥姐姐学习餐后整理桌面的本领。	《小饭碗》 小饭碗 真可爱 里面盛着白米饭 吃得干净不浪费 宝宝养成好习惯	在礼仪专栏中粘贴正确的进餐礼仪照片。

续表

时　间	内　容	学　期	目　标	儿　歌	家园互动
第16周	进餐爱惜粮食	上学期	愿意参与兄弟姐妹"粮食是怎么来的?"话题谈论。初步懂得珍惜粮食，逐渐养成不浪费粮食的好习惯。	《锄禾》锄禾日当午 汗滴禾下土 谁知盘中餐 粒粒皆辛苦	无论在家进餐还是外出就餐，家长给孩子的饭菜要适量。也可以在尊重孩子意见的前提下，给孩子增加适量的饭菜。
		下学期	和哥哥姐姐一起了解粮食的来历和爱惜粮食的道理。继续养成珍惜粮食、不浪费的好习惯。	自己吃　不用喂 吃干净　不浪费 爱粮食　惜食物 粒粒米　皆辛苦	家长可利用假期，带孩子郊游，并给孩子介绍农作物的种植知识，使孩子懂得粮食的来之不易，从而养成爱惜粮食的好习惯。
第17周	漱口	上学期	愿意漱口，了解漱口的作用。排队漱口不拥挤。	《漱口》手拿小水杯 含口清清水 抬起头　闭上嘴 咕噜咕噜吐出水	家长在家也要注意提醒幼儿吃完东西要漱口，帮助幼儿养成良好的卫生习惯。
		下学期	跟哥哥姐姐学习漱口的方法，知道点心、饭后要漱口。培养幼儿良好的生活卫生习惯和排队漱口的习惯。		家园互动：继续共同帮助孩子养成饭后漱口的好习惯。
第18周	着装穿衣	上学期	愿意跟哥哥姐姐一起了解着装的基本礼仪。喜欢干干净净、整整齐齐的自己。	穿衣服　稍稍大 纽必扣　链要拉 常换衣　勤清洗 干净装　更神气	在幼儿起床后或出门前，家长应检查幼儿是否衣冠整齐。家长对幼儿应进行隐性教育，注意自己的服饰装扮。
		下学期	初步了解着装的基本礼仪。帮助幼儿养成良好的着装习惯。		家长坚持检查幼儿出门前是否衣冠整齐。家长对幼儿应进行隐性教育，注意自己的服饰装扮。

续表

时 间	内 容	学 期	目 标	儿 歌	家园互动
第19周	穿、脱鞋子	上学期	初步掌握穿脱鞋子的方法。 自己愿意学习穿脱鞋子，遇到困难能寻求哥哥姐姐的帮助。	《穿脱鞋子》 小脚丫　伸进鞋 小小手　用力拔 小鞋子　穿穿好 宝宝走路不摔跤	睡觉、起床时，家长应鼓励孩子自己动手穿脱鞋子，不包办代替。
		下学期	能分清鞋子的左右，知道穿脱鞋子的方法。 培养幼儿的生活自理能力，提高其自我服务意识。	《穿鞋》 两只小鞋是朋友 见面就要招招手 鞋子穿对点点头 鞋子穿反闹别扭	可以利用"鞋子找朋友"的游戏，帮助孩子分清鞋子的左右。
第20周	午睡	上学期	喜欢在园午睡，知道要安静入睡。 培养幼儿良好的午睡习惯。	《宝宝睡前要小便》 小花被　铺铺好 乖宝宝　要睡觉 上床前　先小便 这样才能睡得好	双休日，家长也要坚持让孩子午睡，养成良好的生活习惯。
		下学期	初步了解哪种睡姿最舒服，最有利于身体的发展。 进一步培养幼儿良好的午睡习惯。	《天天午睡身体好》 小被子　已铺好 大家快来睡午觉 不说话　不吵闹 眼睛一闭睡着了 天天午睡身体好	双休日，家长也要坚持让孩子午睡，养成良好的生活习惯。 跟孩子聊聊睡觉与健康成长的关系，知道睡眠的重要性。

二、混龄中班

混龄中班礼仪课程安排见表 3-9。

表 3-9　混龄中班礼仪课程安排

时间	内容	学期	目标	儿歌	家园互动
第1周	礼貌用语	上学期	喜欢上幼儿园，能用响亮的声音主动打招呼或回应老师和同伴的问候。离园时，会主动与老师和兄弟姐妹道别。得到关心和帮助时会说谢谢。	《您好再见》 见面时　问声好 早中晚　不能少 分别时　说再见 临睡前　道晚安	在家园共育指南中指导家长如何配合幼儿园做好周礼仪；将儿歌发给家长，请家长和孩子一起学习。引导家长以身作则，做好孩子的榜样。家长带头养成良好的礼貌习惯，给孩子做一个好榜样。父母和老师一起鼓励幼儿做一个文明宝宝，并进行每月奖励。
		下学期	坚持每天高高兴兴上幼儿园，能主动打招呼或大声回应老师和伙伴的问候。寻求帮助时，会用"请"。做错事情时会说"对不起"。	《老二讲礼貌》 老二老二礼貌好 见到老师主动问声"早！" 有事求人会说"请！" 得到帮助快"谢谢！" 做得不好说声"对不起！"	
第2周	站立	上学期	知道站姿与人体骨骼发育的关系，站立时有初步自我控制意识。帮助幼儿养成良好的站立姿态。	《站立歌》 站像一棵松 头不晃　目不斜 身要直　腿脚并	在礼仪专栏中粘贴正确的站姿照片。生活中，家长提醒幼儿改正错误的站姿。
		下学期	站立时，有初步的自我控制意识，并能坚持一定时长。继续帮助孩子养成良好的体态姿势。	《起立歌》 小脚跟找朋友 小手掌放两边 小肚皮收紧了 小肩膀往下压 小眼睛往前看	家园互动评选周站立小明星。在生活中，家长继续提醒幼儿改正错误的站姿。
第3周	升旗	上学期	升旗能坚持站立不动的姿势、行注目礼，直至仪式结束，并能哼唱国歌。帮助幼儿养成升旗仪式中的礼仪。	祖国在我心中 五星红旗在我心中 《升国旗》 国旗国旗　红艳艳 伟大祖国我爱您 唱国歌　多神气 祖国祖国我爱您	在家观看升旗仪式录像，跟孩子说说升旗的礼仪。运动会升旗仪式中做好孩子的榜样。
		下学期	升旗能坚持站立不动、行注目礼，庄严地唱国歌。继续帮助幼儿养成升旗仪式中的礼仪。	《升旗》 奏国歌　升国旗 大家都行注目礼 老二们　要严肃 小眼睛　看国旗 身站直　不乱晃 唱国歌　要响亮	在家帮助孩子建立爱国的情感

续表

时 间	内 容	学 期	目 标	儿 歌	家园互动
第4周	走路	上学期	在老师和老大的提醒下,能坚持学习正确的走路姿态。 在日常生活中逐渐养成抬头挺胸走路的习惯。	双眼平视前方 抬起头挺起胸 不低头不含胸	用互动游戏的方式纠正孩子不正确的走路姿态。
		下学期	在走路中,萌发初步的自觉意识:自觉按正确姿态走路,不跑不跳,不含胸。 通过老二小榜样,带动其自觉养成良好的走路姿态。	走路时　头昂起 匀摆臂　上身直 双肩平　步轻盈 不冲撞　不抢行	在家园共育指南中体现,帮助孩子继续养成以正确姿态走路的好习惯。 生活中,关注孩子行走的正确姿态。
第5周	坐	上学期	知道坐椅子、坐垫子的正确姿态,能尝试每次都坐直、坐正。 一日生活中能养成坐椅子、坐垫子的正确姿态和良好习惯。	《端坐歌》 坐像一台钟 小小膝盖头碰头 小手小腿做朋友 眼看前方背挺直 快乐学习有劲头	爸爸妈妈在孩子们面前以身作则,做好孩子们的榜样。 在家帮助孩子纠正不良坐姿。
		下学期	每次坐椅子、坐垫子能坚持正确的坐姿15分钟左右。 在日常活动中培养孩子自主养成良好坐姿的意识。		在家园共育指南中体现,帮助孩子继续养成良好的坐姿。 和孩子一起聊聊人体骨骼生长与坐姿的关系。
第6周	上下楼梯	上学期	在老师和老大的提醒下,能一步一个台阶靠着右边上下楼梯。 初步了解上下楼梯中的安全小知识。	《上下楼梯》 来和去　靠右边 上下楼梯不奔跑 小肚皮不往前 小屁股不后翘 小手扶好慢慢走 老三慢了　我等等 做好榜样　照顾老三 老二也能做得好	关注孩子上下楼梯的情况,发现不安全及时指出。 将儿歌发给家长,请家长和孩子一起学习。
		下学期	有小榜样意识,逐渐养成自觉遵守上下楼梯规则的好习惯。 和老大一起带好老三上下楼梯,有自我保护意识。		和孩子聊聊上下楼梯的要求、规则和安全。

续表

时　间	内　容	学　期	目　标	儿　歌	家园互动
第7~8周	洗手	上学期	知道洗手的重要性，在提醒下，能坚持每次都用"七步"洗手法洗手。 逐步养成排队洗手和正确洗手的清洁卫生习惯。	《老二爱洗手》 老二爱洗手 打开水龙头 冲冲小脏手 关上水龙头 肥皂做朋友 搓手心　搓手背 穿过小胡同 《搓搓手指头》 清清水儿冲一冲 小小水珠甩干净 小毛巾　来帮忙 擦手心　擦手背 老二小手真干净	家园互动，提高家长对洗手重要性的认识。 家长在家引导孩子外出游玩回家、饭前、便后都要洗洗小手。
		下学期	继续学习"七步"洗手法，坚持每次洗手都能用正确的方法。 继续养成排队洗手和节约用水的好习惯。	《节约用水》 一滴水　一个点 一只蚂蚁喝一年 十滴水　一条线 两只蚂蚁能划船 小朋友　不浪费 别让水龙头泪涟涟 《排队洗手》 排队洗手不拥挤 挽起袖子不湿衣 小小香皂手中拿 指尖指缝都要洗 洗完关闭水龙头 节约用水记心底 小手擦干要牢记	结合各类疾病的预防知识，帮助家长和孩子了解洗手与疾病的关系。 在生活中，帮助孩子养成自觉排队的意识。
第9周	喝水	上学期	较好地掌握正确的取杯、放杯、排队接水方法。 口渴时能主动饮水，能根据季节喝不同温度的水。	《喝水》 排好队　拿水杯 小耳朵　抓抓牢 接上半杯水 两只小手拿好杯 咕嘟咕嘟喝进嘴	家长平时注意引导幼儿拿水杯和喝水的正确方法。
		下学期	正确使用水杯喝水，能安静有序地喝足水、不剩水、不洒水。 知道排队的礼仪，能自觉排队喝水。	《喝水小秘诀》 小杯子　手中拿 水儿清清接满啦 多喝水　不生病 小手端平水不洒	将儿歌发给家长，请家长在家陪孩子一起学习。

时 间	内 容	学 期	目 标	儿 歌	家园互动
第10周	搬椅子	上学期	学会搬、摆小椅子的正确方法，会一个挨着一个摆。 离开座位有自主送小椅子回家的意识。	《搬椅子》 小椅子　我会搬 两手抓住放胸前 不拖不拉真开心 一个挨着一个放	在家观察搬椅子的方法，及时纠正不安全的动作。
		下学期	坚持用正确的方法轻轻搬椅子、放椅子，有爱护小椅子的初级意识。 继续养成轻拿轻放椅子的好习惯。	《小椅子轻轻》 小椅子 轻轻搬来轻轻放 不过头顶不推拉 安全第一我知道 爱护椅子要做到	将儿歌发给家长，请家长跟孩子一起学念。
第11~12周	收拾整理玩具	上学期	初步懂得要保护活动室及其周围环境的整洁。 学习收拾整理玩具、用具，使用后能放归原处。	小猴玩具满地撒 不收拾来不整理 不乖不乖！ 小兔玩具轻轻拿 自己收来自己放 真棒真棒！ 我们不学小小猴 老二要学乖小兔 加油加油！	每次玩完玩具，家长协助孩子一起整理，并能引导孩子掌握收拾、整理的要领。
		下学期	使幼儿逐步掌握一些收拾整理玩具、用具的方法和要点。激发孩子自发整理的意识。		在家督促孩子自己的玩具自己整理，学习整理的方法。
第13周	进餐	上学期	进餐时尝试坚持正确姿态，一手扶碗、一手拿勺，独立进餐。 继续养成安静进餐的好习惯。 进餐后，能独立自觉送碗，能在提醒下清洁桌面。	《进餐歌》 右手拿勺　左手扶碗 身体坐直　两腿并拢 一口饭　一口菜 老二吃得好 干净又安静 《样样东西都要吃》 白米饭　我要吃 红烧肉　我要吃 绿青菜　我要吃 样样东西都要吃	家长做到完全放手，注意观察孩子在进餐中的习惯，以身作则，和孩子一起养成进餐的好习惯。
		下学期	掌握进餐的正确姿态，能安静、独立、科学用餐（一口饭一口菜，不吃汤泡饭，不挑食）。 逐步养成餐后自觉整理桌面的习惯。	进餐前　手洗净 入座时　动作轻 细细嚼　慢慢咽 不挑食　不剩饭	在礼仪专栏中粘贴正确的进餐礼仪照片。

续表

时 间	内 容	学 期	目 标	儿 歌	家园互动
第14周	进餐 爱惜 粮食	上学期	了解粮食的由来，知道粮食来之不易。懂得珍惜粮食，逐渐养成不浪费粮食的好习惯。	喷香的米饭哪里来 白白的大米煮出来 白白的大米哪里来 金黄的谷子碾出来 金黄的谷子哪里来 农民伯伯种出来 一粒大米一滴汗 爱惜粮食理应该	爱惜粮食要从自己做起，要做到不撒、不剩、不扔。无论在家进餐还是外出就餐，家长给孩子的饭菜要适量，也可以在尊重孩子意见的前提下，给孩子增加适量的饭菜。
		下学期	在了解粮食由来的基础上，知道农民的辛苦，教育幼儿爱惜粮食。培养幼儿对劳动人民的热爱之情，懂得珍惜他人的劳动成果。		家长可利用假期，带孩子郊游，并给孩子介绍农作物的种植知识，使孩子懂得粮食的来之不易，从而养成爱惜粮食的好习惯。
第15周	漱口	上学期	知道漱口可以清洁牙齿，掌握正确的漱口方法。形成自觉排队漱口的意识。	《漱口》 小水杯　手中拿 里面装满了清水 咕噜咕噜漱漱嘴 吃过东西快漱嘴 牙齿健康乐哈哈	在家帮助幼儿养成早晚刷牙、吃完东西要漱口的卫生习惯。
		下学期	餐后能用正确的方法漱口，知道漱口的重要性。继续养成良好的排队漱口的习惯。		家园互动：继续共同帮助孩子养成爱刷牙和饭后漱口的好习惯。
第16周	着装 穿衣	上学期	知道着装的基本礼仪。培养幼儿良好的着装习惯。	《穿毛衣》 一件衣服三个洞 先把脑袋伸进大洞口 再把手臂伸进两边小洞洞 拉直衣服就好啦	在幼儿起床后或出门前，家长应检查幼儿是否衣冠整齐。家长对幼儿应进行以身作则的教育，注意自己的服饰装扮。
		下学期	简单了解在什么场合穿什么衣服更得体，更合适。知道穿衣整洁、安全可以使自己安全、快乐地活动。	《穿开衫》 抓住领口翻衣往背披 抓住衣袖伸手臂 整好衣领扣好扣 穿着整齐多神气	幼儿出门时，家长要坚持检查其是否衣着整齐、安全。家长对幼儿应以身作则，注意自己的服饰装扮。

续表

时 间	内 容	学期	目 标	儿 歌	家园互动
第17周	穿、脱鞋子	上学期	知道穿鞋保护小脚的重要性,尝试独立穿脱鞋子。 不随便光脚走路,知道如何保护小脚丫。	《穿鞋子》 小鞋子,像小船 小脚丫,是船长 穿好鞋子真神气 开着小船到处玩	睡觉、起床时,家长应鼓励孩子自己动手穿脱鞋子,不包办代替。
		下学期	能自己独立穿脱鞋,小鞋子离开小脚丫时有摆整齐的意识。 培养幼儿的生活自理能力,提高自我服务意识。		买适合幼儿脚的鞋,鼓励幼儿自己说说是否舒适。
第18周	午睡和起床	上学期	能独立或在同伴帮助下,将外衣脱下叠放好、将鞋子按要求摆放整齐;能独立或在同伴帮助下穿好衣服和鞋子。 会自己盖好被子,以正确的睡姿(仰卧、侧卧)安静入睡。	《午睡》 脱下鞋子和外衣 端端正正放整齐 铺好被子上床去 小被暖和盖身体 闭上眼睛手放好 不吵不闹睡午觉 房间里面静悄悄 一觉醒来精神好	双休日,家长也要坚持让孩子午睡,养成良好的生活习惯。 跟孩子聊聊睡觉与健康成长的关系,知道睡眠的重要性。
		下学期	在能自己独立穿脱衣服的基础上,有帮助老三的意识。 上厕所要轻轻地,不打扰别的小朋友睡觉,睡醒时不影响他人。		
第19周	接递物品	上学期	让幼儿知道用双手递接物品,并用眼睛友好地注视对方。 培养幼儿良好的生活礼仪。	递物时　双手呈 接平稳　手再松 接人物　双手迎 表谢意　把礼行	请幼儿做小老师,回家教爸爸妈妈递接物品的方法。 家长在家注意培养孩子接递物品的礼仪。
		下学期	接递物品时能主动伸出双手,萌发遵循接递礼仪规范的自我意识。 进一步养成接递物品的礼仪习惯。		在礼仪专栏中展示递接物品的照片。

续表

时　间	内　容	学　期	目　标	儿　歌	家园互动
第 20 周	做客	上学期	使幼儿学会有礼貌地做小客人，练习使用礼貌用语进行交往。使幼儿懂得一些做客的简单礼节。	做客前　约在先 说人数　定时间 如约至　勿早晚 小礼品　人喜欢 入座后　坐相端 主人物　不乱翻 主人忙　要适时 先致谢　再告辞	跟孩子讲讲做客的礼仪和做客的小故事。平时带孩子去做客时，注意提醒孩子遵循做客礼仪。
		下学期	了解去别人家做客的语言、举止、行为等基本礼仪，并能在情境表演中恰当地践行运用。知道在别人家做客时应当做与不该做的行为。		多带孩子串门子，让孩子在真实的情境下学做小客人。

三、混龄大班

混龄大班礼仪课程安排见表 3-10。

表 3-10　混龄大班礼仪课程安排

时间	内容	学期	目标	儿歌	家园互动
第1周	礼貌用语	上学期	坚持每天来园，能用响亮的声音主动与人打招呼。离园时，会主动与人道别。树立榜样，做弟弟妹妹的标杆。	《您好再见》 老大　懂礼貌 礼貌用语记心头 见面相互问个好 称呼长辈要用"您" 态度和气面带笑 要人帮助先说"请" 告别分手讲"再见" 向人道歉"对不起" 助人常说"没关系" 帮助弟妹一起学 学做老师真了不起	鼓励家长在家观察引导孩子学会并主动运用礼貌用语。引导家长以身作则，做好孩子的榜样。
		下学期	在不同的情况下能使用相关礼貌用语："谢谢""对不起""没关系""请"！能带动弟弟妹妹，有做礼貌小老师的意识，能提醒和帮助弟弟妹妹使用礼貌用语。		
第2周	站立	上学期	自主探索站姿与人体骨骼发育的关系，每次站立能保持正确的站姿。养成良好的站立习惯。	《站立歌》 我是小小兵 站立能坚持 小手变小刀 紧贴小裤缝 两脚并并拢 不动不摇身立直 弟妹眼中我最挺	将孩子军训中站立的照片粘贴在家园互动栏。家长在家督促和提醒老大自觉站直、站挺。
		下学期	站立时，具有较强的自我控制意识，并能坚持一定时长。逐渐培养保持正确站姿的自我意识。		家园互动评选周站立小明星。在生活中，家长继续提醒幼儿改正不良站姿。
第3周	升旗	上学期	知道升旗时的礼仪，每次升旗能坚持行注目礼，听到国歌有站立不动、待结束再移动的意识。培养幼儿养成升旗仪式中尊重国旗的态度。	《升旗》 黄皮肤　守秩序 我是中国小小娃 爱祖国　爱人民 五星红旗心中挂	家长陪孩子在家观看升旗仪式录像，跟孩子说说升旗的礼仪。老师和家长在运动会升旗仪式中做好孩子的榜样。
		下学期	学做升旗手，知道升旗手应遵循的礼仪。认识国旗图案，初步了解图案内涵，知道国旗是国家的标志，要尊重和爱护国旗。培养幼儿的爱国热情和意识。	升国旗　要敬礼 仪态庄重要肃立 唱国歌　有激情 唱出国威　中华情	家长在家帮助孩子建立爱国的情感。

续表

时 间	内 容	学 期	目 标	儿 歌	家园互动
第4周	走路	上学期	走路能保持正确的姿态。在自身养成的基础上，能帮助和提醒弟弟妹妹注意走路的正确姿态。	摔一跤 我不怕 爬起来 笑一下 水沟拦 我不怕 鼓足劲 朝前跨 石头挡 我不怕 弯腰叫它搬个家 昂首挺胸朝前走 困难再多也不怕	在家园共育指南中体现，帮助孩子继续养成"自己走路"的自主意识和习惯。生活中，关注孩子行走的正确姿态。
		下学期	在园、在家都能自觉按正确姿态走路，不跑不跳，不含胸。在日常活动中，学做小老师，帮助弟弟妹妹养成用正确姿态走路的好习惯。		
第5周	坐	上学期	知道坐的基本仪态。坐椅子、坐垫子能自主保持正确的姿态，能坚持一定时长。	《坐姿歌》 手离笔尖一寸远 胸离桌子一拳远 眼离书本一尺远 端端正正坐桌前 《坐姿歌——握笔写字》 拇指食指弯成圆 指尖相对不相连 中指顶在笔杆后 四指五指抱成团 三寸握笔腕平放 头正身直眼不斜 握笔正确视力好	家长在家帮助孩子纠正不良坐姿。在家园共育指南中体现，帮助孩子继续养成良好坐姿习惯。和孩子一起聊聊人体骨骼生长、视力与坐姿的关系。
		下学期	学小学生坐位子，坚持保持良好的坐姿。学做小老师，提醒和督促弟弟妹妹用正确的坐姿坐位子。		
第6周	上下楼梯	上学期	知道楼梯行走规则和礼仪，了解在楼梯上行走哪些行为是有危险的。带着弟弟妹妹上下楼梯，有自主照顾弟弟妹妹的意识。	《下楼梯上楼梯》 一二三四五六七 "一家人"来上楼梯 靠右走 不拥挤 一个一个有秩序 七六五四三二一 "一家人"来下楼梯 手扶栏杆别着急 一级一级走下去 上楼梯 下楼梯 注意安全要牢记	在日常生活中，家长注意引导幼儿上下楼梯时靠右侧行走。回家、外出上下楼梯，家长要做好榜样。
		下学期	知道上下楼梯要互相谦让。公共场所乘坐行走电梯，知道"左行右立"。		上下楼梯要有礼貌，家长要提醒幼儿上下楼梯时让长辈先走。

续表

时 间	内 容	学 期	目 标	儿 歌	家园互动
第 7 周	洗手	上学期	能自觉坚持用"七步"洗手法洗手，知道洗手时保持地面清洁卫生，学会轮流谦让。洗手时，学做观察员和小老师，弟弟妹妹有需要时能及时给予帮助和指导。	《洗手歌》 （一） 吃饭之前要洗手 轻轻拧开水龙头 先把小手打打湿 再用肥皂搓搓手 搓手心　搓手背 甩甩小手真干净 《洗手歌》 （二） 搓搓搓　搓手心 搓搓搓　搓手背 换只手　再搓搓 冲冲冲　冲冲手 冲冲冲　冲干净 关上龙头甩三下 《剪指甲》 小小指甲天天长 细菌专爱里面藏 光靠洗手洗不掉 定期剪剪别长长	家长在家督促孩子洗手不偷懒，坚持在园在家洗手一个样。家长在家引导孩子外出游玩回家、饭前、便后都要洗洗小手。
		下学期	能主动排队洗手，自觉坚持每次洗手都能用正确的方法。洗手后随即关紧水龙头，懂得节约用水，并有检查指甲长短的初级意识。		结合各类疾病的预防知识，帮助家长和孩子了解洗手与其的关系。在生活中，帮助孩子养成自觉排队的意识。
第 8 周	喝水	上学期	能自主用正确的方法取杯、放杯、排队接水。每日自觉多饮水，口渴时会主动去喝水，并能督促弟弟妹妹。	《喝水》 我的小手真能干 杯杯清水保平安 你一杯　我一杯 多喝水　身体棒	跟幼儿聊聊水与人体的关系，知道喝水的好处多。家长平时注意引导幼儿拿水杯喝水的正确方法。
		下学期	能自主、安静、有序地喝足水，意外把水洒了能主动拖干。在保证自己喝足够量的水的同时，能观察弟弟妹妹的喝水情况。		

续表

时间	内容	学期	目标	儿歌	家园互动
第9周	搬椅子	上学期	能自主坚持用正确的方法搬椅子或摆椅子。有较强的轻拿轻放椅子的意识。	《搬椅子》 小椅子 我会搬 两手抓住放胸前 不拖不拉真开心 一个挨着一个放	家长在家观察孩子搬椅子的方法，及时纠正不安全的动作。
		下学期	能关注"一家人"搬椅子、摆椅子的情况，及时提醒和帮助弟弟妹妹。"一家人"共同养成正确搬椅子、放椅子的好习惯。	《小椅子轻轻》 我的椅子搬得好 弟妹一起学不少 我的椅子轻轻放 做好榜样很重要	家长在家关注孩子摆放椅子的情况，及时指导。
第10~11周	收拾与整理	上学期	懂得保护活动室及其周围环境的整洁。培养幼儿做事有始有终、整洁有序的好习惯。	《整理书包》 小书包 真漂亮 我们一起来整理 大口袋 张开来 书本玩具分分类 按照大小放进去 拉开两边小口袋 插上绳子乒乓球 最后关上大嘴巴	引导幼儿在家整理自己的玩具房和书桌。
		下学期	学做小学生，每天会独立整理自己的书包。树立榜样，激发幼儿自主整理的意识。		引导和督促幼儿每天自己整理书包，学习整理书包的方法。
第12周	进餐	上学期	进餐时能保持正确姿态，遵守进餐礼仪和规则。初步尝试正确用筷子吃饭，进餐时能督促和帮助弟弟妹妹养成良好的进餐习惯。	《吃饭》 （一） 吃饭时 坐端正 右手拿筷子 左手扶着碗 细细嚼 慢慢咽 不剩饭 不挑菜 自己吃饭真能干 《吃饭》 （二） 吃饭前 洗净手 爸妈忙 应等候 不挑食 不霸食 闭嘴嚼 慢慢吃 爱粮食 不浪费 有好菜 敬长辈 吃饭后 擦净嘴 漱清口 椅放回	让孩子在家练习使用筷子，帮助孩子掌握筷子的正确使用方法。以身作则，和孩子一起养成安静进餐的好习惯。

续表

时 间	内 容	学 期	目 标	儿 歌	家园互动
第12周	进餐	下学期	能熟练地使用筷子进餐，并能自主遵守进餐规则和礼仪。"一家人"共同养成较好的进餐习惯。	《进餐歌》 要做文明好宝宝 就餐礼仪不能少 筷子勺子不乱敲 讲话嬉笑就不好 不挑食也不剩饭 细嚼慢咽肠胃好 餐后收拾少不了 比比谁是好宝宝	在礼仪专栏中粘贴正确的进餐礼仪照片。
第13周	进餐爱惜粮食	上学期	知道粮食的由来，有较强的珍惜粮食意识。"一家人"共同养成不浪费粮食的好习惯。	《珍惜粮食》 大米饭 香喷喷 每天大家都要吃 一粒米 一滴汗 农民伯伯种出来 小朋友 要牢记 吃饭才会有力气 不挑食 不剩饭 爱惜粮食人人夸	爱惜粮食要从自己做起，要做到不撒、不剩、不扔。 无论在家进餐还是外出就餐，家长给孩子的饭菜要适量，也可以在尊重孩子意见的前提下，给孩子适量增加饭菜。
		下学期	培养幼儿对劳动人民的热爱之情，懂得珍惜他人的劳动成果。传承中华民族勤俭节约的传统美德，提高幼儿珍惜粮食、文明用餐的意识。		家长可利用假期，带孩子郊游，并给孩子介绍农作物的种植知识，使孩子懂得粮食的来之不易，从而养成爱惜粮食的好习惯。
第14周	漱口	上学期	能自主早晚刷牙、饭后漱口，掌握正确的刷牙、漱口方法。有小老师意识，帮助弟弟妹妹一起养成好习惯。	《刷牙歌》 小牙刷 手中拿 张开我的小嘴巴 上面牙齿往下刷 下面牙齿往上刷 左刷刷 右刷刷 里里外外都刷刷 早晨刷 晚上刷 刷得干净没蛀牙	家长在家帮助幼儿养成早晚刷牙、吃完东西漱口的卫生习惯。
		下学期	能坚持早晚刷牙、饭后漱口，不偷懒。"一家人"共同养成良好的生活卫生习惯。		继续共同帮助孩子养成爱刷牙和饭后漱口的好习惯。
第15周	着装穿衣	上学期	知道着装的基本礼仪，有照镜整理着装的初级意识。培养幼儿良好的着装习惯。	《穿毛衣》 照镜子 理衣服 小纽扣 扣扣好 拉链拉链拉拉好 衣领都要翻翻好	在幼儿起床后或出门前，家长应检查幼儿是否衣冠整齐。
		下学期	能自主照镜子检查自己的着装，并能协助弟弟妹妹整理着装。"一家人"共同养成整洁大方的着装习惯。		家长应以身作则，注意自己的服饰装扮。

续表

时间	内容	学期	目标	儿歌	家园互动
第16周	穿、脱鞋子	上学期	会自主穿脱鞋子，尝试自己系鞋带。 学做小老师，指导弟弟妹妹穿脱鞋子。	《系鞋带》 两个好朋友 交叉握握手 变个兔耳朵 交叉握握手	家长在家让孩子学习系鞋带的方法。
		下学期	能较为熟练地系鞋带。 弟弟妹妹有需要时，能主动帮助，"一家人"共同养成正确穿、脱鞋子的好习惯。		放手，让孩子独立系鞋带。
第17周	午睡和起床	上学期	能独立、快速穿脱衣服，保持良好睡姿，并尝试合作叠被子。 能安静、有序、迅速入睡和起床。 能主动督促和帮助弟弟妹妹。	《午睡》 树上的小鸟静悄悄 花园里的小花微微笑 鱼缸里的鱼儿睁大眼 看着小朋友们来睡觉 脱下衣服叠整齐 脚下鞋子摆放好 轻轻盖上小花被 舒舒服服睡一觉	跟孩子聊聊睡觉与健康成长的关系，让孩子知道睡眠的重要性。
		下学期	能独立、自主、快速穿脱衣服，保证正确睡姿，并能独立叠薄被子。 "一家人"相互提醒和帮助，共同养成良好的睡眠习惯。		
第18周	待客	上学期	让幼儿知道客人与家中长辈聊天时自己应遵守的礼仪。 培养幼儿良好的家庭礼仪行为和与人交往的能力。	大人谈　应安静 若游戏　动作轻 客人走　说再见 客走远　门轻关 客人来　起身迎 引入座　茶水敬 初相识　做介绍 带尊称　才礼貌	家长应随时引导孩子在客人来访时，主动问候客人，并提醒孩子当大人有事情要谈时，孩子不可以随便打扰。
		下学期	学会有礼貌地接待客人，能与来做客的孩子友好交往，不与人争抢。 在客人到来前，能协助大人整理房间。	客人来　欢迎他 请坐下　请喝茶 客人问　我回答 客人走　送送他 挥挥手　再见吧 小客人　不急慢 热心陪　诚相伴 同游戏　懂谦让 好玩具　能共享	家长之间要互相尊重，在朋友来访时，要热情接待，做好榜样。

续表

时　间	内　容	学　期	目　　标	儿　　歌	家园互动
第19周	做客	上学期	能掌握和遵守做客的基本礼仪。 在串门子活动中，能起到榜样带头作用。	做客前　约在先 说人数　定时间 如约至　勿早晚 小礼品　人喜欢 入座后　坐相端 主人物　不乱翻 主人忙　要适时 先致谢　再告辞	跟孩子讲讲做客的礼仪和做客小故事。 平时带孩子去做客时，注意先引导孩子怎样做小客人。
		下学期	能自主遵守做客礼仪，在串门子活动中能当好弟弟妹妹的标杆。 在真实情境中养成良好的做客礼仪。		多带孩子串门子，让孩子在真实的情境下学做小客人。
第20周	分享食物	上学期	培养幼儿将自己喜欢的食物与他人分享的良好品格。 在分享的过程中建立平等分享的规则。	小朋友们玩玩具 不争不抢爱分享 你的我的大家玩 不要损坏要爱惜 快快乐乐最最棒	家长平时要有意识地带幼儿去朋友家做客，并邀请朋友带孩子来自己家做客，为孩子创造交往的机会和环境。 家长在家里可以与孩子一起用毛绒玩具来表演做客的游戏。
		下学期	积极主动与同伴交往，有主动分享的意识，体验分享的快乐。 培养幼儿良好的礼仪行为和习惯。		

第4章　会思考，学做一个努力学习的人

导 读　智慧在大冲浪中提升

编者语：

　　如何改变主题学习后的幼儿评估？"混龄教育课程建构的实践与研究"探索十几年间，以主题"智力大冲浪"的形式，集竞赛、娱乐和游戏于一体的混龄互动活动，获得成功并深受孩子的欢迎。每个主题学习即将结束前，孩子们就会期盼地催促老师："什么时候全体混龄班（教研组）又可以在一起进行'智力大冲浪'啊？"

　　"智力大冲浪"每个班级为一个团队，每个团队都有竞赛口号，孩子们会事先复习主题学习所需掌握的知识内容，并以问答题、抢答题、音乐题、智力题、计算题、操作题、纠错题等不同题型进行竞赛，"一家人"共同携手参与"冲浪"活动。

　　孩子们在参与"冲浪"活动中会遭遇很多问题和挑战，在竞赛过程中有时候会失败，但他们会继续挑战和不断尝试。老师精心设计了很多问题并设置了挑战难度，这些挑战或许是"一家人"从来没有经历过的；尽管"一家人"有时候在接受挑战和参与激烈竞赛过程中很有兴趣，也能提出疑问，尽管他们有的时候挑战失败后很沮丧、士气很低迷，但他们依然会互相鼓励说"没关系""下次再努力"等。

　　孩子之所以会喜欢"智力大冲浪"活动，是因为他们在参与主题学习时对活动内容已经熟悉：通过提问→搜集信息资料→讨论→家长走进课堂→户外探索→实地考察→请

教专业人士（三人行，必有我师）→设法解决问题等相关教育手段，在可控并朝目标前进的活动中，孩子们积极完成提问、质疑、讨论、探索、主动学习等程序。所以，当以往在电视里看到的竞赛活动真实地搬到教室现场，他们会为自己参与其中感到兴奋。在"智力大冲浪"现场，随着主持人问题的不断抛出，孩子们身临其境，抢答声、问答声、加油声、掌声、呐喊声此起彼伏，为自己的班集体和同伴加油助威。

这些年来，伴随着一个又一个主题的进行，孩子们熟悉和适应了类似的学习方式，并有了接受挑战的心理。学习过程中，孩子们把挑战点一次次转移给老师，老师一次又一次地精心设置，想点子出方案，想方设法将挑战点抛给孩子，你来我往，就这样，一年8~9个主题，三年近27个主题，有一个主题就有一次"冲浪"。孩子们经过个体及团队合作的锻炼，"冲浪"能力得到提高，个个成为"智力大冲浪"的行家里手。

如何设计类似"智力大冲浪"的活动，让孩子们感兴趣？课题组的老师应时刻记住"我和孩子一样高"的教育理念，绝对站在孩子的角度去思考所设计的内容，设计的主要目的是鼓励孩子提出问题，抓住问题，让孩子带着问题去搜集信息，弄清问题的来龙去脉，寻找答案，最终解决问题。

"智力大冲浪"是检测、评估主题学习效果的好方法，是"学做人、学生活、学学习"目标自然渗透的好途径，但贵在坚持和求新。

智力大冲浪　冲关我们最最棒

——主题"智力大冲浪"活动设计方案

 设计思路

　　每一个主题开始前，老师会对相应主题的问题进行搜集，然后将搜集到的问题进行整理和分类，再制订相应的网络图、月计划、周计划、日计划。

　　在主题"智力大冲浪"活动开始后的一个半月内，老师和孩子们一起带着他们感兴趣的问题寻找答案。有时候我们在集体教学中一起"碰撞"；有时候我们在"今天我主持"活动中解答问题；有时候我们在区域游戏中以小组探索的形式学习；有时候我们变成小记者通过采访、记录寻找我们想要的；有时候我们悄悄地走进幼儿园的角角落落，比如秋天的银杏世界，一起采摘、浸泡、剥皮、晒干、烘烤银杏果，从而揭开银杏树和银杏果的秘密；有时候我们将课堂搬到农庄、菜场、菊文化节现场，在真实情境下体验实践中所得所获……

　　每个主题结束后，老师会和孩子们一起走进"智力大冲浪"，在"智力大冲浪"的基础知识题、音乐题、视听题、操作题、新闻题等各种形式的问题中，帮助孩子们将已习得的知识反复学习；同时，也在类似综艺节目的"智力大冲浪"中，培养孩子们倾听与表达的能力及团队意识、文明礼貌等优良品德。

4.1 人体的秘密（一）

 活动目标

1. 巩固已学过的"人体"主要部位的知识，进一步激发孩子们学习的兴趣及获取相关知识的积极性。

2. 体验"一家人"在一起通过互相鼓励、互相帮助完成任务，获取成功的快乐。

3. 进一步激发孩子们主动学习的积极性。

 活动准备

前期经验准备：对人体的"五官""内脏""皮肤"等已经有一定的了解；谈话活动（"'智力大冲浪'活动中我们要注意哪些问题？""当小朋友在回答问题的时候我们要注意什么？""当小朋友答完题后我们要注意什么？"）；亲子复习已学的"人体"小知识。

教学具准备：班牌 3 个，鼓 3 套，啦啦队道具 3 套（红、蓝、黄）；空白的人体轮廓图若干；邀请各班一名家委会成员做评委；棒棒糖（与班级人数相等）用包装盒装起来，写上奖项；红、黄、蓝队服，一个班级一种颜色。

组织形式：各班以红、蓝、黄为队名，一个班排一个方阵，每个队选一个"家庭"（3 人）为代表，其他幼儿共同参与。

每次轮换"家庭"答题的时候，采用"分年龄答题"的形式，最后一题为"家庭合作题"。

活动过程

一、热身活动

1. 主持人宣布活动开始，全场参与者共同跟随《健康歌》舞动。

2. 主持人宣布今天的奖项：聚精会神奖、能说会道奖、专注倾听奖，并出示奖品。

二、规则

1. 请选手们听清题目，等主持人说开始再敲鼓，在主持人说开始之前敲鼓的扣 1 分。

2. 答对一题得 10 分，家委会评委翻记分牌。

3. 当回答问题时，别队队员告知或补充的，"告知队"扣 1 分。

三、竞赛题目

1. 第一轮：必答题

主持人分别对"家庭"代表老大、老二、老三提问，由幼儿回答，当回答不全时，这队其他成员都可以补充。

必答题问题共 4 组。

第一组问题：

（1）鼻毛有什么作用？（清洁过滤）

（2）眼睫毛有什么用？（防止灰尘和沙子进入眼睛）

（3）鼻子有什么用？（呼吸、闻气味、清洁过滤、加温、加湿）

第二组问题：

（1）成人有多少颗牙？小朋友有多少颗牙？（成人有 28~32 颗，小朋友有 20 颗）

（2）前面的牙齿叫什么？两边的牙齿叫什么？最里面的牙齿叫什么？（前面的牙齿：门齿；两边的牙齿：犬齿；最里面的牙齿：臼齿）

（3）门齿、犬齿、臼齿分别有什么作用？（门齿：切断食物；犬齿：撕碎食物；臼齿：磨碎食物）

第三组问题：

（1）舌头上一粒粒红色的小圆点叫什么？（味蕾）

（2）舌头有什么用？（尝味道、说话）

（3）甜、酸、苦、咸四种味觉在舌头上是怎么分布的？（舌尖：甜；舌根：苦；舌头两边：酸；舌尖两边：咸）

第四组问题：

（1）影响人平衡的主要器官是什么？（半规管）

（2）用眼睛看的是什么感觉？（视觉）

　　用耳朵听的是什么感觉？（听觉）

　　用皮肤触摸的是什么感觉？（触觉）

（3）怎样保护眼睛？（看电视要有足够亮的光，不能离电视机太近——至少距离电视机 1.5 米；不能长时间看电视，看半小时休息 10 分钟；不能在光线过强或过暗的地方看书；看书时，眼睛与书要保持一定距离——30 厘米）

2. 第二轮：抢答题

当主持人提出问题后，说开始，队员们敲鼓，哪队鼓声先响，哪队回答。

请各队的家委会评委做判断后，老师总结幼儿的比赛情况并鼓励他们。

抢答问题：

（1）小宝宝是从哪里来的？（妈妈的肚子里）

（2）眉毛有什么作用？（防止额头上的汗水流进眼睛，还可以表达心情）

（3）怎样保护牙齿？（早晚用正确方法刷牙，少吃甜食如糖类等，有蛀牙要及时看医生）

（4）当你看到喜欢的东西的时候，瞳孔会放大还是缩小？（放大）

3. 第三轮：游戏题

主持人宣布这是一道"家庭合作题"；出示人体轮廓图，进行贴五官、贴内脏比赛，3个家庭为一组分组比赛，一共4组。

每组评出一个合作得最好、贴得最准确的"家庭"为胜，老师总结幼儿的比赛情况。

四、评比、颁奖

由家委会家长和老师共同评比，评出3个奖项：能说会道奖、聚精会神奖、专注倾听奖，然后颁奖、发奖品、拍照留念。

 活动反馈与反思

一、活动结束后和孩子一起讨论：在活动中，我们做得好的地方有哪些方面？还需要努力的有哪些方面？

二、将活动通过图文并茂的形式上传至博客和主页，与家长一同分享，并感谢家长的支持。

三、搜集家长义工对本次活动的感想和建议，认真吸取他们的建议，为更好地开展下次活动做好准备。

4.2 人体的秘密（二）

活动目标

1. 巩固已学过的"人体的秘密"各版块小知识（人体与健康、男生女生的秘密等），进一步促进幼儿主动学习知识的积极性。

2. 让孩子尝试在大环境中倾听他人讲话，并积极主动地表达自己的想法，体验"一家人"共同答题、做游戏的快乐。

活动准备

前期经验准备：对"人体与健康""男生女生""人的骨骼"等已经有一定了解和认识；谈话活动（"'智力大冲浪'活动中怎样当文明的观众？""我想答题没有机会怎么办？""一个家庭成员拿到了题目，其他家庭成员也想答题，3个人怎么分配？"）；亲子复习已学的"人体的秘密"相关小知识。

教学具准备：班牌4个，鼓4只，啦啦队道具4套（红、蓝、黄、紫）；空白的人体轮廓图若干；各班邀请一名家委会成员做评委；棒棒糖（与班级人数相等）用包装盒装起来，写上奖项；红、黄、蓝、紫队服，一个班级一种颜色。

组织形式：各班以红、黄、蓝、紫为队名，一个班排一个方阵，每队以"家庭"为单位轮流上场竞赛。

活动过程

一、智力大冲浪——热热身

1. 播放开场舞音乐《头儿肩膀膝盖脚》，全场跟随主持人一起互动。

2. 开场舞音乐结束，主持人与幼儿口号互动热场（喊"智力大冲浪"口号、班级口号）。

3. 主持人："智力大冲浪"；幼儿："冲关我们最最棒"……

4. 主持人介绍嘉宾评委。

5. 主持人介绍奖项。

颁发的奖项有聚精会神奖、能说会道奖、专注倾听奖、动手动脑奖。在主持人介绍奖项的同时,"礼仪小朋友"出示奖品,在场地中秀一圈。

聚精会神奖、能说会道奖、专注倾听奖、动手动脑奖奖项说明见表4-1。

表4-1　奖项说明

奖项名称	说明	获奖者
聚精会神奖	1. 此奖为集体奖 2. 在整个"智力大冲浪"过程中,哪个班级的小朋友看得最认真,该班级就能拿到这个集体奖	班级
能说会道奖	1. 此奖为集体奖 2. 在整个"智力大冲浪"过程中,哪个班级的小朋友说得最到位、最敢说,该班级就能拿到这个集体奖	班级
专注倾听奖	1. 此奖为集体奖 2. 在整个"智力大冲浪"过程中,哪个班级的小朋友听得最认真,该班级就能拿到这个集体奖	班级
动手动脑奖	1. 此奖为单项奖 2. 在"智力大冲浪"操作题中,哪个"家庭"动手操作题完成得最快、最准确,就能拿到此单项奖	"一家人"

二、智力大冲浪——答答题

1. "人体的秘密"基础必答题

以"家庭"为单位答题,成员之间可以互相补充;两个"家庭"为一组,每组3小题,分别针对老大、老二、老三出题,3小题答完后轮换下一组,共4轮。

第一轮问题(见表4-2):

表4-2　第一轮问题

人类			
答题方式	对象	问题	正确答案
必答	老三	人分几种性别?	男性和女性
	老二	人是由什么进化而来的?	古猿
	老大	按肤色分,人的种类有哪几种?	黑、白、黄

第二轮问题（见表 4-3）：

表 4-3　第二轮问题

内脏器官类			
答题方式	对象	问题	正确答案
必答	老三	心脏在胸部的左边还是右边？	左边
	老二	心脏有多大？	自己的拳头大小
	老大	心脏的功能是什么？	提供压力，把血液运送至身体各部分

第三轮问题（见表 4-4）：

表 4-4　第三轮问题

皮肤类			
答题方式	对象	问题	正确答案
必答	老三	身体最大的器官是什么？	皮肤
	老二	皮肤共分为几层？分别是什么？	3 层，表皮、真皮和皮下脂肪
	老大	皮肤的作用有哪些？	抵御外界侵害、感受外界刺激、散热

第四轮问题（见表 4-5）：

表 4-5　第四轮问题

骨骼类			
答题方式	对象	问题	正确答案
必答	老三	人的骨头一共有多少块？	206 块
	老二	人的身体里最长、最坚硬的骨头是哪根？	股骨
	老大	为什么新生儿的骨头要比成人的多呢？骨头是消失了吗？	它们不是消失了，只是在生长的过程中结合在一起了，变得更加粗壮、更加坚固了

2．"人体的秘密"找错抢答题

根据抢答题目，用简单的图片和文字设计找错题或选择题，以 PPT 形式呈现题目。

抢答问题：

（1）血浆和纤维素的作用分别是什么？（如果皮肤受伤了，血浆帮助止血，纤维素帮助皮肤再生）

（2）每个人的手指纹都是一样的！（错，每个人的手指纹都是不一样的）

（3）警察叔叔会用手指纹做什么？（警察叔叔借助手指纹进行破案工作）

（4）人的大脑很复杂，但主要可以分成哪 3 个部分？（大脑、脑干、小脑）

（5）人的消化系统由哪些部分组成？（口腔、胃、肠道等）

抢答题规则：击鼓抢答，首先击鼓的班级获得答题权，等主持人说开始，才能抢答。

3. 音乐必答题

以"家庭"为单位答题，成员之间可以互相补充。播放音乐前奏，说歌名，回答正确即得分。答完后，班级成员完整表演一遍歌曲。每个班两首音乐（在自己班级主题所教音乐中选取两首），共两轮。

音乐题歌曲名称：《刷牙歌》《健康歌》《合拢放开》《拍拍手来碰碰脚》《我的身体》《从头忙到脚》《滑稽脚先生》《我是女生/男生》。

三、智力大冲浪——颁颁奖

1. 请家长评委点评并宣布各班获得的奖项。

2. 播放颁奖音乐，家长评委颁奖，幼儿代表发表获奖感言。

3. 在《放轻松》舞曲中结束活动。

 活动反馈与反思

一、活动结束后，以"家庭"为单位展开讨论：在活动中我们有哪些地方做得很好？哪几个方面做得还不够？在以后的活动中应怎样改进？（让幼儿结合自身的问题来反思，比如倾听、答题等）

二、将活动以图文并茂的形式上传至博客和主页，与家长一同分享，并感谢家长的支持。

三、对活动进行反思，反思活动的组织过程中有待改进的地方等。

4.3 春天的脚步

活动目标

1. 通过"智力大冲浪"的形式，帮助幼儿巩固已学过的春天的"天气""雨""伞""动植物"等主要知识。

2. 通过各种形式的题目，进一步激发幼儿学习的积极性。

活动准备

前期经验准备：对春天的"天气""雨""伞"等已经有一定的了解；新闻播报"智力大冲浪"中的文明行为、"智力大冲浪"中的答题注意事项；亲子共同复习已学的"春天的脚步"相关小知识；观看综艺节目"智力大冲浪"视频。

教学具准备：必答题（基础必答题、音乐必答题）、PPT 找错抢答题、操作题题库（各班负责）；各班邀请一名老师做评委；抢答灯 4 台；操作题材料（铅画纸、油画棒、记号笔）；小黑板 4 块；统一园服：藏青色背带裤、短袖格子衬衫；开场舞和结束舞等音乐；设立班级集体奖（春光明媚奖、莺歌燕语奖、雨后春笋奖、万紫千红奖）；会场环境、摄影、摄像、音响；记分牌，每班 1 块。

活动过程

一、智力大冲浪——热热身

主持人：小朋友们，早上好！很高兴又和大家见面了，今天我们的"智力大冲浪"分两场进行，人员相对少了，答题的机会更多了，你们有信心取得成功吗？

主持人：我们的口号是"智力大冲浪"。

幼儿：冲关我们最最棒！

我们班级的口号是：混一混一，永远第一；

（各班依次喊出口号）

播放开场舞《Copy me》音乐，全场跟主持人互动。

介绍评委嘉宾——其他年级组老师代表。

播放奖项 PPT，主持人介绍奖项：春光明媚奖、莺

歌燕舞奖、雨后春笋奖、万紫千红奖。

二、智力大冲浪——答答题

1."春天的脚步"基础必答题

以"家庭"为单位答题,成员之间可以互相补充。

老三的问题:

(1)伞是一种什么用品?(生活用品)

(2)伞通常可以分为哪2种?(实用伞和工艺伞)

(3)伞的主心骨是什么?(伞柄)

(4)伞的哪个部分是负责支撑伞面的?(伞骨)

(5)最早发明伞的是哪个国家?(中国)

老二的问题:

(1)在古代,工匠鲁班之妻创造了什么伞?(手提伞)

(2)伞柄的主要作用是什么?(支撑整个伞)

(3)伞的主要作用是什么?(挡风雪、挡雨、挡太阳等)

(4)请你开动脑筋发挥想象,想一想,伞除了挡风、挡雨、挡太阳还可以用来干什么?(当拐杖、跳伞舞、装饰环境……)

(5)伞的构造大体分为几个部分?分别是哪几个部分?(3个部分,分别是伞柄、伞骨、伞面)

老大的问题:

(1)按伞面材料来分,伞可以分为哪几种?(塑料伞、布伞、油纸伞)

(2)按开启方式来分,伞可以分成哪几种?(自动伞、折叠伞、手动伞)

(3)伞按伞面的图案形式可以分为哪3种?(刷花伞、绘画伞、绣花伞)

(4)伞面的制作材料主要有哪些?(塑料布、油布、绸布、尼龙布)

(5)除了伞还有什么可以挡雨?(雨衣等,可自由发挥)

2."春天多么美"视听抢答题

以PPT形式呈现题目,设计成图文并茂的选择题、找错题或视频记忆题。

按灯抢答,首先亮灯的班级获得答题权,等主持人说开始才能抢答。

抢答题的问题:

(1)请你唱一首关于伞的歌曲。(《雨中花伞》《小伞花》)

(2)春天哪些动物苏醒了?(乌龟、蛇、青蛙、熊等)

(3)请说出3种在春天开的花。(迎春花、桃花、白玉兰、樱花、梨花、油菜花等)

（4）种子发芽需要哪 3 个条件？（充足的水分、适宜的温度、足够的氧气）

（5）请唱一首关于春天的儿歌。（《春天在哪里》《春雨沙沙》等）

（6）中国的国花是什么？（牡丹）

（7）上海市的市花是什么？（白玉兰）

（8）蚕宝宝是吃什么长大的？它的一生要经历哪几个阶段？（桑叶，卵、幼虫、蛹、成虫）

（9）一年的第一个季节是什么？（春季）

3. 音乐必答题

以"家庭"为单位答题，成员之间可以互相补充。

播放音乐前奏，说歌名。回答正确即得分，答完后，班级完整表演一遍歌曲。

歌曲曲目参考：《春游歌》《花蝴蝶》《下雨歌》《小蜜蜂》《蜗牛与黄鹂鸟》《小伞花》《春天在哪里》《雨中花伞》《小燕子》《我和小树来比赛》《雨中接妈妈》《春雨沙沙》。

4. 操作题

意愿画——《春天》（《小伞花》），"一家人"一起在 8K 铅画纸上绘画《春天》。

三、智力大冲浪——颁颁奖

1. 请老师评委点评并宣布各班获得的奖项。

2. 播放颁奖音乐，家长评委颁奖，幼儿代表发表获奖感言。

3. 在《蜗牛与黄鹂鸟》舞曲中结束活动。

 活动反馈与反思

一、活动结束后以"老师评委的一封信"的情景模式，展开以"家庭"为单位的讨论：我们班级在活动中的表现怎样？哪些方面做得特别好？哪些方面还要加强？评委老师对我们的评价是什么？

二、将活动通过图文并茂的形式上传至博客和主页，与家长一同分享。

三、每 2 个班为 1 组，成员进行交流和讨论，总结活动中好的经验并反思存在的问题。

幼儿园"家庭式"混龄社会性实践课程

4.4　交通与道路

 活动目标

1. 通过多种游戏形式，让幼儿在听、看、说、做中逐渐懂得交通与道路的相关知识与经验。

2. 幼儿能积极参与竞赛活动，大胆表述，增强集体（"家庭"）荣誉感，体验集体游戏的乐趣。

活动准备

前期经验准备：搜集各班在交通与道路探索中的共同性内容和非共同性内容，分别出题（共同性的问题一起答题，非共同性的问题各班答各班的相关题目）；幼儿对"交通与道路"已经具备一定经验；新闻播报"智力大冲浪"倒计时；亲子复习"交通与道路"相关小知识。

教学具准备：各班出一张"智力大冲浪"主题海报（各班的口号融入体现）；视听题PPT、找错题PPT、抢答题题库、必答题题库；拼图；闪卡；统一队服；开场舞和结束舞等音乐；设立班级集体奖（聚精会神奖、能说会道奖、专注倾听奖、动手动脑奖、家庭奖、个人奖）；记分牌各班1个；摄影摄像机。

活动过程

一、啦啦歌

1. 主持人以《啦啦歌》的形式进行全场互动。

2. 口号互动："智力大冲浪"口号、班级口号、"家庭"口号。

3. 介绍评委嘉宾（邀请同龄大班幼儿当评委）。

4. 播放奖项PPT，主持人介绍奖项。

二、我们来答题

1. 基础必答题

基础必答题具体见表 4-6。

表 4-6 基础必答题

类别	序号	问题	正确答案	答题者
交通工具类	1	请说出陆地上 3 种以上的交通工具。	汽车、巴士、自行车	老三
	2	陆地上最快的交通工具是什么？ A. 地铁　B. 磁悬浮	B	老二
	3	请说出 3 种特种车辆。	警车、消防车、救护车	老大
	4	行人要遵守哪些交通规则？ 请至少说出 3 种。	走人行道、走斑马线、 看红绿灯、不跨越围栏	老大
	5	上海的校车是什么颜色？	黄色	老三
	6	世界无车日是每年的哪一天？	9 月 22 日	老大
	7	到莘庄的线路有几条？分别是哪几条？ A. 3 条　B. 2 条　C. 1 条	B 1 号线和 5 号线到莘庄	老二
	8	出租车能容纳限定人数是几人？ A. 4 人　B. 5 人　C. 6 人	B	老二
	9	建筑工地上有哪些车？请说出 2 种以上。	挖掘机、吊车、装载机、挖土机……	老二
	10	哪些车属于环保车？请说出 2 种以上。	自行车、电瓶车、电动汽车……	老二
道路桥梁类	1	行人要走人行道，自行车要走什么道？ A. 机动车道　B. 非机动车道	B	老二
	2	马路上的交通信号灯有几种颜色？它们是怎样排列的？	3 种 红（上）黄（中）绿（下）	老大
	3	斑马线是什么颜色的？	白色	老三
	4	道路是如何划分的？	机动车道、非机动车道、人行道	老大
	5	请说出 3 座横跨黄浦江的桥。	南浦大桥、杨浦大桥、徐浦大桥……	老二
	6	请问高架桥上有红绿灯吗？	有	老三
交通安全知识类	1	儿童满几周岁可以在马路上骑自行车？	12 周岁	老大
	2	黄灯闪烁表示什么？ A. 停　B. 慢行　C. 开	B	老二
	3	高速公路限速标志的最高时速是多少千米？	120 千米	老大
	4	机动车行驶时，应有几人是系安全带的？ A. 司机　B. 司机和副驾驶　C. 全部	C	老二
	5	当发生交通事故时，可拨打什么电话求助？	110 或 122	老二

续表

类别	序号	问题	正确答案	答题者
交通安全知识类	6	为确保文明乘车，地铁上不能携带的危险物品有哪些？请说出3种。	宠物、易燃易爆物品、刀具……	老大
	7	行人可以进入高速公路吗？	不可以	老三
	8	摩托车可以上高速公路吗？	不可以	老三
	9	摩托车可以上机动车道吗？	可以	老三
	10	公交车上的安全锤通常情况下是什么颜色的？什么时候用到它？怎么用？	1. 红色 2. 安全锤在紧急情况下使用 3. 敲窗子的4个角，打碎车窗玻璃	老大

2. "交通与道路"视听抢答题

视听题（各种汽车声音）、找错题（汽车标志、交通标志）、闪卡题（汽车标志、交通标志等），以PPT形式呈现题目；按灯抢答，首先亮灯的班级获得答题权，等主持人说开始，才能抢答。

3. 拼图题

游戏竞赛规则：按照3个年龄段，将汽车牌照分别切成3~5块不等，要求幼儿在30秒内完成拼图，并完整读出车牌号。最先完成的"家庭"获得"动手动脑奖"（单项奖）。

三、获奖啦

评委（大班幼儿）点评，并公布奖项。播放颁奖音乐，小评委颁奖，获奖代表发表获奖感言。在《Bar Bar Bar》舞曲中结束活动。

 活动反馈与反思

一、活动结束后，观看"智力大冲浪"视频，边观看边对照问题交流各自"家庭"的表现情况，家长和孩子共同分析和改进。

二、将活动通过图文并茂的形式上传至博客和主页，与家长一同分享。

4.5 我爱我家

活动目标

1. 通过"智力大冲浪"的形式，帮助幼儿复习"我爱我家"主题中的相关知识。

2. 通过各种答题的形式，让幼儿体验"一家人"协商合作，共同完成任务的乐趣，增强幼儿的集体荣誉感和团队凝聚力。

 活动准备

前期经验准备：幼儿对"我爱我家"已经具备一定知识；"智力大冲浪"新闻播报；亲子共同复习"我爱我家"相关小知识；"我爱我家"智力大冲浪新闻小主播选拔赛；4 位领舞的老师学熟《江南 Style》的动作，提前预演，并带幼儿熟悉动作；带领孩子熟悉"智力大冲浪"的大口号及班级小口号（大口号：智力大冲浪——冲关我们最最棒）。

教学具准备：各班出一张"智力大冲浪"主题海报（各班的口号融入体现）；视听题（若干首已学或已欣赏的主题音乐）；找错题（PPT）；抢答题题库；操作题（地图拼图、国旗贴贴、天安门拼图）；新闻题（各班新闻小主播及新闻播报等）；《江南 Style》音乐；各队队服、奖品；记分牌各班 1 个；摄影摄像机；各班邀请 1 名爷爷或奶奶当评委。

 活动过程

一、让爱住我家

1. 主持人以手语操《让爱住我家》的形式进行全场互动。

2. 口号互动："智力大冲浪"口号、班级口号、"家庭"口号。

3. 介绍评委嘉宾——爷爷奶奶。

4. 播放奖项 PPT，主持人介绍奖项——聚精会神奖、能说会道奖、专注倾听奖、动手动脑奖、家庭奖、个人奖。

二、智力闯关

1. 视听必答题

音乐必答题，根据音乐师给出的音乐前奏说出歌曲名称，每班2首乐曲轮换；找错必答题，根据所呈现的PPT答题，每班2道题轮换。

歌曲曲目名称参考：《大中国》《义勇军进行曲》《黑猫警长》《茉莉花》《七子之歌》《让爱住我家》《说唱脸谱》《上海滩》《国旗国旗多美丽》。

2. 抢答题

抢答题包括"我的小家""我的幼儿园""上海，我的家""中国，我爱你""地球，共同的家"5个小主题问题。

每班由抢答选手负责按灯，根据3个年龄段分别答题，分别见表4-7至表4-9。

表 4-7 老三的问题

序号	问题	答案
1	请你说说，爸爸妈妈分别叫什么名字？	
2	请你说说，爸爸的爸爸叫什么？妈妈的妈妈叫什么？	
3	请你说说，你家住在什么小区？	
4	中国的国旗叫什么旗？	五星红旗
5	中国地图看起来像什么动物？	公鸡
6	地球是什么形状的？	椭圆形的球体
7	地球的家是哪里？	宇宙

表 4-8 老二的问题

序号	问题	答案
1	中国的首都在哪里？	北京
2	中国有多少个民族？	56 个
3	上海的市花是什么？	白玉兰
4	上海的简称是什么？	沪
5	请你说出2种以上"上海特色小吃"。	生煎馒头、城隍庙五香豆、梨膏糖、老虎脚爪、糖粥……
6	请你说出2个上海著名的旅游景点。	东方明珠、金茂大厦、城隍庙、外滩、大光明电影院……
7	请你说出2位中国的奥运冠军。	林丹、孙杨、吴敏霞、邹市明、徐莉佳、易思玲……
8	广阔的宇宙中，还有哪些星球？请说出2个以上。	金星、土星、木星、天王星、海王星、水星……

表 4-9 老大的问题

序号	问题	答案
1	上海东方明珠广播电视塔目前塔高多少？ 世界排名是多少？	468 米 世界第九，亚洲第六
2	上海有 16 个区，请你说出 3 个以上。	闵行区、黄浦区、徐汇区、杨浦区、长宁区、普陀区、虹口区、静安区、崇明区……
3	请你说出 3 座上海著名的大桥。	杨浦大桥、徐浦大桥、卢浦大桥、南浦大桥、外白渡桥、奉浦大桥……
4	中国四大发明是什么？	火药、指南针、造纸术、印刷术
5	中国的国粹有哪些？请至少说出 3 种。	中国武术、中医、京剧、书法、中国画
6	中国有什么名山？请至少说出 2 座。	华山、黄山、武夷山、庐山、泰山……
7	请说说太阳、地球和月亮的运转关系。	月亮围着地球转，地球围着太阳转
8	地球绕太阳转一圈需要多长时间？	一年，即 365 天
9	地球自转一周需要多长时间？	一天，即 24 小时
10	地球分为七大洲，它们是哪七大洲？	亚洲、非洲、欧洲、大洋洲、南美洲、北美洲、南极洲
11	现在的地球已经"重病缠身"，请问我们能做些什么来保护我们的地球呢？请至少说出 5 种。	少开车、少抽烟、使用环保购物袋、不用一次性筷子、不砍伐树木、节约用水、节约用电……

3. 操作题

按照 3 个年龄段，分别操作不同的内容，最先完成的"家庭"得分（老大：中国地图拼图；老二：天安门拼图；老三：中国国旗贴上五角星）。

4. 新闻题

（与操作题同时进行，操作题进行的同时，新闻主播同步进行播报）

××班：诺贝尔文学奖播报；

××班：奥运新闻播报；

××班：钓鱼岛新闻播报；

××班：卫星新闻。

各班新闻播报时长控制在 1 分 30 秒以内，小主播需要与台下观众互动。

三、说再见

1. 评委（爷爷奶奶代表）点评，并公布奖项。
2. 播放颁奖音乐，评委颁奖，获奖代表发表获奖感言。
3. 在《江南 Style》舞曲中结束活动。

 ## 活动反馈与反思

一、活动结束后，搜集爷爷奶奶对本次活动的感想和建议，将活动照片和感想上传至博客。

二、组织大班幼儿进行"智力大冲浪"的新闻播报（活动中的小故事，活动中"家庭"答题的情况，活动中"家庭"做得非常好的地方等）。

4.6　海洋世界

 活动目标

1. 通过"智力大冲浪"必答题、抢答题、操作题、演艺题等题型，帮助幼儿复习"海洋世界"主题中的小知识。

2. 让幼儿愿意参加"智力大冲浪"，并能在活动中体验共同答题、合作完成的乐趣。

 活动准备

前期经验准备：幼儿具备一定的"海洋世界"小知识；熟悉"海洋世界"智力大冲浪的各类音乐；亲子复习"海洋世界"小知识；熟悉《疯狂的青蛙》音乐，带领幼儿熟悉相应动作；带领孩子熟悉"智力大冲浪"的大口号及班级小口号（大口号：智力大冲浪——冲关我们最最棒）。

教学具准备：视听题 PPT、找错题 PPT、主题音乐 MP3、必答题、抢答题、演艺题、操作题；"海洋世界"各队队服、奖品；与队服颜色相同的皱纹纸若干；记分牌各班1 个；摄影摄像机；各班邀请 1 名学生的爸爸当评委。

组织形式：根据班级主题开展内容，以班级为单位进行。

活动过程

一、冲关准备

1. 主持人以《澎湖湾》音乐进行全场互动。

2. 口号互动："智力大冲浪"口号、"家庭"口号。

3. 介绍评委嘉宾——各班爸爸。

4. 播放奖项 PPT，主持人介绍奖项：聚精会神奖、能说会道奖、专注倾听奖、动手动脑奖、家庭奖、个人奖。

二、智力闯关

1. 必答题

基础必答题根据 3 个年龄段分别答题，见表 4-10 至表 4-11。

表4-10　第一组基础必答题

题目	答案
海洋资源的类型有哪些？（老大）	海洋水资源、海洋化学资源、海洋生物资源、海洋矿产资源
我国海盐产量最大的盐场是什么盐场？（老二）	长芦盐场
被称为海洋蔬菜的海藻名称是什么？（老三）	紫菜

表4-11　第二组基础必答题

题目	答案
怎样保护海洋环境？（老大）	防止海洋污染、加强海洋管理、合理捕捞、捕养结合
台湾省最大的盐场是什么盐场？（老二）	布袋盐场
鲸鱼的英文名称是什么？（老三）	whale

找错必答题根据所呈现的PPT答题，见表4-12。

表4-12　找错必答题

题目	答案
判断： 海里的植物其中一种作用是可以吃。	正确
判断： 海水是没有味道的。	错误，海水是咸的
判断： 鱼的英文名称是fish。	正确
判断： 鲸是用鳃呼吸的。	错误，鲸是哺乳动物，用肺呼吸
判断： 在海上坐游轮，吃完零食的垃圾可以随意丢进大海里。	错误，我们要保护海洋，不把污水排放到海洋，不过多地在海洋捕鱼，不在海洋上乱扔垃圾

2. 抢答题

抢答题的内容包括"海洋生物""海洋杀手"等小主题问题；每班由抢答选手负责按灯，题目见表4-13。

表 4-13 抢答题

题目	答案
猜谜： 皮黑肉儿白，肚里墨样黑，从不偷东西，硬说它是贼。	乌贼
在水底闭气最厉害的是什么鲸？	抹香鲸
最小的章鱼是什么？	乔木状章鱼
大海中为什么有鱼？	1. 因为海水中有丰富的食物资源，适宜鱼类生存 2. 因为鱼类呼吸靠鳃，没有肺，在陆地上无法成活

3. 演艺题

各班选派代表上台看题，通过"我演你猜"（台上代表表演，台下幼儿猜）的形式进行答题，在规定的时间内哪个班级猜得多哪个班级得分。

题卡：章鱼、鲸、海豚、水草、水母。

三、颁奖

1. 评委（爸爸代表）点评并公布奖项。

2. 播放颁奖音乐，评委颁奖，获奖代表发表获奖感言。

3. 活动在《疯狂的青蛙》舞曲中结束。

 活动反馈与反思

一、活动结束后，回到各班级，邀请各班爸爸评委和孩子互动、点评。

二、为每个"家庭"打印一张活动照片，发给幼儿，让幼儿带回家和爸爸妈妈一起分享在"智力大冲浪"之"我们家庭"的故事（表现、合作情况等）中。

4.7　丰收的季节

 活动目标

1. 通过"智力大冲浪"的形式，帮助幼儿复习、巩固"丰收的季节"主题中的相关知识。

2. 通过各种答题的形式，让幼儿体验"一家人"协商合作，共同完成任务的乐趣，增强幼儿的集体荣誉感和团队凝聚力。

活动准备

前期经验准备：幼儿具备"丰收的季节"小知识；熟悉"丰收的季节"智力大冲浪的各类音乐；熟悉《穷开心》音乐，带幼儿熟悉相应动作；带领孩子熟悉"智力大冲浪"的大口号及班级小口号（大口号：智力大冲浪——冲关我们最最棒）。

教学具准备：基础必答题、音乐抢答题、视听必答题、视听抢答题、演艺题题库（由各班负责）；"丰收的季节"智力大冲浪PPT；邀请家长代表，各班1位；家长义工"咬尾巴式"到各班当评委；抢答灯4台；笔记本电脑1台；投影仪；通知幼儿统一穿园服：短袖格子衬衫、红色背带裤；各队队服准备（红、蓝、黄、紫）；答题记分牌、规则附加记分牌各4个；设立班级集体奖（专注倾听奖、口齿伶俐奖、积极参与奖、大度谦让奖）。

 活动过程

一、大家嗨起来

1. 口号互动："智力大冲浪"口号、班级口号、"家庭"口号。

2. 介绍活动规则：

（1）活动中能积极参与，自信大方答题。

（2）活动中能认真倾听，做文明的答题选手和小观众。

（3）每次答题完毕，都能给予积极的鼓励声——掌声。

（4）答题选手用清楚、完整的句子回答问题。

（5）活动中每答对1题加10分，由家长义工评委计分，答错不加分也不扣分。

（6）活动中附加分为鼓励分，通过当文明观众、认真倾听、大胆完整表达等来获得，每次奖励 10 分。

3. 主持人介绍评委嘉宾。

4. 主持人介绍奖项。

奖项包括专注倾听奖、口齿伶俐奖、积极参与奖、大度谦让奖、家庭奖、个人奖。

二、智力闯关

1. 基础必答题

两个"家庭"为一组，每组 3 小题，分别针对老大、老二、老三出题（12 题，共 4 轮）。

（1）第一轮问题：

老三：请问消防日是每年的几月几日？（11 月 9 日）

老二：为什么消防日会选在 11 月 9 日？（原因 1：秋天天气干燥容易引起火灾，提醒大家预防；原因 2：119 的谐音"要要救"。）

老大：秋天容易得什么病？请说出两种以上。（感冒、腹泻、哮喘）

（2）第二轮问题：

老三：秋天还有蚊子出来吗？（有一些）

老二：为什么秋天的蚊子吸血更厉害？（秋天吸血的蚊子大部分是雌蚊子，在秋季它们吸血更狠，是为了在产卵时给后代提供更多的营养）

老大：在秋天为什么人容易生病？（进入秋天，天气转凉，昼夜温差加大，空气变得干燥是引起人生病的主要原因。同时，秋天植物成熟，花粉多，过敏性体质人群很容易因花粉而过敏）

（3）第三轮问题：

老三：银杏果的另一个名字叫什么？（白果）

老二：银杏叶有什么用处？（能降低血清胆固醇、增加冠状动脉血流量，对于冠心病、高血压有一定的辅助治疗作用）

老大：银杏果对人的身体有什么益处？（抑菌杀菌、止咳、缓解尿频；但不能多吃，以防中毒）

（4）第四轮问题：

老三：秋天里，是不是所有的树叶都会掉落下来呢？（不是）

老二：请你说出 3 个有关秋天的成语。（秋风送爽、五谷丰登、叶落知秋、橙黄橘绿、春华秋实）

老大：请举例说出 3 种落叶树和常绿树。（落叶树：银杏树、梧桐树、柳树；常绿树：桂花树、香樟树、雪松）

2. 音乐抢答题

播放音乐前奏，说歌名。按灯抢答，抢答灯先亮的班级获得答题权。等主持人说开始，才能抢答。回答正确即得分，答完后，部分歌曲由全体幼儿完整表演一遍，表演结

束，轮换。（8 题，共 1 轮）

歌曲曲目：《秋天多么美》《买菜》《秋天》《小松鼠找松果》《秋叶儿》《小乌鸦爱妈妈》《爸爸去哪儿》《郊游歌》。

3. 视听必答题

PPT 形式呈现，根据所呈现的 PPT 答题，各班每轮答 1 道题，4 题一轮换。（16 题，共 4 轮）

4. 视听抢答题

按灯抢答，抢答灯先亮的班级获得答题权；等主持人说开始，才能抢答。回答正确即得分，每班由一位抢答选手负责按抢答器。4 题一轮换。（16 题，共 4 轮）

5. 演艺题——你来比画我来猜

以"家庭"为单位答题：每班派出 1 个"家庭"上台比画，全体幼儿一起猜答案，先猜出并答对的班级，即可加分。（4 题）

题目：秋叶飘飘、小松鼠采松果、给银杏果剥皮、挖红薯。（结合秋天幼儿做的事情出题，如崇明挖红薯活动）

三、颁奖

1. 评委（家长代表）点评，并公布奖项。

2. 播放颁奖音乐，小评委颁奖，获奖代表发表获奖感言。

3. 在《穷开心》舞曲中结束活动。

 活动反馈与反思

一、活动结束后将活动图片上传至博客和主页，与家长共同分享。

二、召开教研组会议，讨论活动中存在的问题及下阶段的改进方法。

4.8 恐龙世界

活动目标

1. 通过"智力大冲浪"的形式，帮助幼儿复习"恐龙世界"主题中的小知识。

2. 让孩子喜欢听关于恐龙的小知识，通过各种答题的形式，体验"一家人"共同复习巩固恐龙小知识的乐趣。

活动准备

前期经验准备：谈话活动（"我们学过哪些关于恐龙的小知识?"），带幼儿熟悉各种恐龙的图片；熟悉"恐龙世界"智力大冲浪各类音乐（《恐龙来了我不怕》《恐龙》《恐龙坐轿》等）；亲子共同复习"恐龙世界"小知识；熟悉《恐龙坐轿》音乐，带领幼儿熟悉相应动作；带领孩子熟悉"智力大冲浪"的大口号及班级小口号（大口号"智力大冲浪——冲关我们最最棒"）。

教学具准备：基础必答题、音乐抢答题；"恐龙世界"智力大冲浪 PPT；邀请家长代表各班 1 位；抢答灯 4 台；笔记本电脑 1 台；"玉米粒"若干；各队队服准备（红、蓝、黄、紫）；答题记分牌、规则附加记分牌各 4 个；设立班级集体奖（专注倾听奖、口齿伶俐奖、积极参与奖、大度谦让奖）；记分牌各班 1 个。

活动过程

一、喊响我们的口号

1. 口号互动："智力大冲浪"口号、班级口号、"家庭"口号。

2. 主持人介绍评委嘉宾、奖项和颁奖规则：

（1）奖项分专注倾听奖、口齿伶俐奖、积极参与奖、大度谦让奖、家庭奖、个人奖。

（2）友谊第一、比赛第二，所有计分不作为最后颁奖依据。

（3）奖品以各班幼儿在整个活动中的表现实名颁发，人人参与，人人有奖，大家齐乐。

二、"恐龙世界"智力大冲浪

1. 视听必答题

（1）音乐必答题：根据音乐前奏说出歌曲名称，并根据音乐用肢体语言表演恐龙形象，每班 1 首乐曲轮换。

歌曲曲目名称：《恐龙来了我不怕》《恐龙》《恐龙坐轿》《对面的恐龙看过来》。

（2）找错必答题：根据所呈现的 PPT 答题，老大、老二、老三依次答题，问题见表 4-14 至表 4-16。

表 4-14　老大的问题

序号	问题	答案
1	恐龙大约是距今多少年前灭绝的？	6500 万年前
2	恐龙在哪几个时间段生活过？	三叠纪、侏罗纪、白垩纪
3	请说出 1 种中国发现的恐龙（化石）。	马门溪龙、永川龙……
4	恐龙灭绝的原因可能有哪些？（说出 2 种以上）	陨石撞击地球、全球性强烈的火山爆发、气候变迁
5	恐龙的英文名是什么？	dinosaur
6	中国恐龙的研究之父是谁？	杨钟建

表 4-15　老二的问题

序号	问题	答案
1	地震龙一天吃掉多少斤草？	3000~4000 斤
2	请你说出至少 2 种植食恐龙。	雷龙、三角龙、腕龙……
3	请你说出至少 2 种肉食恐龙。	霸王龙、食肉牛龙、伤齿龙……
4	请说出 1 种水里游的恐龙。	海鳗龙
5	中华龙鸟属于哪一类恐龙？	兽脚类恐龙
6	眼睛最大的恐龙是什么？	奔龙

表 4-16　老三的问题

序号	问题	答案
1	人类看到过活着的恐龙吗？	没有
2	恐龙的生殖方式是什么？	卵生（蛋生）
3	哪种恐龙牙齿最多？	巨型山东龙
4	翼龙是不是恐龙？	不是
5	请说出 1 种植食恐龙。	梁龙
6	迅猛龙是植食恐龙，对吗？	不对，迅猛龙是肉食恐龙

2. 基础抢答题（围绕"恐龙之最"进行）

每班由抢答选手负责按灯，根据 3 个年龄段分别答题。按灯抢答，抢答灯先亮的班级获得答题权。等主持人说开始才能抢答，回答正确即得分，答错不扣分。问题：

（1）最大的恐龙是什么？

（2）最小的恐龙是什么？

（3）跑得最快的恐龙是什么？

（4）最聪明的恐龙是什么？

（5）最笨的恐龙是什么？

（6）最早出现的恐龙是什么？

3. 操作题

用"玉米粒"搭建恐龙——"一家人"尝试用"玉米粒"搭建恐龙。

三、颁奖

1. 评委（家长代表）点评，并公布奖项。

2. 播放颁奖音乐，小评委颁奖，获奖代表发表获奖感言。

3. 在《恐龙坐轿》舞曲中结束活动。

 活动反馈与反思

一、活动结束后将活动图片上传至博客和主页，与家长共同分享。

二、孩子回家后做小主持人，与爸爸妈妈互动，用"恐龙之最"问题考一考爸爸妈妈，大孩子尝试做记录"我的爸爸/妈妈答题情况"。

4.9 寒冷的冬天

　　1. 通过"智力大冲浪"的形式，帮助孩子复习"寒冷的冬天"主题中的小知识，让孩子对冬天的季节性有更加深入的了解。

　　2. 通过各种答题形式，体验"一家人"协商合作，共同完成任务的乐趣。

 活动准备

　　前期经验准备：熟悉"寒冷的冬天"智力大冲浪的各类音乐；亲子复习"寒冷的冬天"小知识；熟悉《小苹果》音乐，带孩子熟悉相应动作；带领孩子熟悉"智力大冲浪"的大口号及班级小口号（大口号：智力大冲浪——冲关我们最最棒）；"寒冷的冬天"智力大冲浪新闻小主播选拔赛。

　　教学具准备：基础必答题、音乐抢答题；操作题（"一家人"合作画《冬天的景象》）；新闻题（各班新闻小主播及新闻播报等）；"寒冷的冬天"智力大冲浪PPT；各班邀请家长代表1位；抢答灯4台；笔记本电脑1台；各队队服准备（红、蓝、黄、紫）；答题记分牌、规则附加记分牌各4个；设立班级集体奖（专注倾听奖、口齿伶俐奖、积极参与奖、大度谦让奖）；记分牌4个。

 活动过程

一、拉口号

1. 口号互动："智力大冲浪"口号、班级口号、"家庭"口号。

2. 主持人介绍评委嘉宾、奖项和颁奖规则。

二、闯闯关

1. 必答题

基础必答题：主持人分别对家庭代表老大、老二、老三提问，孩子回答，当回答不全时，其他队员可以补充。基础必答题问题见表4-17。

表 4-17 基础必答题

序号	问题	答案	答题者
1	小动物过冬的方式有哪几种？请至少说出 3 种。	冬眠、储备粮食、迁徙、换毛	老大
2	冬眠的动物有哪些？请说出 3 种。	青蛙、乌龟、蛇	老二
3	燕子是怎么过冬的呢？	飞到南方（迁徙）	老三
4	请朗诵一首关于冬天的诗歌。	江雪 千山鸟飞绝，万径人踪灭。 孤舟蓑笠翁，独钓寒江雪。	老大
5	抵御寒冷有哪些好办法？	运动、喝温水（可自由发挥）	老二
6	一年四季中的最后一个季节是哪个？	冬季	老三

找错必答题：根据所呈现的 PPT 答题，每班答 1 道题轮换。找错必答题问题见表 4-18。

表 4-18 找错必答题

序号	问题	答案	答题者
1	判断：桃花是冬天开的花。	错误，桃花是春天开的花	老三
2	判断：冰雕，是一种以冰为主要材料进行雕刻的艺术作品。	正确	老二
3	除雾有哪些好办法？ A. 手抹、抹布擦 B. 吹风机热风吹	A 和 B	老大
4	判断：雪花是空中的水蒸气遇冷凝结成的。	正确	老三
5	判断：大雁和蚂蚁都是迁徙过冬的。	错误，大雁是迁徙过冬的，蚂蚁是储备粮食（躲藏）过冬的	老二
6	判断：人们用在树上涂石灰、扎干草，为油菜、麦苗撒上草灰、干粪，把怕冷的观赏植物搬到室内或温室等方法帮助植物过冬。	正确	老大

2. 音乐抢答题

根据音乐前奏说出歌曲名称，并根据音乐用肢体语言表演。

按灯抢答，播放音乐前奏后暂停音乐，主持人说开始，各班抢灯选手开始抢答。

歌曲曲目名称有《铃儿响叮当》《小雪花》《扫雪》《冬爷爷》《雪花和雨滴》。

3. 操作题

"一家人"墙面作画——《冬天的美景》。老大：构思冬天景象的布局；老二：画具体的冬天景象；老三：简单添画，涂色。（在操作题进行的同时，新闻主播播报同步进行）

4. 新闻题（与操作题同时进行）

××班：雾霾新闻播报；

××班：冰雕新闻播报；

××班：冬季旅游胜地播报。

各班新闻播报时长控制在 1 分 30 秒内，小主播需要与台下观众互动。

三、颁奖

1. 评委（家长代表）点评，并公布奖项。

2. 播放颁奖音乐，评委颁奖，获奖代表发表获奖感言。

3. 在《小苹果》舞曲中结束活动。

 活动反馈与反思

一、活动结束后将活动图片上传至博客和主页，与家长共同分享。

二、搜集活动后孩子的口述记录和家长评委的感想。

4.10   快乐的新年

 活动目标

　　1. 通过表演与答题相结合的形式，帮助孩子复习"快乐的新年"主题中的小知识，在表演中提高孩子的自信心。

　　2. 在热闹的氛围中，让孩子感受新年到来的气氛，体验与同伴共同答题、共同表演的乐趣。

 活动准备

　　前期经验准备：各班准备 1 个新年节目，带孩子熟悉音乐、动作；亲子熟悉节目音乐和节目动作；亲子共同复习相关主题小知识；熟悉"快乐的新年"智力大冲浪相关音乐；带领孩子熟悉"智力大冲浪"的大口号及班级小口号（大口号：智力大冲浪——冲关我们最最棒）；和爸爸妈妈一起准备漂亮的新年元素服装。

　　教学具准备：基础必答题、视听抢答题；表演题（各班上台表演节目）；新闻题（各班新闻小主播及新闻播报等）；"快乐的新年"舞台背景；抢答灯 4 台；笔记本电脑 1 台；每位幼儿穿戴各自漂亮的新年元素服饰来园；设立班级集体奖（文明观众奖、动手动脑奖、多才多艺奖、最佳表演奖）；饺子皮若干；饺子馅若干；电饭煲若干；幼儿餐具。

活动过程

一、快乐舞动

　　1. 主持人以欢快的新年音乐带动全场互动，等音乐渐轻后说出口号："智力大冲浪"口号、班级口号、"家庭"口号。

　　2. 介绍活动流程和奖项（文明观众奖、动手动脑奖、多才多艺奖、最佳表演奖、家庭奖、个人奖），各班班主任"咬尾巴"式当评委。

二、快快乐乐来冲浪

　1. 必答题

　　基础必答题：播放新年走秀音乐，参加答题的选手以新年服饰时装秀出场；主持人分别对"家庭"代表老大、老二、老三提问，孩子回答，当回答不全时，这队其他成员可以补充。基础必答题问题见表 4-19。

表 4-19　基础必答题

序号	问题	答案	答题者
1	春节是哪一天？	正月初一	老三
2	"新年快乐"用英语怎么说？	Happy New Year	老二
3	春节有哪些习俗？请至少说出 3 种。	吃年夜饭、贴春联、大扫除、走亲戚	老大
4	十二生肖排在第一位的是什么？	鼠	老三
5	今年是什么年？明年是什么年？	今年是×年，明年是×年	老二
6	十二生肖分别是什么？	鼠、牛、虎、兔、龙、蛇、马、羊、猴、鸡、狗、猪	老大
7	请说 2 个新年的祝福成语。	年年有余、岁岁平安等	老三
8	请唱一首关于新年的歌。	（幼儿自由发挥）	老二
9	请分别说出自己、爸爸、妈妈的属相。	（根据现场答题选手情况答题）	老大

音乐表演必答题：参加选手听音乐，根据曲风自由编动作表演。

歌曲曲目名称有《十二生肖歌》《新年快乐》《恭喜恭喜》《过大年》《敲锣打鼓放鞭炮》《包饺子》《十二生肖操》《上海话童谣》《新年好》《家家户户迎新年》。

2. 才艺表演

各班幼儿按顺序进行新年才艺表演秀。

××班：舞蹈《我不上你的当》；

××班：酷炫表演《新年啊呀呀》；

××班：歌表演《新年咚咚锵》；

××班：歌表演《上海话童谣》。

中间可穿插幼儿个性化才艺表演，提前联系有才艺的孩子的家长，配合准备。可进行钢琴表演、古筝表演、小组合唱、小故事表演、舞蹈表演等。

3. 新年四字词语接龙

主持人出题，根据主持人的四字词语接龙（大年龄段孩子），见表 4-20。

表 4-20　新年四字词语接龙

组别	新年成语接龙
第一组	龙马精神—神采奕奕——帆风顺—顺理成章—章月句星—星罗棋布—步步高升—升官发财—财源广进—近水楼台—泰然自若
第二组	复旧如初—初来乍到—道高益安—安居乐业—叶盛花开—开门大吉—吉祥如意—意气风发—发财致富—福星高照—志在四方—芳香怡人—人情饱和—和和气气—气宇轩昂—昂首挺胸—胸有成竹—竹报平安

第5章　会感受，学做一个敬孝父母的人

导读　三人行，必有我师焉

编者语：

　　依霖幼儿园独特的亲子大活动已经延续十几年。十几年来依霖设计创造了很多不同类型的亲子大活动形式，博得家长、孩子和老师的青睐。这些活动的开展，已经成为"幼儿园'家庭式'混龄社会性实践课程"不可或缺的组成部分。

　　要说亲子大活动在幼儿园教育中的意义和作用，举不胜举，可以从各种角度论述。在这里，编者想透过"依霖'笑'园文化"的角度讲一讲依霖积极开展各类亲子大活动的目的。

　　积极的人生在于不断地学习、汲取，若孩子从小懂得"三人行，必有我师焉；择其善者而从之，其不善者而改之"，则这一思想对其一生都会有积极的作用。如何将这些思想融入并浸透于课程之中呢？这个教育观问题一直以来是我们思考和研究的课题。因为，这样的思想意识建立对幼儿来说不能光靠说教，而是要靠无痕的教育手段，那就是浸透。

　　"依霖'笑'园文化"在教育课程设计和实施中十分推崇《论语·述而》中所讲的"三人行，必有我师焉；择其善者而从之，其不善者而改之"。

　　幼儿园的教育者由教职员工、孩子和家长共同组成，我们将他们视为"依霖人"。近2000人的大家庭，时时刻刻都会呈现各种不同的课堂，而在这些课堂里，"能者为师，善者为师"早已经浸透在"依霖'笑'园文化"之中。秉承这样的教育和文化理念，家长走进课堂，员工走进课堂，孩子走上讲台当老师的现象已屡见不鲜。只要你仔细阅读我们的设计方案，即可从中知道老师、孩子、家长共同创设参与的互动互学的内容。

　　在上海市级课题"混龄教育课程建构的实践与研究"子课题"幼儿园混龄社会性实践课程"的研究中，我们将家长和孩子都喜欢参与的亲子大活动作为落实家长走进幼儿

园、孩子走上讲台的契机，放手把教与学的权利传递给家长老师、孩子老师，此举获得了惊人的成果。如科技节"风筝飞上天"亲子大活动中，家长当起了老师，指导孩子如何做风筝。当六百多只风筝聚集在一起飞上蓝天的时候，孩子们对父母的敬仰之情由衷表露："我的爸爸真棒！""我的妈妈也很厉害，她会教我做风筝。"通过类似的活动，家长的威信和形象在孩子们心中逐渐树立。

家园亲子大活动让家长在给孩子当老师的过程中更了解老师的辛苦和不易，他们会发自内心地对老师说："老师，你们真不容易，要驾驭那么多的孩子，你们辛苦了，你们很优秀，我们向你们学习。"

周恩来总理一生以"活到老，学到老，改造到老"为座右铭，这句话丰富了"三人行，必有我师焉"的内在含义。如果在各类亲子大活动中，孩子们能不断领悟到"择其善者而从之，其不善者而改之"的道理，那么当日后他们走上求学之路时，他们的老师不再仅仅是站在讲台上的老师，他们会发现周围有长处的人都是自己的老师，老师无处不在。

5.1　魔法玉米粒 DIY

——迎新亲子大活动设计方案

 设计思路

《幼儿园教育指导纲要（试行）》中明确指出："幼儿与成人、同伴之间的共同生活、交往、探索、游戏等，是其社会学习的重要途径。"

亲子活动以亲缘关系为主要维系基础，以孩子与家长互动游戏为核心内容，全方位开发孩子的多种能力，帮助孩子初步完成自然人向社会人的过渡。每学期我们都会设计各种类型的亲子大活动，让家长抽空陪伴孩子，和孩子共同游戏，让孩子身心健康快乐地成长。

活动目标

1. 以孩子本学期建构游戏"可变玉米粒"为材料，开展家园亲子 DIY 迎新大活动，在大手小手互动中，培养孩子的学习能力（专注度、空间感知能力、信息转换能力等）。

2. 孩子在分享经验和成果的时候，感受生活中的艺术美，充分享受童年的快乐，体验家园共育、亲子合作的愉快氛围。

3. 孩子通过本次活动感受新年到来的愉快氛围，充分享受活动带来的乐趣。

 活动准备

前期经验准备：认识玉米粒（"玉米粒是什么？""玉米粒怎么玩？"）；在美工区域和建构区域中增加玉米粒材料，供孩子平时操作；每个班的孩子都熟悉并会跳《欢乐颂》《找朋友》《兔子舞》《骑马舞》；观看玉米粒建构视频；亲子玩玉米粒；新闻播报（"我的玉米粒作品"）。

教学具准备：制作底板（50 cm×40 cm）150 份，标签 150 份；提前把每个家庭所需要的玉米粒装在袋子中，写上名字；把教室里的桌椅全部靠边摆放，让家长在地上操作；玉米粒工具（小刀、蘸水的海绵、压玉米粒的塑形器每人一套）；每个家庭的图纸准备好（主题内容，如世界著名建筑物、我的家、我的幼儿园、公园、植物森林、动物世界、海洋宇宙、武器、人物、交通工具、新年圣诞等）；奖牌每个班级金蛇奖 13 个，银蛇奖 13

个，青蛇奖 14 个；奖品图书和玩具，糖果和糕点（共 145 份）；每个班级的餐吧海报贴好，食物准备好，自助餐食物餐牌放好；当天邀请 6 个大班的值日生作为服务员，服装、围兜、帽子到位；卡通人物扮演者；家长活动当天将在家和孩子已经完成 50% 的半成品带来活动现场。

 活动过程

一、寻找营地

1. 孩子家长于 8 点 45 分来园做相应准备工作。

2. 每个家庭找到可以搭建的地方。

二、魔法玉米粒 DIY

1. 主持人：魔法玉米粒亲子 DIY 现在开始，大朋友、小朋友们，你们准备好了吗?

2. 鼓励孩子参与搭建，做爸爸妈妈的好帮手，提示家长要放手让孩子参与搭建，鼓励孩子参与其中，家长与孩子共同完成魔法玉米粒 DIY 的建构。

3. 要求能在 40 分钟内完成魔法玉米粒 DIY 建构。

4. 评奖和颁奖。

（1）各家庭将自己的作品摆放到相应展区，各班级"咬尾巴"式互评。

（2）颁奖嘉宾（家委会成员）颁奖，发奖牌：金蛇奖（13 个）、银蛇奖（13 个）、青蛇奖（14 个），人人都有奖。

三、迎新年音乐欢乐颂

1. 班主任带领家长、孩子们站立在做操的位置，一起参加活动。

2. 主持人带领全场家长、孩子跳集体舞。

3. 在每两个集体舞节目之间可以出两三道抢答题与孩子互动，并发奖。

4. 集体舞顺序：《欢乐颂》《兔子舞》《找朋友》《骑马舞》。

5. 在《铃儿响叮当》音乐响起时，卡通人物分发新年礼物。

6. 结束后家长把孩子交到老师手里，自行离开。

四、幼儿自助餐

1. 老师带着孩子回到教室如厕、盥洗。

2. 孩子参与分发碗和勺子。

3. 进行自助餐活动（注明：自助餐时，每个场地孩子把东西吃完才能离开）。

 活动反馈与反思

一、老师将玉米粒作品上传至网站、博客，共同分享亲子制作过程和成果。

二、搜集家长书面文字中的感想和建议，以便更好地开展下阶段的工作。

三、在班级区域继续投放玉米粒材料，供孩子继续建构。

5.2　我们的科技节

——科技节亲子大活动设计方案

设计思路

　　据有关调查发现，在家庭教育中，孩子的科学活动往往是被爸爸妈妈所忽视的。这对密切亲子关系和促进孩子想象力、创造力与思维发展并不是一件好事。

　　帮助新生代爸爸妈妈进一步学习如何陪伴、参与孩子们的科学游戏，可用的方式有哪些？依霖幼儿园每年定期开展亲子科技节，例如风筝节、风铃节、服装节、交通工具节等。

　　我们邀请家长到幼儿园来参加"我们的科技节"，鼓励家长在百忙中挤时间全程参与活动。在幼儿园的指导下，家长对亲子活动的目的、准备、过程，以及如何引导活动有了更详尽的了解。家长通过观察、亲身体验与参与，渐渐懂得该如何陪伴孩子一起进行科技类活动。

放飞风筝　放飞心情　放飞梦想（一）
——科技节"风筝节"活动方案

 活动目标

1. 随着风筝节活动的推进，让孩子了解风筝的有关知识，感受、了解、学习中国民族文化，从小培养孩子的民族自豪感。

2. 在做做玩玩中，感受亲子间共同合作、动手制作的快乐，体验成功的喜悦，增进感情。

 活动准备

前期经验准备："春天主题"系列活动逐渐展开；风筝节的气氛；在区域活动中渗透风筝的相关知识；美术活动（画风筝）；科常活动（"探索风筝"）；幼儿收集故事（关于风筝主题的故事）；美丽的风筝——绘制装饰风筝；亲子收集各种各样的风筝；新闻播报（"介绍我的风筝"）；家长安全承诺协议的签订；幼儿保险的购买；事先联系活动场地；负责老师事先进行场地、交通视察踩点。

教学具准备：班级制作5种颜色共20面120 cm×100 cm的班旗；大号塑料垃圾袋若干；每三个家庭自由组成一个小组；野餐垫、野餐食物家长自备；家长与幼儿自备风筝。

活动过程

一、亲子点名游戏
主持人带着孩子和家长一起玩点名游戏，并简单介绍活动要求和规则。
二、"风筝节"亲子乐
1. 奉贤海湾营地
主持人问孩子"我们的营地在哪里？我们的旗帜是什么颜色？"并请孩子和爸爸妈妈一起分组扎营。
2. 风筝真好玩
（1）组织亲子介绍自家风筝：单个家庭介绍→小组相互介绍。
（2）鼓励会玩的家长介绍风筝的玩法、放风筝的技巧和放风筝需要注意的问题。
（3）鼓励家长积极参与，与孩子共同放风筝，享受亲子陪伴的乐趣。

3. 亲子划龙舟

（1）组织各家庭有序地参加划龙舟活动。

（2）鼓励亲子仔细听龙舟工作员的介绍，了解划龙舟的方法。

（3）引导亲子遵守划龙舟的相关规则。

4. 我们去赶海

（1）鼓励家长带着孩子共同到海边挖螃蟹、捡贝壳。

（2）引导亲子注意相关规则，如返回时间等。

5. 游乐场玩翻天

引导各家庭注意在游乐场活动中的安全，教师加强观察。

6. 亲子烧烤

每三个家庭为一个小组，亲子共同动手"制作午餐"。

 活动反馈与反思

一、老师将图文报道上传至博客和网站。

二、收集家长感想、孩子口述记录上传至博客和网站。

三、教研组会议交流反思：活动组织过程中的经验与不足；老师在活动中的反思或感想；家长反馈；等等。

会响的风铃（二）
——科技节"会响的风铃节"活动方案

 活动目标

1. 家园一起用生活中的"垃圾"，为孩子搭建动手自制、想象创造、慈善关爱、渗透陪伴教育的平台。

2. 让孩子佩服爸爸妈妈的能干，家长发现孩子的能干，观赏各种各样的风铃，并以此为傲。

 活动准备

前期经验准备：谈话活动（"你见过风铃吗？""风铃是什么样的？""有哪些款式的风铃？"）；在亲子谈话"哪些材料可以制作风铃？"区域活动中风铃操作材料的投放；美术活动（画风铃）；科常活动（"有趣的风铃"）；风铃音乐熟悉（《找风铃》《笛子风铃》《风铃草》《风铃叮叮当》《感谢》）；亲子制作"小风铃"；亲子收集"风铃废旧物"；新闻播报（"我知道的风铃！""我制作的风铃！"）；邀请函 360 份，捐赠证书 360 份，事先准备吊挂式的标签牌 360 份。

教学具准备：布置场地、摆放雨伞架、做好气球装饰及清扫工作；360 份礼品及一大一小各 360 瓶矿泉水；24 组 PVC 展示架、360 根扭扭棒、两幅悬挂横幅；救护点标识；每个家庭一块野餐垫；事先准备吊挂式的标签牌并在上面写上孩子姓名、班级、作品名称；辅助工具（小刀、玻璃胶、剪刀、鱼丝线、彩带、双面胶、扭扭棒）；展示架班标（正反面制作）+红色礼仪带 12 根（中班教研组）；慈善义卖箱若干，小方桌 6 张；家长活动当天把在家和孩子已经完成 50% 的半成品带来活动现场。

活动过程

一、亲子入场

1. 老师统一着装，准备好"家长签到表"，提前 15 分钟各自到岗迎接家长和孩子。

2. 门口交通指挥，指引员引领家长入场。

3. 一楼领取矿泉水，会场循环播放风铃节歌曲。

4. 家长与孩子有序进场，到指定位置铺垫子坐好。

二、会响的风铃

1. 开幕式

（1）主持人宣布活动开始。

（2）各分主持人带领全场观看大班孩子
表演手语操《感谢》。

（3）各分主持人引领全体人员共唱歌曲
《风铃叮叮当》。

2. 亲子自制风铃

（1）各班家长和孩子在体育馆的指定地
点，进行以家庭为单位的亲子风铃制作。

（2）老师事先完成作品吊挂牌部分的信息填写，并分发给家长。

（3）自制完风铃后，家长完成价格标注，将标签挂在风铃上，挂到自己班级的展示
架上，并收起野餐地垫和制作材料，放回班级指定区域。

（4）欣赏其他家庭的作品，休息，听候老师和主持人安排，孩子不在会场奔跑嬉闹。

（5）各班慈善小天使佩戴缎带，做好义卖前准备工作。

（6）后勤保洁外围整理。

3. 中场休息

（1）家长整理个人物品，收拾地垫，带领孩子上厕所、休息、喝水。

（2）后勤进行制作区域环境整理。

（3）厕所保洁。

4. 义卖活动

（1）家委会大主席讲解本次义卖活动的规则：孩子用自己储蓄罐里的钱参与活动，
帮助山区的失学儿童。义卖价格从 1 元至 20 元不等，选定购买的风铃，由购买者在吊挂
牌上写上自己的名字，并将善款投入慈善义卖箱。可以不买，也可以买 1~3 个。作品先
暂留幼儿园继续让孩子们观赏，展出结束后发回义卖者。

（2）活动程序 1：幼儿自己挑选→问价→写上购买者名字→保育员开票。

　　　活动程序 2：凭票投币→班主任填写捐款证书→副班主任拍照留念。

5. 风铃节完美收工

（1）主持人宣布第五届科技节"会响的风铃"亲子自制活动结束。

（2）家长和老师一起将制作好的风铃，拿回幼儿园进行展出。

（3）按秩序下楼离开体育馆。

6. 领取礼物

回到各班领取幼儿园送给孩子们的礼物。

7. 收尾整理

（1）保育员、后勤人员留下整理会场。

（2）家长离开，后勤人员在门口进行交通指挥。

（3）老师离开，保育员整理班级物品，后勤人员打扫展示区卫生。

 活动反馈与反思

一、老师编辑搜集信息，通过 QQ、微信发送给家长，感谢家长的参与和支持。

二、老师搜集家长感想、幼儿口述记录上传至博客和网站。

三、教研组会议交流反思：活动组织过程中的经验与不足；老师在活动中的收获或感想；家长反馈；等等。

四、搜集老师在活动中的感想和反思，并整理修改后发表在"依霖"网上。

5.3 迎新化装舞会

——迎新亲子大活动设计方案

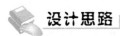 **设计思路**

陈鹤琴先生说过，幼儿教育是一件很复杂的事情，不是家庭一方面可以单独胜任的，也不是幼儿园一方面可以单独胜任的，必定要两方面共同合作方能得到充分的功效。亲子活动作为一个新型的家园沟通平台，给了孩子一个在家长、老师面前表现自我，施展才艺的机会；给了家长更加了解、贴近自己孩子的机会；也给了老师更多与家长充分交流的机会。同时，《幼儿园教育指导纲要（试行）》中也明确指出："家庭是幼儿园重要的合作伙伴。应本着尊重、平等、合作的原则，争取家长的理解、支持和主动参与，并积极支持、帮助家长提高教育能力。"亲子活动是时代发展的需要，是孩子身心健康成长的需要，是家长提高家庭教育水平的需要。依霖幼儿园每两年一届的亲子化装舞会拉开序幕，让家长、孩子、老师在化装舞会中感受新年的热闹气氛，体验亲子共同参与活动的快乐，增强亲子互动和家园互动。

活动目标

1. 搭建另一个更广大的舞台，展示孩子们大方、活泼、勇敢、自信的个性。

2. 家园共同感受新年的热闹气氛，体验亲子共同参与活动的快乐，增强亲子间、家园间的互动，充分享受化装舞会带来的乐趣。

活动时间：20 _____ 年 _____ 月 _____ 日 _____ 时 _____ 分

活动地点：_____ 小学的室内体育馆（_____ 路 _____ 号）

活动主要对象：全体"依霖人"（孩子、家长、教职工）

活动总指挥：_____

活动总主持：_____

英语小广播主持：_____ 、 _____

活动音效控制：外请专业人员

摄影：_____ 、 _____

摄像：_____ 、 _____

叫场：_____ 、 _____

活动流程：

舞会自助餐→Baby Follow Me→亲子时装秀→大大小小才艺秀→欢乐舞会。

迎新化装舞会亲子大活动内容见表5-1至表5-5。

表 5-1　舞会自助餐活动

第一篇章　舞会自助餐（60分钟）			
内容	音乐	要求	负责人
舞会自助餐 （16：00—17：00）	轻音乐	1. 自助餐物品在15：40前全部准备到位 2. 15：50家长带孩子开始入场 3. 家长和孩子在家穿戴好服装入场 4. 脸部彩妆待自助餐结束后妆扮 5. 自助餐结束后，17：00—17：45（45分钟）化妆 6. 17：45家长将孩子交给体育馆外的班主任后，至舞会会场（体育馆内）两侧候场	行政领导 各班老师

表 5-2　Baby Follow Me 活动

第二篇章　Baby Follow Me（5分钟）			
主持人：×××　×××		英语主持：×××　×××	
内容	音乐	要求	负责人
Baby Follow Me （18：00—18：05）	英语串烧音乐	1. 主持人宣布开始，英语主持一前一后带孩子伴随《印第安人》欢快舞曲进入会场 2. 各班老师带领家长互动（鼓掌、挥舞荧光棒、欢呼等） 3. 英语主持带孩子完成各串烧表演及英语单词互动	主持人 英语主持 各班老师

表 5-3 亲子时装秀活动

第三篇章 亲子时装秀（55 分钟）				
主持人：××× ×××				
内容	音乐	时长	要求	负责人
教师队走秀	走秀音乐	3 分钟	1. 园长、行政领导、老师等共同走秀，走秀要有带动力，为家长后面的走秀做好引领与示范 2. 教师走秀出场的顺序为：园长→行政领导→××班→××班→××班→××班→××班→××班……	园长教师
××班走秀	走秀音乐	5 分钟	1. ×××、×××负责走秀放人 2. 班主任提前告诉家长出场的站点和方式 3. 班主任在舞台前方位置指引家长，副班老师在红毯另一端组织家长 4. 主持人介绍某某班级，家长、孩子以家庭为单位，按红地毯（T 台）工作人员的手势，听音乐依次入场，用自己的妆扮风格进行走秀 5. 第一个班走秀时，第二个走秀班级在 2 号候场点候场，依此类推	主持人教师
…	…	…	…	…
互动时间全场手语操	让爱住我家	2 分钟	1. 4 个班级走秀结束后，中场手语操互动 2. 手语操带领教师上舞台带操，家长和孩子原地跟随，各班教师负责组织、调动 3. 互动一半时，下一个走秀班级到 1 号候场点候场，准备走秀	主持人教师
××班走秀	走秀音乐	2 分钟	1. 手语操互动时，××班级到 1 号候场点候场，准备走秀 2. 互动音乐结束，继续走秀 3. 走秀过程中，主持人随机互动，各班教师带领各自队伍拍手、挥舞荧光棒互动	主持人教师
…	…	…	…	…

表 5-4　才艺秀活动

第四篇章　大大小小才艺秀（10 分钟）				
主持人：×××　×××				
内容	音乐	时长	要求	负责人
爸爸表演队	交警队	2 分钟	1. 最后一个班级走秀时，年级组长组织爸爸表演队在舞台左侧候场 2. 主持人宣布才艺秀开始，台下教师组织各班家长带孩子席地而坐 3. 主持人随机带领全场互动，台下教师带领家长和孩子与主持人呼应 4. 表演结束后，从舞台右侧退场	主持人 教师 教研组长
爷爷奶奶表演队	交谊舞	2 分钟	1. 爸爸表演队表演时，年级组长组织爷爷奶奶表演队在舞台左侧候场 2. 台上表演前、表演进行中、结束后，全体教师带领家长、孩子做文明观众，给予表演者掌声，并与主持人随机互动 3. 表演结束后，从舞台右侧退场	主持人 教师 教研组长
妈妈表演队	健美操	2 分钟	1. 爷爷奶奶表演队表演时，年级组长组织妈妈表演队在舞台左侧候场 2. 全体教师引导家长、孩子做文明观众，给予表演者掌声，并与主持人随机互动 3. 表演结束后，从舞台右侧退场	主持人 教师 教研组长
亲子表演队	《小老鼠上灯台》	2 分钟	1. 妈妈表演队表演时，亲子表演队在舞台左侧候场 2. 表演结束后，从舞台右侧退场	主持人 教师 教研组长
教师表演队	现代舞《火》	2 分钟	1. 亲子表演队表演时，教师表演队在舞台左侧候场 2. 各班家委会家长带领家长、孩子做文明观众，给予表演者掌声，并与主持人随机互动 3. 表演结束后，从舞台右侧退场	主持人 教师 家委会

表 5-5　欢乐舞会活动

第五篇章　欢乐舞会（10 分钟）				
主持人：×××　×××				
内容	音乐	时长	要求	负责人
欢乐舞会	《兔子舞》 《新年舞曲》 《机器人舞》	5 分钟	全场教师负责带动家长、孩子跟随音乐舞动起来，后勤工作人员注意全场安全，主持人随机把控时间	主持人 各班教师

续表

			第五篇章 欢乐舞会（10分钟）	
			主持人：×××　×××	
内容	音乐	时长	要求	负责人
"依霖人"送祝福	新年轻音乐	1分钟	园长代表全体教职工向全体家长、幼儿祝贺新年	主持人园长
礼物大放送舞会结束	《Happy New Year》	4分钟	1. 主持人宣布活动结束，按各班级离大门的距离由近到远依次请各班有序离场，各班班主任负责给班级幼儿发放新年礼物 2. 离场顺序：××班→××班→××班…… 3. 班级教师配合主持人维持离场秩序：主持人叫到的班级撤离，暂未叫到的班级，教师负责组织各班级家长、幼儿进行小游戏，避免擅自离场 4. 主持人宣布舞会结束，家长离场前，后勤工作人员纷纷进入各自候场点，欢送家长和孩子	主持人各班教师

5.4 迎新化装舞会

——迎新亲子"动物狂欢节"大活动设计方案

 设计思路

迎新化装舞会作为依霖幼儿园的特色活动之一，每两年进行一次。第四届迎新化装舞会以"动物狂欢节"亲子迎新为主题。在辞旧迎新之际，我们走进孩子们感兴趣的森林王国，体验不同凡响的森林动物狂欢舞会的情境，感受依霖"一家人"快乐、幸福、和谐的家园氛围。

活动目标

1. 以孩子自主选择喜爱的动物装扮为切入点，让孩子参与迎新活动，充分展示个性。

2. 让孩子愿意用肢体或语言大胆表达，表现自己所扮演的动物形象。

3. 让孩子在依霖家园感受新年到来的热闹、愉快氛围，充分享受"动物狂欢节"带来的乐趣。

活动时间：20_____年_____月_____日_____时_____分

活动地点：_____中学——室内体育馆（_____路_____号）

活动主要对象：全体"依霖人"（孩子、家长、教职工）

活动主题：动物狂欢节

活动总指挥：_____

活动总主持：_____、_____

活动音效控制：外请专业人员

摄影：_____

摄像：_____

叫场：_____、_____

8 个"动物之家"名称："一帆风顺"、"二人同心，其利断金"、"三阳开泰"、"四季平安"、"五福临门"、"六六大顺"、"七星高照"、"八面威风"。

活动流程：森林童话剧→动物狂欢→礼物大放送。

迎新化装舞会——"动物狂欢节"亲子大活动具体内容见表 5-6 至表 5-8。

表 5-6 森林童话剧活动

进场（30分钟）				
内容	音乐	时长	要求	负责人
进场 （18：30— 18：50）	园歌 《许愿》	20分钟	1. 参加当场次活动的教职工在 18：00 到位 2. 家长在 18：50 前全部入场 3. 家长带领孩子进入体育馆 4. 各班动物队长在门口迎接家长，副班老师与保育老师在"动物之家"迎接家长与孩子	动物队长
热场 （18：50— 19：00）	动物 啦啦队	10分钟	1. 动物队长带领家长与主持人互动，啦啦队喊响班级口号，挥动荧光棒 2. 19：00 体育馆的灯光由负责人关闭	主持人 动物队长
第一篇章 森林童话剧（8分钟）				
主持人：××× ××× 分主持：动物队长				
内容	音乐	时长	要求	负责人
森林童话剧 《灰太狼的 动物狂欢节》	童话剧音乐	6分钟	1. 参加童话剧表演的教师在 18：45 全部至后台准备、候场 2. 动物队长组织家长、孩子有序观看并与之互动	主持人 动物队长
全场舞曲 互动	《小苹果》	2分钟	开场时各动物队长带领家长跳，副班老师带着孩子到红毯上跳，快结束时主持人提醒大小动物回到"动物之家"	主持人 动物队长

表 5-7　动物狂欢活动

第二篇章　动物狂欢（66 分钟）				
主持人：×××　××× 分主持：动物队长				
内容	音乐（时长）	要求		负责人
小羊肖恩队（老师队）	走秀音乐（3 分钟）	1. 主、副班老师共同走秀，走秀要有带动力，能用较好的肢体语言展示各种动作，为家长们后面的走秀做好引领与示范 2. 老师走秀出场的顺序：××班班主任老师→……→××班班主任老师→××班副班老师→……→××班副班老师		全体老师
"四季平安"队（××班×队长）	T 台走秀	走秀音乐（5 分钟）	1. 班主任提前告知家长出场的站点和方式 2. 队长在舞台前方指引家长，副班老师在红毯另一端组织家长，保育老师在"动物之家"等候 3. 老师走秀时，"四季平安"队已在 1 号候场点按家庭排队候场 4. 主持人介绍"四季平安"队，"四季平安"队大小动物以家庭为单位，在红地毯（T 台）看工作人员的手势，听音乐用自己装扮的动物派风格进行走秀，依次入场 5. 每块红地毯（T 台）中间交错标记（舞台上有定点造型标记），每组动物家庭经过"森林 T 台"的中间时暂停并向两边观众挥手，到舞台上摆造型结束，留一名家长带孩子到表演位置摆造型，另一名家长从舞台右侧退下，回到"动物之家" 6. 待"四季平安"队最后一组动物家庭走上舞台摆造型结束，全体大动物从舞台右侧退场，回到"四季平安"队"动物之家"，小动物准备表演 7. 走秀过程中，其他"动物之家"动物队长带领各自队伍拍手、挥舞荧光棒互动	主持人动物队长
	小动物表演秀	《奶牛操》（2 分钟）	1. 表演结束，台上的全体"四季平安"队小动物送出新年祝福 2. 表演结束，班级两位老师在舞台右侧组织小动物下台，并将其送回"动物之家"找大动物	主持人动物队长
"五福临门"队（××班×队长）	T 台走秀	走秀音乐（5 分钟）	1. 走秀其他要求同上 2. "四季平安"队幼儿表演秀开始，"五福临门"队动物队长组织大小动物到 1 号候场点候场 3. 大动物走秀上台摆好造型结束，从舞台的左侧退场回到"五福临门"队"动物之家" 4. 互动要求同上	主持人动物队长
	小动物表演秀	《骑马舞》（2 分钟）	1. 表演结束后，台上的全体"五福临门"队小动物送出新年祝福 2. 表演结束后，班级两位老师在舞台左侧组织小动物下台，并将其送回"动物之家"找大动物	主持人动物队长

续表

第二篇章　动物狂欢（66 分钟）				
主持人：×××　×××　　　分主持：动物队长				
内容	音乐 （时长）		要求	负责人
"三阳 开泰"队 （××班 ×队长）	T 台 走秀	走秀 音乐 （5 分钟）	1. 走秀其他要求同上 2. "五福临门"队幼儿表演秀开始，"三阳开泰"队动物队长组织大小动物在 1 号候场点候场 3. 家长走秀上台摆好造型结束，从舞台的右侧退场，回到"三阳开泰"队"动物之家" 4. 互动要求同上	主持人 动物队长
	小动物 表演秀	森林 体操 表演 （2 分钟）	1. 表演结束后，台上的全体小动物用对联形式送出新年祝福 2. 表演结束后，班级两位老师在舞台右侧组织小动物下台，并将其送回"动物之家"	主持人 动物队长
全场 互动	动物 狂欢 — 小动 物叫	《我爱 我的 小动物》 （2 分钟）	1. 主持人与全场大小动物们唱《小动物叫》互动，主持人唱："我爱我的小猫，小猫怎样叫？"动物队长带领大小动物唱响"喵喵喵喵喵喵喵喵喵喵" 2. 表演 4~5 组动物后结束互动 3. 第三组动物叫互动结束，"六六大顺"队动物队长组织大小动物在 1 号候场点候场	主持人 动物队长
"六六 大顺"队 （××班 ×队长）	T 台 走秀	走秀 音乐 （5 分钟）	1. 走秀其他要求同上 2. 家长走秀完上台摆造型结束，从舞台的左侧退场，回到"六六大顺"队"动物之家" 3. 互动要求同上	主持人 动物队长
	小动物 表演秀	《何家 公鸡 何家猜》 （2 分钟）	1. 表演结束后，台上的全体"六六大顺"队小动物送出新年祝福 2. 表演结束后，班级两位老师在舞台左侧组织小动物下台，并将其送回"动物之家"找大动物	主持人 动物队长
"二人同心， 其利断金"队 （××班 ×队长）	T 台 走秀	走秀 音乐 （5 分钟）	1. 走秀其他要求同上 2. "六六大顺"队小动物表演秀开始，"二人同心，其利断金"队动物队长组织大小动物在 1 号候场点候场 3. 家长走完秀上台摆造型结束，从舞台的右侧退场，回到"二人同心，其利断金"队"动物之家" 4. 互动要求同上	主持人 动物队长
	小动物 表演秀	《麦克》 （2 分钟）	1. 表演结束后，台上的全体"二人同心，其利断金"队小动物用上海话童谣送出新年祝福 2. 表演结束后，班级两位老师在舞台右侧组织小动物下台，并将其送回"动物之家"找大动物	主持人 动物队长

幼儿园"家庭式"混龄社会性实践课程

续表

第二篇章　动物狂欢（66分钟）				
主持人：×××　×××　　　分主持：动物队长				
内容		音乐（时长）	要求	负责人
"七星高照"队（××班×队长）	T台走秀	走秀音乐（5分钟）	1. 走秀其他要求同上 2. "二人同心，其利断金"队小动物表演秀开始时，动物队长组织"七星高照"队在1号候场点候场 3. 家长走秀上台摆好造型结束，从舞台的左侧退场，回到"七星高照"队"动物之家" 4. 互动要求同上	主持人动物队长
	小动物表演秀	《功夫熊猫》（2分钟）	1. 表演结束后，台上的全体"七星高照"队小动物送出新年祝福 2. 表演结束后，班级两位老师在舞台左侧组织小动物下台，并将其送回"动物之家"找大动物	主持人动物队长
全场互动时间	全场大小动物欢唱	《幸福拍手歌》（2分钟）	1. 主持人与全场大小动物们唱《幸福拍手歌》互动，动物队长带领各自队伍呼应主持人 2. 互动进行到一半时，"一帆风顺"队动物队长组织"一帆风顺"队在1号候场点候场，准备走秀	主持人动物队长
"一帆风顺"队（××班×队长）	T台走秀	走秀音乐（2分钟）	1. 走秀其他要求同上 2. 家长走秀上台摆造型结束，从舞台右侧退场，回到"一帆风顺"队"动物之家" 3. 互动要求同上	主持人动物队长
	小动物表演秀	《My OH My》（5分钟）	1. 表演结束后，台上的全体"一帆风顺"队小动物送出新年祝福 2. 表演结束后，班级两位老师在舞台右侧组织小动物下台，并将其送回"动物之家"找大动物	主持人动物队长
"八面威风"队（××班×队长）	T台走秀	走秀音乐（2分钟）	1. 走秀其他要求同上 2. "一帆风顺"队小动物表演秀开始，"八面威风"队动物队长组织大小动物在1号候场点候场 3. 家长走秀上台摆造型结束，从舞台的左侧退场，回到"八面威风"队"动物之家" 4. 互动要求同上	主持人动物队长
	小动物表演秀	《酷炫啊呀呀》（5分钟）	1. 表演结束后，台上的全体"八面威风"队小动物送出新年祝福 2. 表演结束后，班级两位老师在舞台左侧组织小动物下台，并将其送回"动物之家"找大动物	主持人动物队长

续表

第二篇章　动物狂欢（66 分钟）				
主持人：×××　×××　分主持：动物队长				
内容		音乐（时长）	要求	负责人
动物爸爸妈妈互动	集体交谊舞	慢三（3 分钟）	1. 动物爸爸邀请动物妈妈跳舞，孩子由动物队长组织退到各自"动物之家"后侧通道，副班老师和保育老师带领小动物们为动物爸爸、动物妈妈加油鼓劲 2. 主持人现场邀请部分动物爸爸、动物妈妈到舞台上跳舞 3. 主持人和分主持现场挖掘跳得好的家长上台（舞台或 T 台）秀 4. 音响师根据现场舞动情况，把控音乐的时长 5. 若通道内的幼儿有表演欲望，副班老师可组织孩子一同随音乐翩翩起舞	主持人动物队长

表 5-8　礼物大放送活动

第三篇章　礼物大放送（15 分钟）			
主持人：×××　×××　分主持：动物队长			
内容	音乐（时长）	要求	负责人
"依霖人"的祝福	喜庆轻音乐（2 分钟）	园长代表全体依霖教职工向全体大小动物祝贺新年	主持人园长
羊年神秘礼物	《Happy New Year》（5 分钟）	1. 羊年出生的"依霖人"（幼儿、家长、教职工）领取神秘羊年礼物——红袜子 2. 园长送新年祝福时，各动物队长组织班级属羊的大小动物到舞台后台候场 3. 颁奖者：×××、×××、××× 4. 当主持人说"请属羊的朋友"上台时，舞台两侧教研组长负责组织属羊人上台，同时礼仪小动物端盘（装有礼物的盘子）上台，园长和行政领导负责颁发礼品	主持人园长行政领导
礼物大放送	《Happy New Year》（3 分钟）	1. 8 个新年老人从 T 台拱门入场，将扎有红丝带的 16 份礼物持于手中，听新年音乐走秀一圈，将礼物送到相对应的动物队长手上 2. 各"动物之家"副班老师同时将班级礼物盒搬至各自"动物之家"门口	主持人新年老人班级教师

续表

内容	音乐/（时长）	要求	负责人
第三篇章　礼物大放送（15分钟）			
主持人：×××　×××　　　　分主持：动物队长			
尾声 舞会结束	《恭喜恭喜》 （5分钟）	1. 主持人宣布活动结束，按各队离大门的距离由近到远依次请动物队有序离场 2. 离场顺序：八面威风→七星高照→六六大顺→五福临门→四季平安→三阳开泰→二人同心，其利断金→一帆风顺 3. 分主持（动物队长）配合总主持维持离场秩序，避免家长擅自离场 4. 家长离场前，后勤工作人员进入各自候场点，欢送大小动物 5. 园长、行政领导至体育馆门口欢送；后勤工作人员按事先安排的站点（三楼楼梯口拐角，二楼楼梯口拐角，一楼楼梯口拐角，大门外）目送家长和孩子离场	主持人 全体教职员工

迎新化装舞会——"动物狂欢节"亲子大活动相关工作人员安排表见表5-9。

表5-9　相关工作人员安排表

内容	责任人	职责	备注
＿＿＿月　＿＿＿日开始准备工作			
＿＿＿月　＿＿＿日 会场布置参加人员：＿＿＿＿＿＿＿＿＿＿＿＿＿＿＿＿＿＿＿＿＿＿＿ 所有准备的物资于＿＿＿月　＿＿＿日下班前完成打包送至一楼大厅： 气球、绑气球的绳子、土黄色即时贴、玻璃胶1卷、剪刀（教研组长每个自带）、荧光棒、红袜子+托盘4个、各班的礼物（各班打包，用红丝带系好，自己班级当天带过去）、音乐、新年老人服装8套。			
××路丁字路口	×××	为孩子和家长引路	穿戴好卡通服 做好家长车辆停放指引工作 18：00准时到位
××中学大门口	×××	为孩子和家长引路	穿戴好卡通服 18：00准时到位
第一个 拐弯	×××	为孩子和家长引路	穿戴好卡通服 18：00准时到位
体育馆 一楼门口	×××	为孩子和家长引路	穿戴好卡通服 18：00准时到位
体育馆 二楼拐角	×××	为孩子和家长引路	穿戴好卡通服 18：00准时到位

续表

内容	责任人	职责	备注
体育馆大门外	××× ××× ××× ×××	引导家长、孩子进入会场 分发荧光棒，每人2根 （一家三口＝6根）	戴好羊羊头饰 18：00准时到位
体育馆大门内	副班老师	指引大小动物进入各自"动物之家"	戴好羊羊头饰 18：00准时到位
打扫厕所	××× ×××	×××负责打扫一楼厕所 ×××负责打扫二楼厕所	脱掉迎接卡通服 佩戴好羊羊头饰 18：30到位
各"动物之家"门口	动物队长	迎接各队的大小动物 维持自己队伍的秩序	穿好"肖恩羊羊服装" 18：00准时到位
音乐	××× 专业人员	1.×× 老师负责在活动当天中午与专业音响师配合播放音乐 2.下午与主持人、音响师配合彩排	××月××日下午彩排和舞台灯光师、主持人配合 18：00准时到位
摄像	外聘 专业人员	后勤园长负责联系	—
摄影	×××　×××　×××　×××		分别依次对应8个队伍，每人两队
灯光控制	×××	1.负责体育馆的灯光，了解整个节目中哪个环节开灯、哪个环节关灯 2.19：00关体育馆的灯，主持人宣布活动结束，亮灯	××月××日下午彩排和舞台灯光师、主持人配合 18：00准时到位
主持人	××× ×××	主持稿，环节与环节之间的衔接到位	××月××日下午彩排和舞台灯光师、音乐配合 18：00准时到位
会场 组织协调	××× ×××	负责维护会场的秩序、安排、安全等	—

幼儿园"家庭式"混龄社会性实践课程

续表

内容	责任人	职责	备注
8个新年老人		8位新年老人名单：_____ 1. 活动进行到爸爸妈妈跳三步舞时换装 2. 园长送祝福时，新年老人换装完毕在体育馆门外等候 3. 待工作人员叫场后，进入体育馆T台前准备走秀和送礼物	

迎新化装舞会活动场地示意图如图5-1所示，进场站位图示如图5-2所示，走秀图示如图5-3所示，小动物表演图示如图5-4所示，动物爸爸妈妈三步舞图示如图5-5所示，羊年神秘礼物放送图示如图5-6所示。

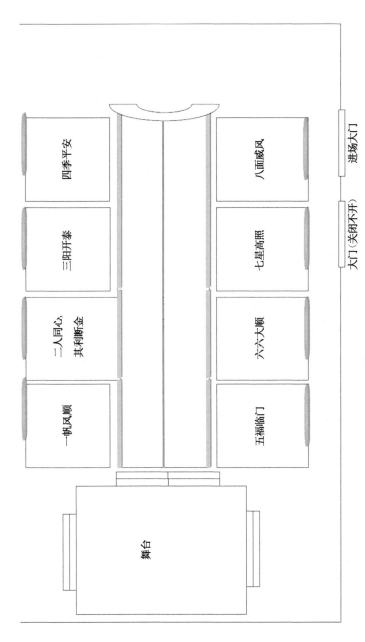

图 5-1　迎新化装舞会活动场地示意图

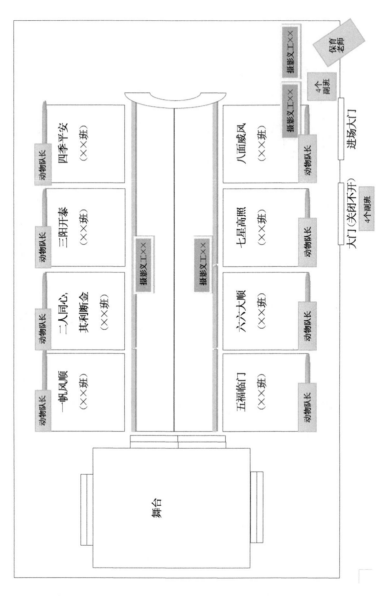

图 5-2　进场站位图示(18:30—18:50)

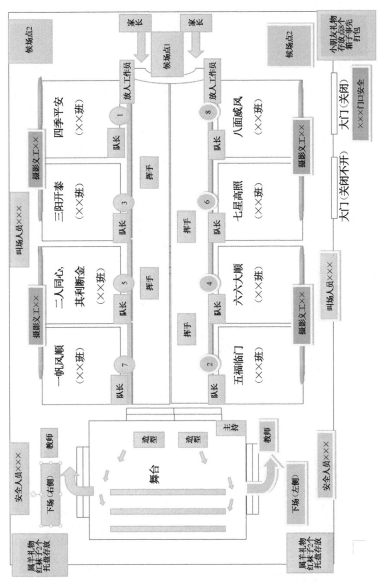

图 5-3　走秀图示

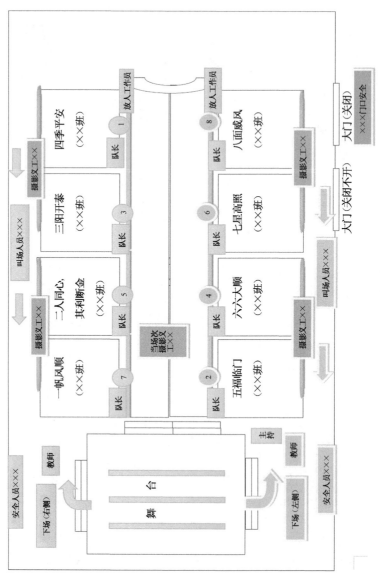

图 5-4 小动物表演图示

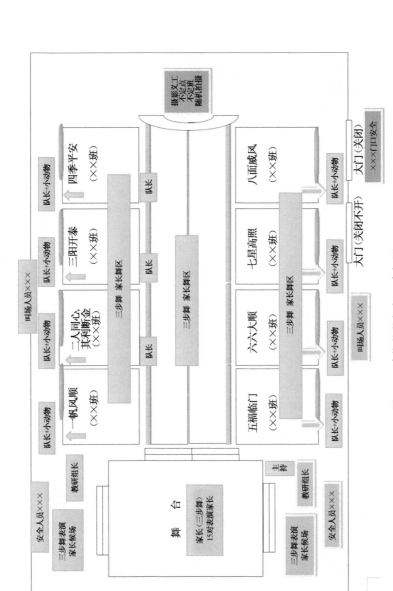

图 5-5 动物爸爸妈妈三步舞图示

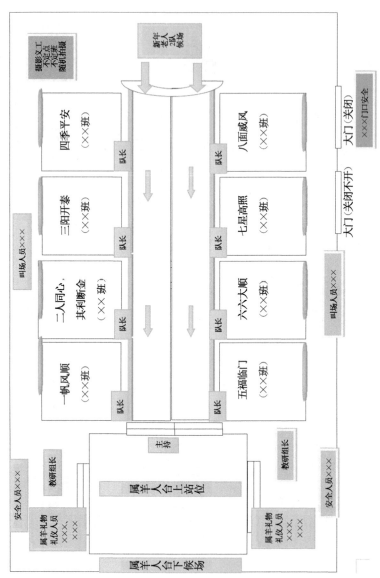

图 5-6 羊年神秘礼物放送图示

5.5 快乐的亲子游

——春、秋亲子游活动设计方案

设计思路

亲子活动是依霖幼儿园教育教学活动中的一部分，和谐、温馨的氛围是孩子健康成长的必要条件。我们经常向家长开放半日活动，组织开展亲子迎新活动、亲子化装舞会、亲子科技节等，让家长多方面了解孩子在幼儿园的生活、游戏、学习等。

除此之外，利用明媚的春季或童话般的秋季，组织家长一起带孩子出游，一方面可以让孩子感受春季、秋季的美好，让家长在出游中观察到孩子的成长、进步；另一方面能增进幼儿园与家长之间的交流，让家长了解孩子在园的生活、学习情况，了解幼儿园的教育教学工作。

我们经常利用合适的环境、空间、时间和活动内容，让"依霖人"（幼儿、家长、教师）在春、秋游活动中互动起来，增进相互之间的感情，促进家长与幼儿园之间的沟通，达成教育之共识。

采草莓
——春季亲子出游系列

活动目标

1. 让孩子在与大自然的接触中，感受春天的季节特征，了解草莓的生长知识；鼓励孩子在采摘草莓的过程中，积极动手、相互合作，感受劳动的快乐与幸福。

2. 通过活动增强亲子间、同伴间的交流，充分感受参与亲子采摘草莓活动的喜悦之情。

活动准备

前期经验准备：谈话活动（"草莓生长在哪里？""摘草莓需要注意什么？"）；亲子共同了解草莓的习性、生长环境等；亲子出游物资采购；提前一周确定家长、幼儿人数；联系出游大巴。

教学具准备：大巴车；毛巾；矿泉水；相机；园服。

活动过程

一、大巴士上的小明星

1. 大巴车上组织幼儿和家长表演节目，形式可以是孩子单一表演、家长和孩子共同表演、全车孩子合唱等。

2. 节目表演中穿插猜谜、脑筋急转弯等游戏。

3. 下车前，再次提示家长、孩子遵守活动的相应规则。

二、和草莓的亲密接触

1. 了解草莓的长大过程

（1）组织亲子观看草莓生长视频，认真倾听草莓种植人员的介绍。

（2）观看结束后，鼓励孩子大胆提问。

（3）草莓种植人员组织有奖竞猜，鼓励全场亲子互动。

2. 亲子摘草莓

（1）采摘之前，仔细倾听草莓种植人员介绍采摘的方法和要求。

（2）家长带领孩子根据分组情况，跟随带队老师分别进入草莓大棚采草莓。

（3）亲子尝试采摘草莓，在采摘过程中家长注意保护孩子的安全，注意教孩子采摘草莓的方法。

3. 草莓和我们做游戏

（1）亲子一家玩吃草莓游戏：各家庭派一个家长代表参加活动，两位家长分别钻进皮筋圈中，往相反方向拉皮筋，孩子站在两边喂家长吃草莓。

（2）吃草莓比赛：准备相应草莓，5~6组家庭为一轮，各家庭一同比赛吃草莓，规定时间内吃得多的家庭获胜。

活动反馈与反思

一、反思采摘草莓活动的情况。

二、新闻播报亲子搜集的关于草莓种植和草莓与人类健康的关系的新闻和知识。

三、搜集孩子关于亲子游采摘草莓活动的见闻和感想。

上海共青森林公园
——春季出游亲子系列

活动目标

1. 让孩子愿意与同伴、家长一起参加出游活动，感受与父母、同伴共同活动的乐趣，增进家园情、师生情、亲子情。

2. 给孩子提供表现自我的机会，培养孩子活泼、开朗的性格，促进幼儿交往交流能力的发展，初步建立幼儿的环保意识。

3. 亲子摄影，共同感受春天天气的变化、春天景色的美丽。

活动准备

前期经验准备：亲子谈话（"森林是什么样的?""共青森林公园在哪里?"）；亲子制作采购表，完成亲子出游物资采购；提前一周确定家长、孩子人数；联系出游大巴车；带孩子熟悉相机的使用方法；观看世界杯（了解世界杯是什么，并和爸爸妈妈在周末练习踢球）。

教学具准备：大巴；毛巾；幼儿矿泉水；相机；园服。

活动过程

一、家长到幼儿园集合、准备（8：20—8：40）

1. 8：45乘坐大巴，踏上快乐旅程。

2. 车上导游介绍活动内容、流程。

3. 导游与孩子、家长互动，鼓励家长、孩子表演节目。

4. 动员家长参与"共青森林世界杯"比赛，确定队名、加油口号等。

二、共青森林公园之旅（9：45—15：00）

1. 共青森林世界杯

（1）家长跟随老师、导游，整队前往比赛场地，一边欣赏森林公园美丽的景色，一边前往足球场地，准备足球比赛。

（2）10：00到达场地，分组进行"共青森林世界杯"战术讨论，再次确认人员、口号等。

（3）10：15"共青森林世界杯"开始，哨声响起，运动员入场，爸爸队先进行比赛。比赛分两场，家长分为爸爸队和妈妈队，孩子为啦啦队。

2. 摄影活动：留住春天好景色

（1）家长、孩子自由结伴，参加班级摄影活动。

（2）观赏景色，寻找最美的春色并进行拍摄。

（3）寻找两张最灿烂的亲子笑脸进行拍摄。

3. 亲子闲暇时刻（自由活动）

（1）自由活动时间为午餐时间和乘坐森林小火车等的时间。

（2）安全工作：提醒家长注意小河和广场四周的公路。

（3）环境保护：提醒家长和孩子爱护花草树木，将垃圾扔到垃圾桶里。

 活动反馈与反思

一、各家庭将摄影作品冲印成照片，于次周带到幼儿园，各班布置摄影展，全班孩子以贴贴纸的形式进行投票，选出最佳摄影作品，以教研组为单位做好后期的颁奖工作。

二、成立小小足球队，每天体育锻炼活动时间组织足球队孩子进行训练和比赛。

上海青浦大千庄园
——春季亲子出游系列

 活动目标

1. 在与大自然接触的过程中，孩子兴奋地感受着大自然的变化，感受春天的气息，初步了解自然界胎生、卵生的有趣现象。

2. 让孩子愿意并喜欢与同伴一起游戏，喜欢与父母一起感受大自然，感受与同伴、与父母共同活动的乐趣，从而建立亲密的亲子关系和师生关系。

3. 让孩子与父母共同尝试与动物进行接触，仔细观察动物，发现胎生和卵生的不同特征，用自己的语言描述胎生和卵生，并与同伴分享自己的发现。

活动准备

前期经验准备：亲子问卷（"胎生和卵生是什么意思？""哪些动物是胎生的？""大

千庄园在哪里？"）；确定参与人数，联系大巴车；家长协商带垫子，可两三个家庭共用垫子；自备午餐食品；将活动安全要点告知家长和孩子。

教学具准备：大巴车；毛巾；家庭自备午餐；园服。

活动过程

一、集合、准备（8：20—8：40）

1. 家长来到幼儿园各自班级里集合，做好出发前的准备工作。

2. 谈话：活动中要注意的事项，如孩子不能随意离开父母，不能随地扔垃圾等。

3. 所有孩子与家长 8：45 乘坐大巴车，开始旅程。

4. 导游介绍自然界的胎生、卵生的有趣生态现象。

5. 导游介绍活动内容安排、活动流程，再次强调活动的安全注意事项。

二、青浦大千庄园之旅（9：45—15：00）

1. 参观藏獒岛

（1）跟随老师参观藏獒岛，鼓励孩子与可爱的小动物们进行互动，孩子仔细观察小动物们，让孩子与父母共同分辨胎生、卵生。

（2）10：20 前往各个班级营地，让家长和孩子放下行李，留下保育老师看管行李。

（3）10：30 经过短暂小憩，前往小鱼塘，让孩子与小鱼玩捉迷藏，帮助小鱼回家。

2. 孔明灯祝福

11：00 老师讲述孔明灯的由来，让家长和孩子协商祝福的话，让孔明灯带着美好的祝福飞向蓝天。

3. 亲子午餐活动（自由活动）

（1）自由活动时间里包含午餐时间、休息时间、游戏时间等。

（2）安全工作：提醒家长和孩子注意庄园内的活动范围，不要轻易靠近河流。

（3）环境保护：提醒家长和孩子注意保护花草树木，各个家庭准备垃圾袋。

（4）11：30 各班级家长和孩子在老师的带领下进入班级营地，准备午餐活动。

4. 找回丢失的蛋宝宝

（1）13：00 主持人组织 2 个班级幼儿进行幼儿游戏活动，引入故事"跳跳虎的蛋宝宝不见了"，请孩子帮助跳跳虎寻找丢失的蛋宝宝。

（2）13：00 同一时间，另外 2 个班级的老师组织家长与孩子进行竹筏漂流活动，欣赏大千庄园的生态景色。

（3）14：00 寻找蛋宝宝的 2 个班级与进行漂流的 2 个班级活动进行互换。

5. 返程

（1）15：00 活动结束，家长和孩子与动物们告别，整理行李，开始返程。

（2）路上要求孩子休息，并注意不要受凉。

 活动反馈与反思

一、各个班级老师把活动照片上传至博客发表。

二、孩子回家后口述本次活动过程，家长协助记录。

三、邀请家长写活动感想，并制作成博客发表。

上海野生动物园
——春季亲子出游系列

活动目标

1. 让孩子喜欢接触大自然，感受大自然的魅力，对周围的事物和现象感兴趣，体验大自然的美好。

2. 让孩子能与父母共同观察食草、食肉动物，并发现其明显特征，针对观察结果提出问题，并大胆猜测问题答案。

3. 通过活动增进孩子与父母之间的亲子感情，让孩子感受与父母、同伴共同出游的乐趣。

 活动准备

前期经验准备：科学常识活动"动物在哪里"；语言活动"小动物，别害怕"；师生谈话活动（"去野生动物园要注意什么事情？""在野生动物园如何保护自己，保护别人，保护环境？"）；将安全告知书发给家长；与野生动物园预约出游时间。

教学具准备：大巴车；孩子垫背毛巾、擦汗毛巾；家庭自备午餐；园服。

活动过程 《《《

一、愉快旅途（8：45—9：45）

1. 家长和孩子到园集合，做好出发前的准备工作。

2. 车上的主持人给孩子讲解有关野生动物园的小知识、注意事项。

二、观赏海狮表演、参观动物区（10：00—11：00）

1. 观赏海狮表演

（1）10：00 跟随老师进入海狮表演地，观赏海狮精彩演出。

（2）10：20 观赏结束。

2. 观赏动物

（1）10：20 依次进入食草、食肉动物区进行观赏。

（2）11：00 观赏结束。

3. 自由活动、享受午餐

（1）11：00 家长可带着孩子自由活动，可以去自己想去的参观区域活动。

（2）12：00 大家一起吃午餐。

（3）安全工作：提醒家长和孩子注意保护野生动物园里的动物，保护自己，保护环境，孩子不能擅自离开父母，自己行动。

（4）环境保护：提醒家长和孩子注意保护野生动物园里的一草一木。

4. 观赏大型广场艺术表演（13：00—13：40）

跟随老师进入艺术表演区，观赏艺术表演：大象踢球、猴子爬杆、马术表演等。

5. 愉快回程（14：00—15：00）

（1）15：00 活动结束，告别动物，家长与孩子整理物品，乘车返回幼儿园。

（2）路上要求孩子休息，并注意不要受凉。

活动反馈与反思

一、邀请家长写一篇活动后感想。

二、要求孩子口述本次活动的过程，家长记录。

三、各班教师将家长的文章和孩子口述记录制作成博客，发表于班级博客网，把活动照片制作成博客发表。

上海西郊动物园
——春季亲子出游系列

活动目标

1. 让孩子在活动中观赏春季自然植物不断变化的色彩,观察各种动物的特征,了解一些简单的动物知识。

2. 让孩子愿意并喜欢与父母、同伴一起活动,喜欢和同伴们一起游戏,能与父母、同伴分享有趣的事情。

3. 通过活动让孩子体验和父母、老师、同伴一起活动、共同生活的愉快,体验与父母共同完成任务的乐趣。

活动准备

前期经验准备:谈话活动("什么是动物园?""动物园内有什么?""在动物园里应注意什么?");各班老师准备任务卡、动物园地图。

教学具准备:大巴车;幼儿垫背毛巾、擦汗毛巾;家庭自备午餐;园服。

活动过程

一、快乐出行 (8:30—9:30)

1. 全体孩子和家长准备,整装出发

2. 师生谈话

(1)我们要去哪里?

(2)动物园里有什么?

(3)动物园里的动物是如何生活的?

(4)在观看动物时,该如何保护自己,保护环境?

3. 准备出行

孩子有序上车,不推不挤,从后往前坐。老师清点人数,检查所有人的安全带是否系好。

二、在动物园里领取任务 (9:30—11:00)

1. 到达动物园

(1)9:30全体进行休整,孩子进行盥洗活动。

（2）10：00 全体集合，老师讲解任务并分发地图。

2．展开任务之旅

（1）10：30 各个家庭自由组队，根据抽取的任务卡完成任务。

（2）任务内容：

任务 A：穿越动物王国。

任务 B：队伍到达狮虎山，寻找跳跳虎。

任务 C：寻找西北棕熊、北极熊、小熊猫。

（3）任务卡上附关于动物的问题，供孩子在完成任务时回答。

3．自由活动、享受午餐

（1）11：30 各个家庭完成任务以及任务卡上的问题后自由观赏动物。

（2）12：00 家长带孩子在园内食用自己带来的午餐或带孩子前往动物园餐厅吃午饭。

4．分享与交流

（1）13：00 家长和孩子前往班级指定集合点，老师组织孩子围坐，展开分享交流会，引导孩子与大家分享完成的任务、回答的问题、参观的地方等。

（2）13：30 老师组织孩子进行动物游戏：小猴子套圈、袋鼠旅行家、可爱的抱抱熊。

5．愉快返程（14：00—15：00）

（1）15：00 活动结束，家长与孩子整理好物品，坐大巴车返回幼儿园。

（2）路上要求孩子休息，并注意不要受凉。

 活动反馈与反思

一、各个班级老师把活动照片上传至博客发表。

二、孩子回家后口述本次动物王国历险记活动，家长协助记录。

国家森林公园——佘山园
——秋季亲子出游系列

活动目标

1. 让孩子在活动中提高体能，发展探索能力，增强独立思考、克服困难的能力，激发孩子完成任务的责任感。

2. 通过活动让孩子感到愉快，感受放飞气球、放飞梦想的喜悦，体验农民伯伯采摘果蔬的辛劳。

3. 通过活动让孩子感受父母爱、师生爱、同伴爱，让孩子愿意并喜欢与父母、同伴一起参加活动，让父母主动亲近和关心孩子，和孩子一起游戏或活动，让孩子感受到与父母相处的快乐，建立亲密的亲子关系。

活动准备

前期经验准备：游戏活动（"寻宝小能手"）；采用游戏的形式让孩子初步了解任务、寻宝的意图；谈话活动（"什么是国家森林公园？""上海有几个国家森林公园？""为什么佘山园是森林公园？""登山时应该注意的事项有哪些？"）；孩子与父母共同制作亲子问卷，并完成亲子问卷；各班级准备任务卡、搜寻卡、地图；为每个孩子配备一个氢气球、篮子；园方准备若干小奖品分发至各班级，联系大巴车；统计参加活动的人数，并告知各个家庭根据自己的需要和实际情况，自行安排午餐。

教学具准备：大巴车；孩子垫背毛巾、擦汗毛巾；家庭自备午餐；园服。

活动过程

一、时刻准备着（8：30—9：30）

1. 8：30前派发氢气球，请家长帮助孩子写上孩子的梦想。

2. 8：30前全体孩子和家长在各自班级集中，由园方统一安排上车。

3. 8：30展开谈话活动：

（1）国家森林公园在哪里？

（2）国家森林公园有什么特点？

（3）爬山时应该注意哪些事项？

4. 8：45开始有序登上大巴车赴佘山国家森林公园——佘山园。

二、放飞气球，放飞梦想（10：00—11：00）

1. 到达森林公园

10：00 幼儿和家长陆续抵达森林公园，各班进行休整。

2. 放飞梦想

10：15 各个家庭拿出已准备好的氢气球，在主持人的口令下一起放飞氢气球，让氢气球带着孩子的梦想飞向天际。

3. 登山时刻

（1）10：40 主持人进行任务宣导，提醒家长与孩子登山的安全事项。

（2）老师为各个家庭进行分组，再次强调登山的安全事项。

（3）各个家庭展开登山活动。

4. 愉快午餐

不具体安排时间和地点，在登山过程中，各个家庭根据自己的需要和实际情况，自行安排午餐（午餐自理）。

5. 搜寻任务（11：00—13：00）

（1）11：00 在山顶平台设发放任务点，由各班老师负责派发任务卡。

（2）一名老师在山下装扮成神秘卡通人，按任务卡上指定地点藏好。

（3）13：00 家长和孩子根据任务卡，寻找神秘卡通人，完成行动。

（4）13：00—13：15 各个家庭返回山脚出发点集合，到达后将搜寻卡、任务卡、地图交还老师，换取小奖品。

6. 采摘果蔬

13：15—14：00 从老师处领取篮子，前往指定地点采摘果蔬。

7. 回程

（1）14：00 孩子与家长登上大巴车开始回程。

（2）路上要求孩子休息，并注意不要受凉。

 活动反馈与反思

一、邀请家长写活动后感想。

二、孩子回家后口述本次活动的过程，家长协助记录。

三、各班老师将家长的文章和孩子的口述记录上传至博客发表。

5.6　我运动　我健康　我快乐

——第四届"冬娃娃"亲子运动会活动设计方案

 设计思路

　　"冬娃娃"运动会作为依霖幼儿园的特色活动，每两年进行一次，其中第四届"冬娃娃"运动会以亲子为主题，突出了家长与孩子的亲密互动。

　　"冬娃娃"运动会所体现出来的价值并不仅仅是运动的本身，它涵盖了幼儿教育诸多内容：团体操的艺术性、运动口令的概括精辟性，以及队伍变化的多样性。不仅如此，运动会还可以让孩子的精神意志得以体现，给孩子和家长提供一个展示的平台。一个个小小的家庭汇聚于此，组成了依霖幼儿园这样一个和谐的大家庭！

　　第四届"冬娃娃"运动会恰逢"依霖"建园五周年之际，我们要以最动感的运动形式、最绚丽的色彩、最环保的理念和最温馨的场面来见证"依霖人"的成长与快乐！

活动目标

　　1. 通过运动会，展示"依霖"开园五年来不断成长的足迹。

　　2. 通过运动会，培养"依霖"孩子勇敢、自信、敢于表达和表现的勇气与能力。

　　3. 通过运动会，激发"依霖"孩子对运动的兴趣，达到强身健体的目的。

　　4. 通过运动会，感受运动带给"依霖人"的快乐、和谐。

活动时间：_____年____月____日
活动地点：上海_____室内体育馆
活动流程：
入场仪式—大型团体操—器械操—亲子操—家长运动—祝福20××。

一、瞧！运动会开始了（入场仪式）

思路：运动员入场仪式是本次运动会的第一个环节，也是本次运动会的第一波高潮。为了能让现场的气氛更加热烈，我们在第一个环节设计了家长打击乐演奏。打击乐作为依霖幼儿园"全脑开发"特色课程的一个部分，平时很受孩子们的欢迎，如今我们将这份快乐与家长分享，通过家长表演来调动现场气氛。运动会入场仪式的流程见表5-10。

表 5-10　入场仪式的流程

流程	形式	道具	动作要求	音乐
主持人入场	十面大鼓代表着本届运动会能够十全十美，十面大鼓一字排开，由10位男士擂鼓	大鼓 主持台 锣	大方自然	鼓声
家长打击乐演奏	1. 按照衣服颜色排列成方阵，每个方阵拿统一道具 2. 每个方阵由一名老师进行带领指挥	生活用具 拍手器 锅碗瓢盆	大气	《波尔卡序曲》
托班入场	孩子坐在爸爸肩膀上入场，亮相后家长马上抱孩子回到自己的座位	每个孩子抱一只毛绒小动物玩具	自由且有序	《波尔卡序曲》
运动员入场	两边高喊口号踏步入场（每个班三列纵队，紧密队形）	彩棒 班牌	按队伍有序进行	《红星歌》 《拉德斯基进行曲》
出旗升旗仪式	8名护旗手	国旗 服装	踏步 正步	《义勇军进行曲》

续表

流程	形式	道具	动作要求	音乐
运动员宣誓 园长宣布开幕	1. 家委会大主席致辞 2. 李园长致辞 3. 运动员代表宣誓 4. 徐园长宣布开幕	宣誓台	训练孩子 宣誓手势	—

补充描述:
　　以家长打击乐演奏进行暖场,打击乐以掌声作为收尾,托班幼儿骑在爸爸的肩膀上入场,体现父爱的力量,音乐转化为《拉德斯基进行曲》,小、中、大、混龄班运动员举牌入场,托班幼儿从场地中央入场亮相,升完国旗,主持人进行整队,将队形变成早操队形。宣布开幕后所有孩子举棒欢呼雀跃,场地四个角落绽放礼花。(不落到表演区)

二、"依霖"与我共成长(大型团体操)

　　思路:"依霖"从创办至今已有五个年头了。五年里,"依霖人"的努力和智慧让"依霖"不断成长,"依霖人"也用自己的努力让"依霖"的孩子们拥有一个五彩的童年。"依霖人"秉持着"学做人、学生活、学学习"的精神,用最朴实的旧报纸和丢弃的一次性筷子,创造出现场这五种色彩。这五种色彩象征着"依霖"的五年正如这些彩棒一般绚丽!

　　同时,一曲《明天会更好》祝福所有"依霖人"明天会更好。

　　团体操的流程见表5-11。

表5-11　团体操的流程

流程	形式	道具	动作要求	音乐
花棒操	分成三排,跳操前,将花棒放于大腿两侧,呈立正姿势	五色花棒,寓意"依霖"彩色班的五个春秋	整齐划一 有力度	花棒操
手语操	×××老师于主席台带领全场幼儿做手语操	花棒横置于幼儿前方地面	舒展优美	童声版《明天会更好》
幼儿退场	按照进场的顺序退场	主持人引领幼儿高喊口号退场	轻松自由	《红星歌》

补充描述:
　　花棒操的最后几个节奏为举牌音乐,待所有幼儿跳起后,全园一同高喊本次运动会口号:"健康冬娃娃,快乐在'依霖'"。
　　在《明天会更好》音乐最后一段,主持人加入祝福语,渲染场内气氛。
　　手语操结束后,由老师提醒,托班家长和孩子准备候场进行器械操表演。
　　各班运动员的退场顺序为入场顺序。

三、哟,咱们小孩有力量(器械操)

　　思路:小小的器械不仅能提高幼儿做韵律操的积极性,也能在很大程度上给韵律操增添几分色彩。依霖幼儿园在律动方面注重美观性,注重孩子的积极性。此环节可向家长展示孩子的可爱及教师的智慧，同时也可为以后的幼儿园早操提供参考。

器械操具体流程见表 5-12。

表 5-12　器械操流程

出场顺序	年龄段	节目名称	器械	音乐
1	托班（亲子）	《小狗汪汪》	瓶罐	《狗歌》
2	大班	《小小篮球手》	篮球	《动感篮球曲》
3	小班	《奶牛协奏曲》	奶瓶	《牛奶歌》
4	混龄班	《小子向前冲》	呼啦圈	《向前冲》
5	中班	《棍操》	金箍棒	《Ba Ba Ba》

补充描述：

除主持人串场外，小运动员入场表演和表演结束退场要有音乐作为背景进行陪衬，小运动员上下场要做到统一、整齐。

第一个节目表演时，第二个节目的表演者到第 2 候场区准备，其余节目的表演者在第 1 候场区等待。

所有节目退场顺序均为进场顺序。

为了活跃气氛，每个器械操表演时，都必须有一个和节奏相符的口号。

四、爸爸妈妈我爱你（亲子操）

思路：一些家长工作很忙，很少有机会陪伴自己的孩子，本环节给忙碌中的家长提供一个展示父爱母爱的机会，让孩子感受母亲温暖的爱，感受父亲坚强的臂膀。亲子操具体流程见表 5-13。

表 5-13　亲子操流程

出场顺序	年龄段	节目名称	音乐
1	大班	父子交警手势操	《舞动青春》
2	小班	拉丁操	《拉丁舞曲》
3	运动会 吉祥物评选	评选出本次运动会 优秀口号和吉祥物	《劳动最光荣》
4	混龄班	父子搏击操	搏击操音乐
5	中班	父与子	《闲聊波尔卡》

补充描述：

此环节是家长参与的环节，因此教师必须组织家长准时、安静地候场。

五、爸爸妈妈的课间 10 分钟

思路：让平日不太爱运动的爸爸妈妈们一起感受运动带来的魅力，通过这些熟悉的运动一起找回运动带来的快乐回忆。

课间游戏具体流程见表5-14。

表5-14　课间游戏流程

流程	游戏规则	道具准备	音乐
妈妈的跳绳	以班级为单位，分两轮进行，每轮时长控制在10分钟以内	10条长绳	《快乐你懂的》《我是女生》《老婆老婆我爱你》
爸爸的拔河	以年级组为单位，分成两轮	口哨 5条拔河长绳	《好汉歌》《酒神曲》《精忠报国》

六、祝福 20××

时值20××即将过去之际，"依霖人"抱着一颗感恩的心，感谢五年来一直支持"依霖"的家长们，其实正如"依霖"的理念一样，我们和家长的称呼一直用着"我们"，并祝所有的"依霖人"20××年新年快乐，祝福活动的内容见表5-15。

表5-15　祝福活动内容

流程	内容	道具	音乐
教师健美操	统一服装，红衣白鞋	拉拉花	健美操曲
教师谢幕	所有教职工谢幕	"新年快乐"书法大字	《相亲相爱一家人》
新年祝福	高喊并举出"新年快乐"的牌子，祝福所有的家长和孩子	标语、礼花	《相亲相爱一家人》

附　活动安排

"冬娃娃"运动会方案具体实施责任名单如下：

活动总指挥/总策划：_____、_____

工作领导小组：教育：_____、_____

后勤：_____、_____

家长：家委会成员

前期准备工作人员名单如下：

家长工作：＿＿＿＿老师、＿＿＿＿爸爸和各班家委会（家长）

租借用品：＿＿＿＿＿＿＿＿＿＿＿＿＿＿＿＿＿＿＿＿＿＿＿＿

前期网络宣传：各班班主任、信息部主任

幼儿节目编排：＿＿＿＿、＿＿＿＿

教师节目编排：＿＿＿＿、＿＿＿＿

幼儿升旗仪式编排：＿＿＿＿＿＿＿＿＿＿＿＿＿＿＿＿＿＿＿

手语操编排：＿＿＿＿＿＿＿＿＿＿＿＿＿＿＿＿＿＿＿＿＿＿＿

运动员宣誓指导：＿＿＿＿＿＿＿＿＿＿＿＿＿＿＿＿＿＿＿＿＿

音乐效果：＿＿＿＿、＿＿＿＿

吉祥物标语评选：＿＿＿＿、＿＿＿＿

展示板制作及会场布置：美术策划组

标语横幅、服装：＿＿＿＿、＿＿＿＿

后勤保障：＿＿＿＿、＿＿＿＿

现场责任人名单如下：

主持人、教师、家长代表：＿＿＿＿＿＿＿＿＿＿＿＿＿＿＿＿

家长打击乐指挥：＿＿＿＿老师、音乐组成员

升旗仪式负责：＿＿＿＿

手语带操：＿＿＿＿

擂鼓助威、礼炮燃放：4位爸爸义工

音乐控制：＿＿＿＿

现场协调：＿＿＿＿、＿＿＿＿

紧急事故处理：＿＿＿＿、＿＿＿＿

"冬娃娃"运动会进度安排见表5-16。

表 5-16 "冬娃娃"运动会进度安排

时间（周次）	项目	进度	责任人
第××周 ××月××日	音乐编辑	制作阶段	×××　×××
	主持稿	初稿完成	×××
	家长打击乐	制订实施方案、成立教师打击乐指引小组、明确乐器	×××　×××
	器械操	制订排练时间表，全面展开排练，幼儿掌握所有动作	各教研组长 ×××
	亲子操	制作视频上传，家长网上远程学习	
	体操道具	领取道具，熟悉清点道具	
	教师节目	完成编排	×××　×××
	告家长书	拟定并发放	×××
	宣传展板	收集工作完成	×××
	升旗仪式	进行排练	×××
	花棒操	进行配色编排	×××
	手语操	进入幼儿学习阶段	×××
	口号、吉祥物	敲定 2 号吉祥物	×××
	舞龙	制订计划	×××
	运动会服装设计	完成图标设计工作	×××
	运动会服装	完成选定供应商工作	×××
	运动员宣誓	完成候选人选定工作	×××
第××周 ××月××日	主持	敲定主持稿，主持词进入排练阶段	×××
	宣传展板	进入制作阶段	×××
	舞龙	进入排练阶段	×××
	家长打击乐	打击乐小组排练工作完成 家长乐器携带通知工作完成	×××
	器械操	继续排练，进行一审（××月××日）	各教研组长
	亲子操	实地排练逐步展开	
	教师节目	开始排练	×××　×××
	协助	完成排练场地及时间协调工作	×××　×××
	体操道具	全部到位	各教研组长 ×××

续表

时间 （周次）	项目	进度	责任人
第××周 ××月××日	升旗仪式	审查	×××
	入场训练	开始进入运动员入场训练阶段	×××
	运动会服装	进入协商制作服装阶段	×××
	运动员宣誓	候选人全部掌握宣誓词	×××
	手语操	进入早操时间	×××
第××周 ××月××日	道具	全面装饰	各教研组长
	场地布置	进入讨论阶段，并设定布置方案	×××　×××
	运动员宣誓	轮流练习，观察最终人选	×××
	幼儿吉祥物作品展	收集制作完成	×××
	团体操	二审（××月××日）	园长、各教研组长
	宣传展板	完成样板制作，联系广告公司	×××
	标语	联系制作	
	班牌	设计制作班牌	
	运动员入场	训练完成	×××
	运动会音乐	整理刻盘	×××
第××周 ××月××日	第一轮磨合彩排（××月××日）		
	运动会服装	全部到位	×××
	亲子操	工作完成	×××
	运动员宣誓	敲定宣誓人	×××
	宣传展板	到位	×××
	标语横幅	全部到位	×××
	奖项设置工作	完成	×××
	节目时间流程单	制作完成并发放	×××
	运动会方案	部署运动会分工，细致到人	×××

续表

时间 （周次）	项目	进度	责任人
第××周 ××月××日	第二轮全面细致彩排（××月××日）		
	道具	清点整理打包	各教研组长 班主任
	运动会方案	各条线反思，集体查漏补缺	×××　×××
	场地布置	完成场地所有装饰	×××　×××
	××月××日"冬娃娃"运动会开幕		

"冬娃娃"运动会口号集锦如下：

活动总口号：健康冬娃娃，快乐在"依霖"。

其他口号：

齐心协力，争创佳绩，小四小四，所向披靡。

赛出风格，赛出水平，友谊第一，比赛第二。

小小少儿，团结一心，努力拼搏，争创佳绩。

天天运动，健康成长，团结拼搏，争创新高。

快乐健康，积极运动，运动快乐，运动健康。

人小志大，积极锻炼，身体棒棒，争夺第一。

团结一心，奋勇向前，努力拼搏，挑战自我。

不畏严寒，从小锻炼，"依霖"宝贝，身强体健。

"依霖"宝宝，快乐茁壮，冬季运动，数我最棒。

奋发进取，永不放弃，"依霖"宝宝，创造奇迹。

依霖幼儿园冬运会，我们是勇敢小宝贝！

寒冷和困难都不怕，我们是快乐"冬娃娃"！

快乐冬天，快乐运动！

我是冬运小健将！

挑战寒冷，挑战自己！

冬天冷，我不怕，我是运动小能手！

冬季运动谁最棒？"依霖"宝宝数第一！

"依霖"宝宝爱冬天，"依霖"宝宝爱运动！

冬季运动身体壮，我是快乐"依霖人"！

天气冷飕飕，身上暖烘烘，心里喜洋洋——"依霖"冬运会！

"冬娃娃"运动会运动员入场及团体安排示意图如图 5-7 所示，运动会场地示意图如图 5-8 所示。

"依霖"第四届"冬娃娃"运动会

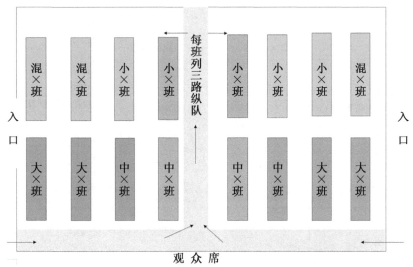

图 5-7 "冬娃娃"运动会运动员入场及团体安排示意图

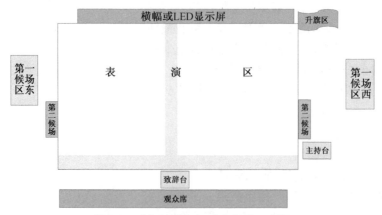

图5-8　"冬娃娃"运动会场地示意图

"冬娃娃"运动会班级候场安排见表5-17。

表5-17　"冬娃娃"运动会班级候场安排

第一候场区（东）		第二候场	表演区	第二候场	第一候场区（西）	
运动员入场	1. 大×班 2. 托×班 3. 中×班 4. 托×班 5. 中×班 6. 混×班 7. 混×班 8. 小×班 9. 小×班 （按出场先后顺序）	节目出演准备		节目出演准备	1. 大×班 2. 大×班 3. 中×班 4. 中×班 5. 混×班 6. 小×班 7. 小×班 8. 小×班 （按出场先后顺序）	运动员入场
器械操	1. 大×班 2. 大×班 3. 小×班 4. 小×班 5. 混×班 6. 混×班 7. 中×班 8. 中×班	节目出演准备		节目出演准备	1. 托班亲子 2. 大×班 3. 大×班 4. 小×班 5. 小×班 6. 小×班 7. 混×班 8. 中×班 9. 中×班	器械操
亲子操	顺序同器械操	节目出演准备		节目出演准备	顺序同器械操	亲子操

"冬娃娃"运动会跳绳、拔河场地及班级安排如图 5-9 所示。

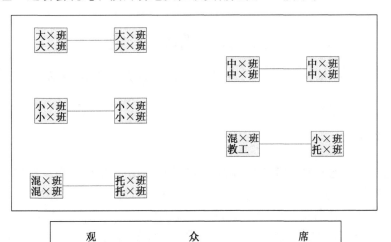

注：跳绳按照拔河场地的大致区域划分，为每班一跳绳！

图 5-9　跳绳、拔河场地及班级安排

5.7 我运动 我健康 我快乐

——第五届"冬娃娃"亲子运动会活动设计方案

 设计思路

"冬娃娃"运动会作为依霖幼儿园的特色活动，每两年举行一次，其中，第五届"冬娃娃"运动会以"亲子"为主题，以大量的亲子操为内容，场面宏伟大气。

《幼儿园教育指导纲要（试行）》健康领域中指出："在体育活动中，培养幼儿坚强、勇敢、不怕困难的意志品质和主动、乐观、合作的态度。""冬娃娃"运动会既凸显运动中幼儿各种品质的培养，又结合其他各大领域的内容。运动会不仅让幼儿的精神意志得以体现，而且给家长提供了陪伴孩子、放松自己的机会，让孩子在成长过程中真切地感受到"快乐陪伴，有你真好"的运动会宗旨。

与上一届运动会不同的是，本届运动会将更体现亲子运动的互动性、趣味性，采用嘉年华形式，让亲子在诸多的亲子运动中体验运动带来的无穷乐趣。

活动目标

1. 通过运动会，体现全民健身、快乐运动的宗旨。
2. 通过运动会，培养依霖宝宝勇敢、自信、敢于表达和表现的勇气与能力。
3. 通过运动会，激发依霖宝宝对运动的兴趣，达到强身健体的目的。
4. 通过运动会，感受运动带给"依霖人"的快乐、和谐。

运动会主题口号：健康冬娃娃，快乐在"依霖"。

活动时间：_____年____月____日

活动地点：_____学校运动场

活动流程：运动会开幕式→大型团体操→亲子运动会→家长集体游戏→闭幕。

一、运动会开幕式（60分钟）

"冬娃娃"运动会开幕式具体流程见表5-18。

表 5-18　运动会开幕式流程

流程（时长）	形式	要求	道具/音乐
开场互动（5 分钟）	1. 播放背景音乐，主持人入场，与全场互动，依次介绍家长方阵 2. 每个方阵前站一名教师负责带领家长调动气氛	1. 每个年级组家长统一服饰（大班——紫色、中班——绿色、小班——粉色、混龄班——蓝色） 2. 家长手拿彩色花球互动 3. 各班教师负责调动家长热情，主持人介绍各班级时引导家长起身欢呼	拍手器花球等《One More Time》
国旗、园旗、会旗入场（5 分钟）	1. 按照国旗→园旗→会旗的顺序形成方阵入场 2. 分别由 6 名武警护旗，4 名幼儿、8 名家长担任护旗手 3. 根据路线走到指定位置 4. 到达指定位置后，国旗采用前低后高的形式固定位置	1. 利用家长资源请部队官兵担任护旗手 2. 会旗、园旗护旗手身穿"冬娃娃"服饰	国旗园旗会旗幼儿仪仗服《歌唱祖国》
运动员入场（30 分钟）	1. 以年级组为大方阵：各班队伍按四列纵队进行前后排列。大方阵设幼儿引导员 1 名，手举年级组牌子，在年级组引导员后面由幼儿设置一块展示年级组特色的展板；各班同设引导员 1 名举班级牌子，分别站在本班队伍前面 2. 队伍走到主席台前停留 30 秒，面朝主席台举起口号板喊出运动口号 3. 出场顺序：大班→混龄班→中班→小班→托班 4. 托班幼儿手拿气球最后入场，站在队伍前排 5. 幼儿进场要求步伐整齐有力	1. 年级组和班级的牌子统一制作 2. 年级组特色展板要求幼儿手扶，展板上内容最好能反映各年级组特色或成果（可以使用幼儿照片或其他形式） 3. 规格不固定，长度不超过 2 米，宽度不超过 0.8 米 4. 每个年级组选一句口号，并制作成牌子，一字一牌，走的时候隐藏，到主席台转身举起口号牌，高喊口号	班牌托班气球年级组形象展板自制口号牌《运动员进行曲》《天线宝宝》
升旗仪式（5 分钟）	运动员就位后，护旗队跟着音乐走到旗台，准备升旗	听主持人口令：全体运动会人员（幼儿、家长、教职工）起立行注目礼，唱响国歌	《义勇军进行曲》

续表

流程 （时长）	形式	要求	道具／音乐
致辞颁奖 （15分钟）	1. 家委会代表出场宣读运动会致辞 2. 董事长致辞并组织会徽颁奖环节 3. 运动员代表宣誓 4. 园长宣布开幕	1. 运动员入场后，后勤人员迅速布置颁奖台 2. 教师提前通知获奖家长，并组织家长在等候区候场 3. 家长领奖，幼儿不参加 4. 颁奖环节后，后勤组织18名员工站位到鼓后，宣布开幕后鼓声响起	颁奖台 证书10本 礼品10份 《豪勇七蛟龙》

二、大型团体操（20分钟）

大型团体操流程见表5-19。

表5-19　团体操流程

流程 （时长）	形式	要求	道具／音乐
幼儿 开场律动 （3分钟）	1. 宣布开幕，幼儿欢呼后音乐起，由××老师带领幼儿跳幼儿团体操《穷开心》 2. 家长在看台由××和××指挥，利用手中的花球和口令为幼儿打节奏，整个场面互动，热闹而不失秩序 3. 幼儿在律动音乐中自然退场	1. 家长提前学习律动节奏视频 2. 幼儿伴随音乐从两边退场 3. 班级老师站在班级队伍右前方空位	拍手器 花球等 《穷开心》
妈妈团体操 （3分钟）	全体妈妈演出，用橘色宽皮筋摆出多种造型	幼儿团体操开始后，妈妈们从后台绕道至出场区	橘色宽皮筋 《The Babies》
艺术团表演 （3分钟）	根据编排情况安排	表演结束，艺术团的小朋友马上换衣服，准备搏击操演出	啦啦球 《加油歌》
爸爸广播体操 （7分钟）	1. 每班排两列纵队在候场点等待，运动员进行曲响起后，踏步入场 2. 广播操结束后，教师队伍退场，爸爸跨立原地不动	1. 参加广播操的老师在艺术团跳操时和爸爸一起准备候场 2. 根据主持人的行进口号入场 3. 爸爸入场时，幼儿从调整点移到后场点准备搏击操 4. 托班家长听从指令退场	《运动员进行曲》 《第九套广播体操》
亲子搏击操 （4分钟）	家长做好广播体操后，原地跨立等待，幼儿跟着音乐跑进场地	1. 主持人与幼儿短暂互动，幼儿必须边跑边喊，突出气势 2. 在介绍搏击操时全体立正跨立不动，主持人讲解亲子比赛流程	搏击操音乐

三、亲子运动会（40 分钟）

每班负责一个游戏，家长根据手中的游戏运动券随意参加任何项目（见表 5-20）并盖章，集齐 10 枚印章可以领取礼物一份。

表 5-20　亲子运动会游戏

场地	班级	游戏名称	游戏规则	所需道具名称及数量
1	中×班	我是小姚明	1. 每个家庭中家长用眼罩蒙住眼睛，抱着自己的孩子（孩子手里拿 1 个篮球）在起点排好队 2. 游戏开始，家长在孩子的语言提示下向前走到篮球架前，孩子将球投入篮筐中，在规定时间内将球投入篮筐最多的一组获胜	篮球 33 个 眼罩 33 个 篮球架 2 个
		呼啦接力赛	1. 分两组比赛，两组各放 30 个呼啦圈，从第一个人开始传呼啦圈，每个人都套一次，快的一组获胜 2. 两位老师负责维持秩序，其中××老师负责喊口令，××老师负责计时和计算最后的总数	呼啦圈 60 个
2	中×班	抢帽子	1. 每个家庭由 1 名家长和 1 名幼儿参加，每个家庭发一顶帽子，幼儿将帽子戴在头上，骑在家长的肩上在游戏场地内准备 2. 游戏开始，幼儿抢夺其他参赛幼儿头上的帽子，在规定时间内帽子还在幼儿头上的参赛家庭获胜；10～15 组家庭同时进行	帽子 15 顶 地标围成抢帽子区域
		开汽车	1. 6 个筐摆放在起点的对面，每个筐里放 1 个篮球，参赛的家长戴上眼罩，幼儿站在家长身后；6 组家庭同时进行 2. 听到开始口令后，幼儿如驾驶员握方向盘，推动爸爸/妈妈向前走。家长在幼儿的指挥下，跨过跨栏，到达起点的对面，从筐里取 1 个篮球，再在幼儿指挥下回到起点，先回到起点的家庭获胜	眼罩 6 个 跨栏 6 个 筐子 6 个 篮球 6 个
3	中×班	抛接沙包	1. 每个家庭由 1 名家长和 1 名幼儿参加，给每个家庭发 1 个筐和 10 个沙包 2. 幼儿站在起点处，向着对面 3 米处的家长投沙包，家长手持小筐接沙包，接得多的家庭获胜	沙包 50 个 小筐 5 个

续表

场地	班级	游戏名称	游戏规则	所需道具名称及数量
4	中×班	小小纤夫	1. 每组4个家庭为一轮比赛,裁判将轮胎放在起点,家长站在起点处,幼儿站在终点处等候家长 2. 裁判发令后,家长开始手拿绳子跑至终点,将绳子紧紧地系在轮胎上,并把绳子交给幼儿,幼儿手拿绳子往前拉,家长则在旁边用双手推动轮胎往前滚动,轮胎先滚到终点的家庭获胜	轮胎4个 绳子4根
		夹球赛	1. 每组4个家庭,家长带幼儿拿一个球站在起跑线上 2. 听裁判口令,家长和幼儿各拿一根木棒,把球夹在木棒之间,从起点出发,往返一个回合,最快的家庭获胜	木棒8根 皮球4个
5	小×班	快乐一家人	1. 8组家庭同时进行 2. 爸爸妈妈双手交叉抬轿子,孩子坐在上面,一家三口跑到5米终点处放下孩子,孩子站在指定线处准备投纸球(距离终点2米),爸爸站终点线处背篓子背对孩子接纸球,妈妈用语言提示爸爸和孩子,在规定时间内接纸球最多的家庭获胜	自制纸球 背篓8个 纸箱8个 (放纸球) 计时器1个
		揪尾巴	1. 一家三口组成一头"牛",爸爸为"牛头",妈妈的手搭在爸爸的肩上为"牛身",孩子紧贴妈妈身后做"牛尾",孩子裤腰上别上牛尾巴 2. 在规定范围的场地内,几个家庭揪尾巴比赛;爸爸负责揪尾巴,妈妈和孩子注意避让,保护好尾巴 3. 揪到尾巴多的"牛"获胜	布尾巴30根 计时器1个 牛头饰15个

续表

场地	班级	游戏名称	游戏规则	所需道具 名称及数量
6	小×班	爸爸之路	1. 游戏分为两组，第一小组运送"冬娃娃"运动会的卡片，第二小组运送"我运动　我快乐"的卡片 2. 宝宝的任务：宝宝从起点拿写着字的卡片，从"爸爸之路"上走（爬）到终点，将卡片交给妈妈，由妈妈将其按顺序放到大黑板上 3. 爸爸的任务：爸爸们匍匐在地上作为路，让宝宝从他们身上走（爬）过去。当宝宝走过之后，已被走过的爸爸马上起来，到后面去铺路，让宝宝能顺利到达终点 4. 妈妈的任务：将宝宝们送来的卡片按"冬娃娃"运动会或者"我运动　我快乐"的顺序排列 5. 宝宝和爸爸完成运送任务，妈妈完成字卡排列任务，先完成排列的一组获胜	地垫 24 块 大黑板 2 块 透明胶带 2 卷 纸箱 2 个 眼罩 2 个
		蚂蚁搬豆	1. 设置一定的距离，在终点放置一些报纸团做的"豆子"，请"蚂蚁"从起点到终点搬豆，再返回，看谁搬得快。让宝宝做蚂蚁，尝试以大人的身体来搭"拱桥" 2. 玩法一，单人拱桥：一人双手双脚着地，腰弯曲，头低下，身体的弧度呈一座拱桥，宝宝来钻 3. 玩法二，双人拱桥：两人相对而站，双手搭在对方的肩膀上，头低下，两人身体形成一座大拱桥，宝宝来钻	玩具筐 2 个 报纸团 20 个 蚂蚁头饰 4 个 塑料筐 4 个 袋子 4 个
7	小×班	抢阵地	1. 每组家庭由 1 名幼儿和 1 名家长参加 2. 家长和幼儿手拉手，在大圆上准备，听到鼓声，沿着大圆走，鼓声停止，家长抱起幼儿找到呼啦圈站在中间 3. 未抢到呼啦圈的家庭淘汰，抢到的家庭继续游戏，参加人数和呼啦圈的个数随游戏递减，坚持到最后者获胜	呼啦圈 100 个
		一起来套圈	1. 每组家庭由 1 名幼儿和 1 名家长参加 2. 幼儿与家长站在起点处准备，游戏开始，幼儿跑到终点拿圈，每次拿一个，迅速跑回套在家长身上，在规定时间内家长身上圈多者获胜	呼啦圈 20 个

续表

场地	班级	游戏名称	游戏规则	所需道具 名称及数量
8	小×班	毛毛虫	1. 一位家长和幼儿在起点准备,另一位家长在终点等待 2. 起点处放两个大呼啦圈,家长交替向前移动呼啦圈,幼儿跳圈前进,到终点后,一家三口把呼啦圈套在身上(三人纵队,家长一人套一个呼啦圈,两呼啦圈重叠,孩子在两个呼啦圈集合处),一起快速返回起点,先到者获胜	呼啦圈6个
		给妈妈 戴项链	1. 爸爸和幼儿站在起点,听口令,迅速穿好项链,爸爸抱着幼儿跑到终点,妈妈在终点等候,幼儿给妈妈戴上项链后,爸爸妈妈双手搭轿,把幼儿抬回起点,先到者获胜 2. 要求:听到哨声方可开始;父母必须双手搭轿将幼儿抬回,不得用抱的姿势	绳子3根 珠子30颗
9	大×班	运西瓜	1. 妈妈(爸爸)与幼儿站在指定地点,两人拿着棍子夹好西瓜球做好准备 2. 听裁判口令,两人夹西瓜球绕过汽水瓶后沿原路返回,最快返回者获胜	西瓜球30个 棍子8根 纸箱4个 汽水瓶24个(大)
		运气球	1. 爸爸妈妈和幼儿站在起点,游戏开始,爸爸用嘴把气球吹鼓并打结(不可以小于气球范样) 2. 妈妈和幼儿背靠背,夹住气球运至指定地点,游戏反复进行,在规定时间内,运送气球数量多者获胜	气球200个 大箱子4只 跑道4条
10	大×班	全家 乐翻天	1. 参赛的家庭进场后,找到一张报纸在比赛区域站好,做好准备 2. 游戏开始后,听音乐踏步,音乐停止马上站到报纸上,脚在报纸外的家庭淘汰 3. 一次活动后如没有家庭出局,则对折一次报纸,再继续游戏,直到有家庭出局为止,最后留下的家庭获胜	音乐 报纸若干

续表

场地	班级	游戏名称	游戏规则	所需道具名称及数量
11	大×班	两人三足跑	1. 在场地两端画一条起跑线和一条终点线，请一组家庭（6对父子）站在起跑线上，妈妈用一根松紧带将爸爸和孩子相邻的两条腿绑在一起，爸爸双手背在身后，听到口令后，和孩子一起向前走（跑），最先到达终点的成为本小组的冠军 2. 分成6组分批进行，6组冠军接下来进行第二轮决赛，分别决出前三名亲子家庭	绑腿松紧带36条
		篮球接力	1. 将所有家庭分成5组，每组7个家庭，爸爸（或妈妈）和幼儿合力用身体的各个部位运篮球，要求在运送过程中不能用手碰触篮球（篮球掉到地上时可以用手捡起来） 2. 从起点运送到终点后返回，将篮球传给本组的下一对家庭，接力运球，接力速度最快的一组获得最终胜利	篮球7个
12	大×班	螃蟹夹豆	1. 幼儿与家长面对面手持两根体操棒夹皮球，同时横着向前走，第一个到达终点的家庭获胜 2. 如球掉落，必须重新开始	体操棒30根 篮球30个
		捉尾巴	1. 孩子腰上系一条尾巴，家长背孩子，站在一个大圆圈内 2. 比赛开始时，家长背孩子一边防止自己孩子身上的尾巴被别人揪掉，一边揪别人身上的尾巴，在规定时间内揪尾巴多的家庭获胜	尾巴4条

续表

场地	班级	游戏名称	游戏规则	所需道具名称及数量
13	大×班	抬花轿运气球	1. 爸爸妈妈四手交叉成架子，孩子坐在中间，左右手各抱住父母的头 2. 父母从起点将幼儿送到对岸，幼儿拿上气球把气球送回起点的筐里，最先运完气球的家庭获胜 3. 父母用手架起幼儿后就不能再松开，中途孩子的气球也不能落地，落地者原路返回，重新捡起掉落的气球	充气气球50个 框10个 未充气气球1包 （100个）
		手推车	1. 爸爸、妈妈分别站在起点和终点，孩子戴好小手套先和爸爸站在一起 2. 裁判宣布游戏开始，孩子双手撑地，爸爸双手抱起孩子的双脚，放在自己腰两侧，把孩子当成推车，向妈妈的方向推去；再由妈妈接手继续用同样的方法将幼儿送到起点，速度快的家庭获胜	小手套5副
14	混×班	踩气球	1. 每个家庭由1名家长和1名幼儿参加，每个家庭发一个气球和一根细绳，请家长将气球吹大绑在自己的脚腕上，身背幼儿 2. 听到开始口令后，家长背着宝宝踩其他家庭的气球，气球被踩爆即被淘汰，坚持到最后的家庭获胜 3. 10~15组家庭同时进行	气球600个 绳子若干
		穿大鞋运水	1. 将装有矿泉水的篮子放在起点，椅子放在终点，每组由1名家长与1名幼儿参加，家长抓住幼儿的两条腿，幼儿双手撑地 2. 听到开始口令，幼儿双手向前爬至终点线，家长坐在小椅子上脱下自己和孩子的鞋子，幼儿穿上家长的大鞋子回起点取水，孩子先取到水返回家长身边的家庭获胜 3. 6组家庭同时进行	小手套5副 椅子6把 篮子6个 装水的矿泉水瓶若干

场地	班级	游戏名称	游戏规则	所需道具名称及数量
15	混×班	小乌龟运粮食	1. 每个家庭 3 位成员参加游戏，扮演小乌龟的一家 2. 听到开始口令后，家庭中一只乌龟趴在地上驮一袋粮食（沙包）上路，把粮食送到小岛上，再返回，第二只乌龟送粮食，返回后第三只乌龟送粮食 3. 一个家庭中 3 只乌龟最快把货物全部送完的获胜	小乌龟头饰 5 个 沙包 15 个
		动物家庭送快递	1. 每个家庭 3 位成员参加游戏，扮演动物快递员 2. 三人绑两足并排站在起点，等裁判喊开始后从起点前进，到取货点取套圈一个，返回起点，在规定时间内，反复游戏，裁判宣布时间到，参赛家庭停止运货 3. 在规定时间内，取得的套圈数多的家长获胜 4. 在游戏进行中，以动物角色来称呼参与的家庭，如小猫咪家庭、大熊猫家庭等	套圈 5 组 地垫 10 个
16	混×班	小袋鼠拍球乐	1. 孩子双手抱紧爸爸（妈妈）的脖子，双腿夹紧爸爸（妈妈）的腰，像小袋鼠一样紧紧挂在爸爸（妈妈）的胸前，爸爸（妈妈）俯腰拍球，到达终点后放下孩子，亲子抱球跑回 2. 用时最短的家庭获胜	篮球 6 个
		小白兔拔萝卜	1. 家长交替移动两块垫子搭桥，幼儿在垫子间双脚跳跃过桥 2. 从起点出发，至终点拔萝卜后，亲子携手跑回起点，用时最短者获胜	泡沫垫子 12 块 萝卜模型 6 个
17	混×班	爬大树	1. 孩子用手环抱家长的脖子，用脚勾住家长的腰，家长手拎两瓶灌满水的雪碧瓶，从起点跑向终点，在终点绕过交通标志障碍，再跑回起点，一家人剥橘子，吃完橘子 2. 用时最短的家庭获胜	灌满水的瓶子 12 个 立体交通标志 12 个 橘子 100 个
		背道而驰	1. 一个家庭派选 1 名家长、1 名幼儿参加 2. 家长背靠背将宽皮筋放在腰间，孩子手提篮子站在家长的前方，孩子剥花生，家长用力奔向孩子吃花生，哪组家庭先吃完，哪组家庭获胜	宽皮筋 8 根 小篮子 24 个 花生若干

续表

场地	班级	游戏名称	游戏规则	所需道具 名称及数量
18	托×班	骑马马坐轿轿	1. 家庭的成员共同参与,爸爸和幼儿站在一边,与妈妈距离10米,分两边站好,做好准备 2. 幼儿骑在爸爸背上,从A处爬过软垫到达B处,再由爸爸妈妈双手交叉搭成花轿,幼儿搂住爸爸妈妈的脖子,爸爸妈妈将幼儿抬至A处,速度最快的一组家庭获胜	垫子12个
		黄金搭档	孩子的双脚分别踩在家长的双脚上,家长双手握住孩子的双手,听号令由起点迈步至终点,速度最快的一组家庭获胜	—
19	托×班	亲子滚滚乐	1. 在滚筒内放入若干海洋球,1个家长和1个孩子在滚筒外侧推动滚筒,2分钟内运海洋球最多的家庭获胜 2. 每次4组家庭同时比赛	大滚筒4个 秒表1只 海洋球100个 装球筐8个
		袋鼠跳跳跳	1. 每次4组家庭参加,幼儿手搂爸爸脖子,腿钩住爸爸的腰,站到起点,妈妈穿着大口袋站在终点线 2. 听口令,爸爸向终点跳去,到达终点,孩子下来手拿2个海洋球投向妈妈的口袋,妈妈要一边学袋鼠跳,一边接海洋球,最快把海洋球扔到口袋里的家庭获胜	海洋球若干 大口袋(1.2米长)4个 装球筐4个
20	托×班	五彩路	1. 每个家庭的成员共同参与 2. 在起点处放个软垫,妈妈和幼儿听开始指令,一起跳上"荷叶",再跳出"荷叶"时,爸爸捡起后面"荷叶"快速往前面"铺路",妈妈和幼儿依次跳,先到达终点的家庭获胜	自制荷叶8片
		吹气球	1. 6个家庭为一组同时进行比赛 2. 在起点处父母双手搭成轿子,幼儿坐在上面,跑到红线处放下幼儿,爸爸吹气球至最大,交给妈妈扎紧,父母再次双手搭轿子,幼儿手拿气球坐在上面,跑到终点,幼儿把气球放在篮子里,最先完成的家庭获胜	包装袋1卷 气球7包(700个) 塑料篮6个 红丝带6米 放气球小篮6个

四、家长集体游戏(30分)

家长集体游戏的内容见表5-21。

表 5-21　家长集体游戏内容

序号	比赛项目	参赛对象	参赛规则	所需道具
1	两人三足	每个年级组选拔16位妈妈	代表年级组比赛，给每个队 5 分钟练习时间 第一轮：混龄组、托班组、小班组 第二轮：大班组、中班组、教师组	绑腿 100 根
2	拔河比赛	全体男同胞	第一轮： 大×班 VS 中×班　　大×班 VS 中×班 大×班 VS 中×班　　大×班 VS 中×班 小×班 VS 托×班 第二轮： 混×班 VS 托×班　　混×班 VS 小×班 混×班 VS 小×班　　托×班 VS 小×班 混×班 VS 小×班	拔河绳 5 根

补充说明：
　　在妈妈做"两人三足"游戏时，爸爸带好幼儿；爸爸拔河时，妈妈带好幼儿；各班留一位班级老师和一位保育老师组织在规定区域内观看，做好现场安全工作。

五、闭幕

园长宣布运动会结束，音乐响起，三位老师最后献唱，家长有序离场。

附　活动安排

"冬娃娃"运动会工作进度安排见表 5-22 和表 5-23。

活动总指挥/总策划：＿＿＿＿＿＿＿＿＿＿＿＿＿＿＿＿＿＿＿＿

副指挥：＿＿＿＿＿、＿＿＿＿＿

运动会组委会名单：＿＿＿＿＿＿＿＿＿＿＿＿＿＿＿＿＿＿＿

表 5-22　第一阶段工作进度安排表（××月××日—××月××日）

时间	内容	要求	责任人
××月××日前	完成妈妈团体操的编排	制订完成下阶段的排练计划	×××
	完成爸爸广播体操和亲子搏击操的编排		×××
	完成幼儿团体操编排	音乐《穷开心》，编排要热闹欢快	×××
	托班幼儿团体律动操编排	时长为 1 分钟	×××
	各班级上报两个运动会游戏方案	对所需道具、赛道示意图都要写清楚	×××
××月××日前	完成对整个运动会氛围的音乐设计和剪辑工作	—	
	××月××日察看场地，讨论运动会细节	突出喜庆、热闹、大气的氛围	×××

续表

时间	内容	要求	责任人
××月××日起	幼儿学习团体操	—	×××
××月××日	完成团体操教学视频录制	—	×××
××月××日	幼儿进场列队训练	—	×××
××月××日前	在《穷开心》音乐后，完成家长在T台上的互动环节的编排	形式类似合唱指挥，一人总指挥，各年级组的方阵由一人带动，和跳操的幼儿形成互动	×××
××月××日前	召开家委会会议，通告运动会事宜	内容为运动会计划分享、团体操排练事宜，设计的收费事宜	××× ×××
××月××日前	完成运动会会徽的征集工作，评选出主会徽和"十佳"会徽设计	结合"快乐运动"主题进行会徽设计，杜绝抄袭	×××
××月××日前	统计好参加运动会的家庭	由家长出资，服装、头饰由幼儿园统一代为购买	××× ×××
××月××日	联系服装制作厂家，并选择好款式	颜色：紫色、蓝色、黄色、青色、粉色、红色	
××月××日	1. 完成会徽的电子设计、衣服图案设计 2. 联系制作园旗、会旗、会徽	会徽设计两份，一份为正常像素，一份为976 px×200 px，用于网站抬头	×××
	信息部"冬娃娃"运动会宣传活动启动	—	××× ×××
××月××日	统计运动会亲子游戏所需道具	—	××× ×××

表 5-23　第二阶段工作进度安排表（××月××日—××月××日）

时间	内容	要求	责任人
××月××日	网络宣传前期工作	1. "运动课程"改为运动会专栏 2. 网站抬头更改运动会宣传海报	×××
	班级运动会海报制作	结合会徽或主题完成海报设计	×××
××月××日起	运动游戏熟悉	1. 利用户外活动和孩子体验运动会游戏 2. 通过博客和园部网站每天发布3个游戏的玩法及图片说明	班主任

时间	内容	要求	责任人
××月××日	宣誓幼儿选定	完成宣誓幼儿选拔，完成宣誓词	×××
××月××日	升旗手选拔及排练	完成升旗手选拔，升旗手排练启动	×××
××月××日前	完成对"两人三足"等集体项目运动选手的挑选	进行年级组之间的较量，增强年级组的团队意识	各年级组长
××月××日前	运动会体育比赛道具	完成运动会体育比赛所有道具的统计	×××
××月××日前	服装、头饰、会徽、会旗	服装设计、头饰、会徽、会旗全部到位	×××
	节目单及比赛项目表格	节目单制作及比赛项目表格制作	×××
	录像	后勤园长负责联系	×××
××月××日前	班级展示牌、口号牌	完成班级展示牌、口号牌的制作	年级组长
××月××日	全园彩排开幕式	按流程演练	×××
××月××日前	运动会体育比赛	运动会体育比赛详细安排出台	×××
××月××日	运动会家长排练摄影展	完成运动会家长排练摄影展展板制作	各教研组长
××月××日	教师实地彩排	教师按计划流程进行实地彩排	×××
××月××日	正式实地彩排	带幼儿实地彩排 2 遍（运动员入场）	×××

"冬娃娃"运动会活动当天领奖工作安排如下：

地点：＿＿＿＿＿学校网球场

物品准备：

650 份"冬娃娃"纪念品、650 份"冬娃娃"礼品、350 份"冬娃娃"精美礼品、桌子 7 张、兑奖海报 1 张、进出口标识各 1 张、兑奖处牌子 10 张。

人员安排：

秩序维持人员名单：＿＿＿＿＿＿＿＿＿＿＿＿＿＿＿＿＿＿＿＿＿＿＿＿＿

兑奖人员名单：_____

场地布置：

从会议室领取 7 张桌子，铺好桌布，在每张桌子前面设置排队线，将所有奖品放在桌子后面，在入口处粘贴大海报一张，并粘贴入口标识，在出口处粘贴出口标识。

发奖方式：

一张桌子两个人为一组，共设 7 个领奖点，一人负责清点印章数量，一人负责拿奖品，领完奖后登记人要在领奖券上做标记，每组前面用距离线拉出排队区域，有序领奖。

家长领奖从进口处进入，从出口处离开。两位秩序维持人员做好人员引导工作，家长领完奖后就离开，不滞留。

领奖规则：

本次共设 28 项亲子游戏，玩满 7 项可到领奖处领取纪念品一份；玩满 15 项可在领取纪念品同时再领取小奖品一份；玩满 21 项可在领取纪念品、奖品的同时再领取精美礼品一份。

"冬娃娃"运动会场地安排示意图如图 5-10 至图 5-16 所示。

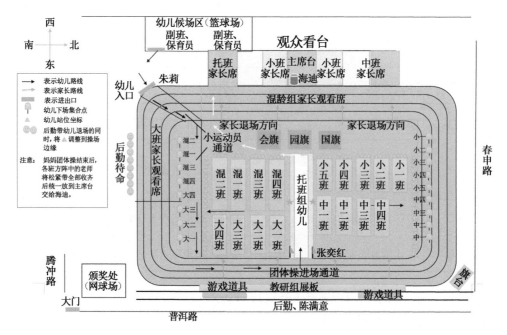

图 5-10　"冬娃娃"运动会开幕式场地安排示意图

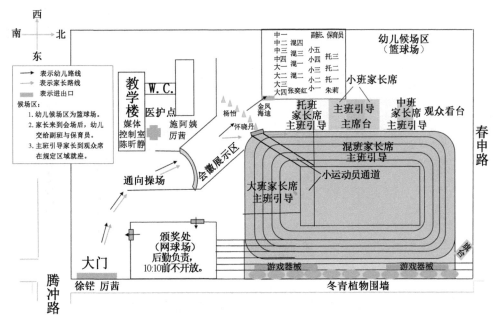

图 5-11　"冬娃娃"运动会进场安排示意图

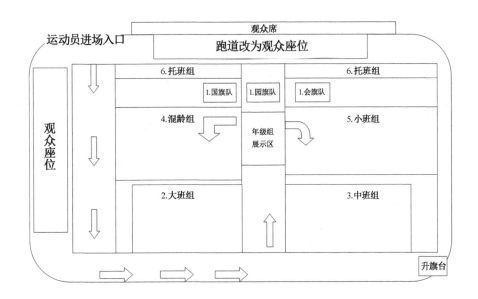

图 5-12　"冬娃娃"运动员入场仪式进场示意图

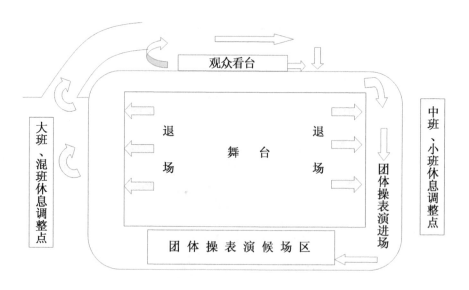

图 5-13 "冬娃娃"运动会团体操表演进退场示意图

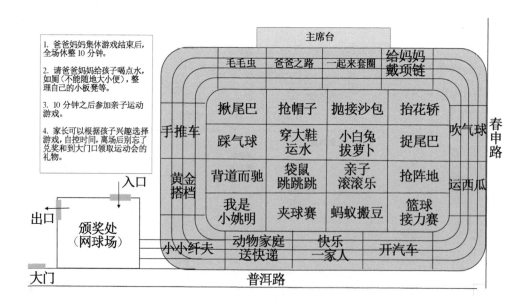

图 5-14 亲子嘉年华运动游戏场地分布图

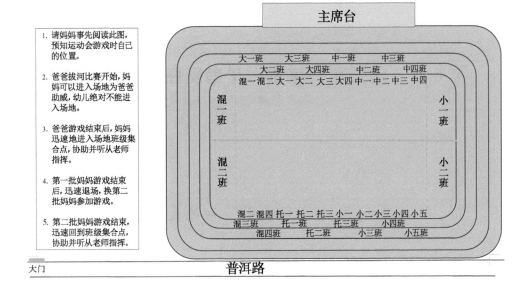

图 5-15　妈妈游戏项目"两人三足"场地示意图

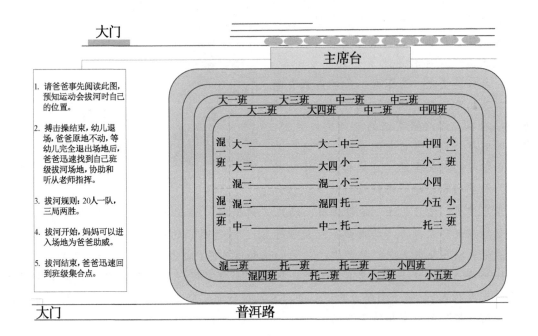

图 5-16　爸爸游戏项目拔河场地示意图

第6章 会关心，学做一个有责任感、有担当的人

导读 "讲新闻" 知晓天下事

编者语：

　　幼儿园"讲新闻"起源于1989年《幼儿园工作规程》试点的一期课改实践，当时上海市杨浦区延吉幼儿园成为上海市区唯一一所试点园所。那时是改革开放起步时期，资料信息极其匮乏，为探索一条学前教育新路，拓展儿童"见多识广"的学习途径，丰富学习内容，课改研究组的老师突发奇想，将当时电视节目"每日新闻播报"中可以为孩子们学习的有关生活、自然和社会等的信息作为教学内容，以"讲新闻"的方式让孩

孩子在"讲新闻"（1）

子们学习搜集、学习关注、学习讲解，幼儿"讲新闻"由此得到传播。记得当年中央电视台赵忠祥老师主持的《动物世界》是孩子们"讲新闻"的热议内容。幼儿"讲新闻"到底能帮助幼儿获取多少"见多识广"的知识和信息呢？这里给大家讲一个故事。

　　1996年5月，十多位来自我国台湾地区的"教育界同行"来到中国福利会幼儿园大一班（客人指定），孩子们起身欢迎，并与客人进行问答交流。于是一场别开生面的"客人问、孩子答"的记者招待会开始了。

　　客人们的第一个问题是："我们国家的总理是谁？"孩子们争先恐后地举起小手回答道："李鹏爷爷！"客人们又问道："能说说我们的总理最近在忙些什么事情吗？"孩子们争相举起小手回答："我们的李鹏爷爷在想如何让我们中国山区的孩子不受灾挨饿。"客

人们有些惊讶，继续问道："你们知道最近世界上发生了一件什么重大事件吗？"孩子们更踊跃地举起小手作答。客人们见状就说："那么大家一起说。"孩子们齐刷刷地回答道："美国一架飞机失事，死了很多人，到现在还没有找到。"客人们问："那怎么办呢？"客人们以为这下可以难倒他们了，但孩子们的小手依然高高举起。一个孩子站起来说："现在黑匣子还没有找到，如果找到黑匣子就知道飞机是怎样失事的。"台湾地区的客人们一头雾水地问："什么是黑匣子？"有一位陪同老师补充道："我们说的黑

孩子在"讲新闻"（2）

匣子就是台湾说的黑箱子。"客人们这才恍然大悟。但他们转换了话题继续问："听说上海现在一年一个样，三年大变样。你们能不能给我们讲讲都有哪些变化？"客人们话音刚落，孩子们的小手都举过头顶。"叔叔阿姨，你们可以去东方明珠，新建的，可漂亮了！""你们还可以去浦东陆家嘴看看。""陆家嘴的世纪公园很大很美，也可以去那里走走。"……

　　台湾地区的客人们被孩子们自信的言谈举止、广博的知识震惊了，纷纷夸奖道："你们真的很博学！"并道出真相："其实我们的真实身份是台湾新闻界记者，我们就是想了解大陆地区的幼儿教育，你们真了不起。"后来，这批客人回台湾后在台湾有关报纸上刊登了一篇整版报道，真实再现了当时参观采访的情景，并给予了高度评价。

　　一晃二十多年过去了，幼儿园"讲新闻"这一教学模式已被广泛接受。"讲新闻"在依霖幼儿园"生存课程"的子课题"混龄教育课程建构的实践与研究"中终于获得了新的突破。我们的经验可总结如下：

> 小小新闻天天讲，
> 大小孩子不落下。
> 结合主题提问题，
> 信息搜集长智慧。
> 主持主播言语棒，
> 视觉听觉一起上。
> 互相交流亲子忙，
> "见多识广"其中藏。

　　幼儿"讲新闻"符合幼儿"在生活中学习、在社会中学习、在自然中学习"的特点，符合"我看见了，就知道了"与"眼见为实"的儿童学习特征。如今，天天讲新闻、人人讲新闻已成为依霖幼儿园丰富课程内容中重要的组成部分。

孩子在"讲新闻"（3）

6.1　上海新闻

上海外白渡桥

　　外白渡桥已有一百多年历史，其间经历过三次重大变化，今天的外白渡桥已经是第三代了。

第一代外白渡桥

第一代：1856 年—1873 年

　　1855 年，苏州河上闸桥垮塌。1856年，英国人威尔斯等 20 人投资建造了第一代外白渡桥，名为威尔斯桥。这是一座木桥。

第二代：1873 年—1907 年

　　1871 年，威尔斯桥桥基上的两根铁柱断裂，部分已建成的桥身掉入苏州河中。1873 年，租界工部局在原来的威尔斯桥旁边又建造了一座木质浮桥，因其毗邻外滩公园，定名为"公园桥"。1873 年7 月 28 日，公园桥竣工。

第二代外白渡桥

第三代：1907 年至今

第三代外白渡桥

　　1906 年，外白渡桥开工重建。1907 年，第三代外白渡桥建成并投入使用。第三代外白渡桥是一座钢铁桥，是当时上海市最大的钢铁桥，也是中国第一座钢桁架桥，被称为"中国最坚固的桥梁"。

　　提问：为什么"公园桥"会被老百姓称为"外白渡桥"？

　　答：上海话中称坐船过河为"摆渡"，外白渡桥正处在当年苏州河溯流而上的第一个渡口附近。因此"外摆渡"或"头摆渡"成了当地人对该渡口的称呼。又因公园桥过桥不收费，而上海方言里"白"字表示不用付钱的意思，且"白"字与"摆"字发音近似，久而久之，"摆渡"演变成了"白渡"，外白渡桥的名字就这样沿用了下来。

上海地标性建筑——人民广场

上海人民广场

上海人民广场是上海市中心重要的公共活动空间。人民广场在新中国成立前是远近闻名的"跑马厅"。新中国成立后，人民广场就逐渐改建成集金融、行政、文化、交通、商业为一体的园林式广场。广场北侧是上海市人民政府，广场西北侧是上海大剧院，广场东侧是上海城市规划展示馆，广场南侧是上海博物馆，人民大道穿越其中，广场两侧各设了17米宽的绿化带。人民广场很漂亮。

提问：什么叫"跑马厅"？

答：过去体育运动中，"跑马厅"是跑马选手用来跑马训练和比赛的场地。

上海国际饭店

上海国际饭店是上海年代最久的大饭店之一，有"远东第一高楼"之称。其地处繁华的南京西路，对面是风景如画的人民公园。

上海国际饭店已有 90 余年的历史，是中国人自己筹资建造的第一幢摩天大楼，是 20 世纪 30 年代亚洲最先进的酒店。上海国际饭店是由匈牙利建筑设计师设计的。由于当时楼高惊人，故有"仰观落帽"之说。当时的上海国际饭店是名流汇聚之所。

外婆曾告诉我，她 6 岁的时候也去过上海国际饭店，她爬到最高层往下看，车子和人都变成了"蚂蚁"。

提问："仰观落帽"如何解释？

答："仰观落帽"是指抬头仰望，帽子也落下来了，形容楼太高了，一定要把头抬得很高才能看得见。

上海中心大厦——上海最高的摩天大楼

　　10 月 1 日国庆节，我和家人一起去上海环球中心，登上环球中心的 91 楼，我看到旁边正在建造的上海中心大厦比环球中心还要高很多，于是，我就问了外公外婆好多关于上海中心大厦的问题，在这里我想和小朋友一起分享。

上海中心大厦

　　上海中心大厦的地理位置：上海浦东新区陆家嘴金融贸易区核心区 Z3 地块，东邻上海环球中心，北面为金茂大厦。

　　大厦高度：632 米（地上 127 层，7 层裙楼，5 层地下室）。

　　大厦建筑面积：57.8 万平方米。

　　大厦建筑造价：148 亿元。

　　大厦设计：共有 20 多个设计单位参与，如建筑设计单位为美国 Gensler，施工图设计单位为中国同济大学建筑设计研究院。

　　上海中心大厦有五大功能：

　　（1）国际标准的 24 小时甲级办公区域；

　　（2）超五星级酒店和配套设施；

　　（3）主题精品商业；

　　（4）观光和文化休闲娱乐；

　　（5）特色会议设施。

上海中心大厦位置示意图

建设中的上海中心大厦

大厦建造时间：2008 年 11 月 29 日开工，2016 年竣工。

提问：这么高的楼建在黄浦江边的松软土地上，为什么不会塌下来？

答：科学家运用了"豆腐实验"的力学原理，在正方形的地基上，通过科学的计算，打了很多钢筋水泥混凝土的立柱桩。

2023 上海（国际）花展

上海（国际）花展一景（1）

2023 上海（国际）花展从 4 月 12 日开始，一直持续到 5 月 22 日。这次花展有一个主会场（在上海植物园）、六个分会场，还有好多城市主题花道。上海的小朋友们不管住在哪儿，都能轻松去看花！

主会场里能看到 200 多种杜鹃花，还有 2000 多种新奇植物。现场有漂亮的花园、好玩的科普展览。"从山野到都市"生物多样性主题科普展，能让我们了解很多植物知识。还有"花漾生活集市"，在那里可以买到可爱的小盆栽和有趣的文创产品。

上海（国际）花展一景（2）

分会场也各有各的好玩。如奉贤分会场的泡泡公园，有上百种绣球花，像彩色皮球一样。泡泡公园里的蚂蚁乐园也是游玩的好去处，那里有滑梯、秋千、沙池等，小朋友可以尽情玩耍。

上海（国际）花展一景（3）

　　蚂蚁乐园是小朋友最喜欢的地方。

上海（国际）花展之蚂蚁乐园

提问：

1. 小朋友们，你们最喜欢花展里的哪种花呢？

回答1：我喜欢杜鹃花，有好多种颜色，红的像我画的太阳，漫山遍野开放的时候一定超美！

回答 2：我最爱向日葵，它的花盘大大的，总是追着太阳转，好像一个永远充满活力的小朋友。

2. 如果让你设计一个小花园，你会种什么花？

回答 1：我要种满五颜六色的郁金香，有红的、黄的、紫的，这些郁金香像彩色的小酒杯，风一吹就叮叮当当响。

回答 2：我想种一大片雏菊。雏菊小小的花朵，白白的花瓣，黄色的花蕊，像小朋友纯真的笑脸，可爱极了。

回答 3：我要种很多玫瑰。玫瑰有红玫瑰、粉玫瑰，不仅好看，还香香的，等花开了，整个小花园里都是甜甜的味道。

6.2　军事新闻

第十五届中国国际航空航天博览会

第十五届中国国际航空航天博览会于 2024 年 11 月 12 日—17 日在珠海举办。此届航展实现了"展示空间裂变倍增""空天海陆硬核呈现""国际交流更加开放""无人系统闪亮登场""轨道交通直达展馆"等创新突破。首次开辟斗门莲洲"无人系统演示区"，含"无人船演示区"和"无人机演示区"，通过"室内+室外""动态+静态""水上+空中"的形式，进行无人机、无人船全景化展演。全球首辆分体式飞行汽车——"陆地航母"飞行汽车、"虎鲸"号大型无人作战艇、KL18-X103 无人机、A200 载重版共轴无人机、FH-909 无人直升机、智能蜂群无人机等吸引了众多的关注。2024 年 11 月 12 日，嫦娥六号从月球背面采样返回的月壤样品在展馆亮相，这是嫦娥六号取回的月背月壤样品首次亮相中国航展，成为一大亮点。

提问：为什么无人机没有驾驶员也能飞？

答：有一种超薄的砷化镓太阳能电池，这种电池可以利用太阳能延续寿命。砷化镓太阳能电池可以产生足够的电量，供无人机在地面电脑控制下进行远距离飞行。

中国首次高调解密核潜艇部队

2013 年 10 月 28 日，《人民日报》《人民日报（海外版）》《解放军报》《中国青年报》《光明日报》等官方和军方媒体头版头条解密中国海军北海舰队战略核潜艇部队。据报道称，这是中国海军战略核潜艇部队成立 42 年以来，首次在官方媒体报道中解密。

"利剑"隐身无人作战飞机成功首飞

2013 年 11 月 21 日,由中航工业沈阳飞机设计研究所设计、中航工业洪都公司制造的"利剑"隐身无人作战飞机在西南某试飞中心成功完成首飞,使我国成为继美国、法国、英国后第四个成功首飞隐身无人作战飞机的国家。

我国大型运输机运-20 成功首飞并开始后续试飞

2013 年 1 月 26 日 14 时整,运-20 在阎良空军某基地顺利升空,首飞取得圆满成功。运-20 的成功首飞,标志着中国航空工业的一次重大突破,标志着中国拥有了属于自己的大型军用运输机,是中国空军建设战略空军的一座里程碑。2013 年 12 月 16 日,新一代大型军用运输机运-20 的第二架原型机,成功在西部某试飞中心进行了首飞。

中国国产直-20 首飞成功

2013 年 12 月 23 日 11 时 20 分,填补国内空白型号的 10 吨级中型通用直升机"直-20"在东北北部某机场成功进行了首飞。直-20 的成功首飞,意味着其将成为我国未来通用直升机装备的主力,从而真正地为中国陆军"插上翅膀",并有可能发展成舰载机等型号。

中国陆军航空兵在组建之初装备以运输直升机为主。尽管直-10、直-19 武装直升机的服役,大大扭转了中国陆航装备缺乏侦察和攻击直升机的局面,但中国一直缺乏一种 10 吨级的战术通用直升机来执行突击运输、空运及后勤支援任务。

从外形上看,直-20 战术通用直升机比较类似中国进口的美国"黑鹰"S-70C-2 直升机。直-20 服役后,配合国产大型运输机运-20 的投送能力,中国陆军力量能够迅速被投送到热点地区,并形成机动突击作战能力。

6.3 科技新闻

神舟十九号载人飞船发射升空啦！

小朋友们好！今天要告诉大家一个超酷的消息，神舟十九号载人飞船发射升空啦！就在 2024 年 10 月 30 日 4 时 27 分，神舟十九号载人飞船在酒泉卫星发射中心，搭载在又高又大的长征二号 F 遥十九运载火箭上，"嗖"地一下飞向了太空！

这次去太空的是蔡旭哲、宋令东、王浩泽三位航天员。他们去太空要做很多有趣的事情。比如，做太空实验，看看种子在太空会不会和在地球上长得不一样，说不定能种出超级大的果实呢！他们还要走出飞船，去给空间站"检查身体"，看看有没有需要修理的地方。另外，他们还会透过飞船的窗户，给我们拍漂亮的地球照片，地球在太空中就像一颗蓝色的大宝石，周围还飘着白白的云朵，可美啦！

小朋友们，等你们长大了，说不定也能坐着飞船去太空探险。

神舟十九号载人飞船发射升空

提问：

1. 神舟十九号载人飞船是谁开的呀？

答：不是"开"的哦！三位航天员是"乘坐"着它去太空的，他们名叫蔡旭哲、宋令东、王浩泽。航天员都经过很多专业训练，他们就像超级厉害的"太空驾驶员"，会在飞船里操作各种仪器，带飞船去该去的地方。

2. 神舟十九号载人飞船去太空做什么？

答：它要送航天员去"太空之家"——中国空间站。航天员会在里面做一些有趣的实验，还会检查空间站的设备，看看有没有需要"照顾"的地方，就像给房子做"小保养"一样。

3. 神舟十九号载人飞船里的航天员在太空能看见星星吗？

答：当然能！太空里没有云朵遮挡视线，星星会比在地球上看更亮、更清楚，就像撒了一地的小钻石。航天员说不定还会透过窗户，给我们拍星星的照片呢！

人形机器人"云姜 XR-1"

云姜 XR-1 是由中国人形机器人开发团队 Line 打造的一款人形服务机器人，配备面部识别系统，该机器人在 2022 年北京第七届世界机器人大会上一亮相便受到广泛关注。云姜 XR-1 展示了 34 个智能的舞蹈动作，其颈肩关节、肘部、手部、腰部和膝盖均具备灵活性，可平稳移动。它搭载了多个 2D 和 3D 相机、超声波传感器、麦克风，配备 3 轮底盘和通用轮，能在各种环境下自如行动。

云姜 XR-1 还具备自主唱歌、跳舞的能力，并能够绕过障碍物。这款人形机器人身高 158 厘米，体重 65 公斤，曾荣获 2020 年中国设计红星奖。它可以听、说、看、移动，应用领域广泛，涵盖教育、老年人护理、酒店及医院人文关怀、商务场景互动、广告促销，以及群众活动和娱乐等。在这个科技不断演进的时代，人形机器人成了一个引人注目的焦点。它们不仅彰显着技术的进步，也让我们思考着未来与人工智能共生的可能性。不久的将来，机器人可能会在更多领域为人类提供协助，成为我们的伙伴、助手，甚至是艺术和娱乐创作的参与者。让我们期待未来，与机器人共同谱写新的篇章。

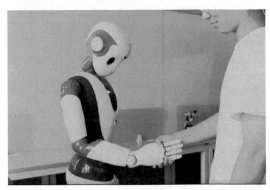

云姜 XR-1 机器人的多场景展示

提问：

1. 云姜 XR-1 机器人可以展示多少个智能舞蹈动作？

答：云姜 XR-1 机器人可以展示 34 个智能舞蹈动作。

2. 云姜 XR-1 机器人可以应用到哪些领域？

答：教育、老年人护理、酒店及医院人文关怀、商务场景互动、广告促销，以及群众活动和娱乐等。

走进 AI 的奇妙世界

AI 主播亮相新闻节目：在 2024 年 3 月的全国两会期间，央视财经新媒体成功推出了以总台央视主持人孟湛东和郭若天为蓝本的 AI 主播小东和小天。两会报道期间，它们可以全天候不间断地为用户解答各种疑问。它们依靠迅速、精准的信息传递，为两会的消息传播提供了新颖且便捷的服务，帮助大家更快、更全面地掌握两会的最新动态。

AI 主播小天和小东

AI 在其他领域的优异表现：谷歌的 AI 模型 GenCast 预报天气，准确率高达 97.2%，优于传统方法。截至 2024 年 12 月，该模型已应用于谷歌搜索和地图服务，并为能源管理与灾害预警提供技术支持。2024 年 12 月，马斯克旗下人工智能初创公司 xAI 推出新的图像生成模型 Aurora，让聊天机器人能生成超逼真的图像。

Aurora 生成的超逼真图像

提问：

1. 小朋友们，如果让 AI 给你们讲故事，你们最想听什么故事呀？

回答 1：我想听超级飞侠和汪汪队一起去太空冒险的故事。他们会在太空里遇到奇怪的外星人，然后一起解开宇宙的大秘密。

回答 2：我要听小花仙和小马宝莉交朋友的故事，她们会在魔法森林里举办一场盛大的派对，邀请所有可爱的小动物参加。

回答 3：我喜欢听孙悟空和哪吒在童话世界的故事，他们会帮助小红帽打败大灰狼，还会和白雪公主一起玩游戏。

2. 要是有个 AI 小伙伴，你希望它能陪你玩什么游戏呢？

回答 1：我想和 AI 小伙伴比赛搭积木，看谁搭的城堡又高又漂亮，搭得好的人能得到一颗甜甜的糖果。

回答 2：我希望和它玩猜谜语游戏，我先来出题，要是它猜对了，我就给它画一幅漂亮的画。

回答 3：我想和 AI 小伙伴玩过家家，我当妈妈，它当宝宝，我们一起做饭、照顾娃娃，可有意思啦。

3. 你们觉得 AI 主播会取代我们喜欢的真人主播吗？

回答 1：我觉得不会，真人主播会笑、会做可爱的表情，AI 主播没有表情。

回答 2：AI 主播可能不会取代真人主播，因为真人主播能讲自己的有趣经历，AI 主播没有自己的故事。

回答 3：我觉得不会，看真人主播的时候，感觉就像在和朋友聊天，看 AI 主播没有那种亲切的感觉。

神奇的制造设备——3D 打印机

3D 打印机是一种通过层层堆积材料来制造三维实体物体的设备，其核心原理是将数字模型转化为物理实体。

3D 打印机的工作流程：（1）先用计算机软件设计 3D 模型；（2）模型被切片软件分解为无数层超薄的二维平面；（3）打印机根据每层数据，将塑料、金属、树脂、陶瓷等材料逐层堆积，最终"打印"出立体物体。

3D 打印机的核心优势：（1）定制化：可快速制作个性化物品（如定制首饰、医疗假体）；（2）简化生产：无需传统模具，直接从数字模型生成实体，适合小批量或复杂结构制造（如航空航天零件）。

简单理解，3D 打印机就像"立体版的喷墨打印机"，只不过喷的不是墨水，而是可固化的材料，能"凭空"造出看得见摸得着的物体。3D 打印机可应用于工业原型设计、零件制造，医疗领域的骨骼模型打印、义肢制作，建筑领域的建筑材料打印或微型建筑模型制作；也可应用在手办、家居装饰、工具配件等领域。

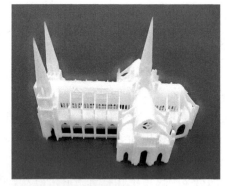

3D 打印机"打印"出的立体物体

提问：

1. 3D 打印机和传统打印机需要的打印材料一样吗？

答：不一样，传统打印机用的材料是"信息记录介质"（墨水/墨粉仅用于显色），而 3D 打印机用的材料是"实体构建原料"，须具备可堆积、固化的物理特性（如熔融、光固化、烧结等）。简单来说，传统打印机是"印图案"，材料是墨水；3D 打印机是"造物体"，材料是塑料、金属等实体物质。

2. 3D 打印机是如何工作的？

答：3D 打印机就像用挤奶油的裱花袋在蛋糕上"画"出立体图案，它按数字指令，把材料"挤"成一层又一层的薄片，最终堆叠出完整物体。

华为 Mate 70 发布

大家都知道华为手机吗？（知道）对，我就知道你们都知道，因为爸爸妈妈大多数用的都是我们自己国家的手机品牌——华为。

今天，好消息又来了。我国"史上最强 Mate"华为又来了！2024 年年底"机皇"之争再度回归。

11 月 26 日，华为 Mate 品牌盛典如期而至，毫无悬念，发布会上华为 Mate70 系列揭开了神秘面纱，使大家得见庐山真面目。

让我们一起为华为鼓掌，为我们伟大的祖国鼓掌。

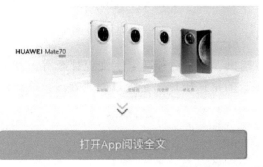

华为 Mate 70 系列产品

6.4　建筑新闻

神奇的地铁

地铁是怎么产生的?

19世纪,英国伦敦地面发生了很多交通事故。有个律师,每年都要处理很多交通事故。他常想,如果让火车跑到城市里就好了。但是火车怎么跑到城市里呢?

有一天,他看到一个老鼠洞,老鼠在洞里跑来跑去。他想到,可以把火车轨道建在地下,这样火车就能像老鼠一样在地下跑来跑去。就这样,1863年1月10日,世界上第一条地铁就在英国伦敦诞生了。

地铁是怎么建造的呢?

在地铁建造前,工程师要先规划地铁路线。在地铁开工之前,工程师要考虑地下的地质情况。地下情况很复杂,有的地方有河流、岩石、溶洞、淤泥、砂土等,这些都会影响到施工,工程师要先勘测地质情况。

怎么选择地铁站站点呢?

地铁站站点要选择人流聚集的地方,比如医院、火车站、学校、居民区、商业中心、游玩景点等。

建造地铁需要什么设备呢?

需要渣土运输车、吊车、挖掘机、盾构机、材料运输车、水泥搅拌车等。其中,最重要的设备,就是盾构机。它就像一条很长的钢铁蚯蚓,它经过的地方,一条长长的隧道就打通了。

盾构机模型

地铁站是什么样的呢？

地铁站分为站厅、站台2层。站台在下面，站厅在上面。站厅要安装闸机、扶梯、无障碍电梯、车站控制室、自动售票机。站台要安装屏蔽门、座椅。站台和站厅都要安装指示标志，方便乘客选择路线。

上海地铁人民广场站其中一个出入口

提问：

1. 上海的地铁有几条线路呢？

答：截止到2024年12月，上海地铁运营线路有21条（含磁浮线等多种轨道交通制式）。

2. 上海地铁最长的是几号线？

答：上海最长的地铁线路是11号线。上海地铁11号线全长约82.4公里，是中国第一条跨省级行政区域的地铁线路，连接了上海和江苏昆山，线路大致呈“西北—东南”走向，全线共设39座车站。

3. 上海最快的地铁是几号线？

答：在已运营的常规地铁线路中，上海地铁16号线速度最快，其设计最高运行速度为120千米/小时。

意大利的比萨斜塔与中国的八角碉楼

　　小朋友们，你们见过斜的塔吗？

　　世界上有很多斜的塔，如意大利比萨斜塔、爱尔兰圆塔、荷兰老教堂斜塔、俄罗斯纳维亚斯基斜塔、中国苏州虎丘塔、中国八角碉楼（斜塔）等。今天，我和小朋友一起来讲讲意大利比萨斜塔和中国八角碉楼（斜塔）。

　　比萨斜塔在意大利的什么地方？比萨斜塔坐落在意大利的比萨小镇上。比萨斜塔是什么时候建造的？1173 年 8 月 9 日开始建造，距离今天已经有 850 余年。比萨斜塔为什么会倾斜？最新的挖掘表明，比萨斜塔建造在古代的海岸边缘。在建造头两层时，塔身一直是垂直的，但到了第三层，由于地基不均匀和土层松软，钟楼开始倾斜偏向东南方，工程不得不在 1185 年暂停。工程停止近 1 个世纪，直到 1272 年，工程继续，建造者想尽办法希望能够修正倾斜。直到 1372 年，塔身的第八层完工，才算正式建造完毕。比萨斜塔现在还在倾斜吗？基本不会，现在的斜塔和地基下方的土层实际上达到了某种程度上的平衡。

比萨斜塔

八角碉楼

　　八角碉楼在中国的哪里？八角碉楼位于中国四川省马尔康县直波村，所以被称为直波八角碉楼。八角碉楼建造于清朝乾隆年间。八角碉楼会倒吗？科学家说暂时不会，经历了三次大地震（1933 年的叠溪大地震、1976 年的松潘大地震，还有 2008 年的 "5·12" 汶川特大地震），八角碉楼都没有倒，并且连一块石块都没有掉落，完好无损。意大利比萨斜塔和中国八角碉楼（斜塔）的比较见表 6-1。

表 6-1   意大利比萨斜塔和中国八角碉楼（斜塔）的比较

国家	塔名	建造年代	塔高	最大倾斜度	建筑风格
意大利	比萨斜塔	1173—1372 年	54 米	4.5 米	外形呈圆柱形，是由乳白色大理石材料建成的钟楼塔形的古塔
中国	八角碉楼	清乾隆年间（1736—1796 年）	43 米	2.3 米	外形呈八角形，由下往上呈锥体形状，是由石块和黄泥砌筑而成的古塔

提问：世界上哪一座斜塔最高？

答：意大利比萨斜塔。

6.5 旅游新闻

我去自然博物馆

上个周末，爸爸妈妈带我去了上海自然博物馆，那里简直就是一个超级大的自然宝库！

一走进博物馆，我就像掉进了一个神奇的世界。首先看到的是好多好多恐龙化石，有脖子长长的马门溪龙，还有超级凶猛的霸王龙。那些化石大大的、高高的，我站在它们下面，感觉自己就像一只小蚂蚁。

再往前走，是动物世界。各种各样的动物标本立在那里，有威风凛凛的大狮子，有可爱的小兔子，还有好多我叫不出名字的小动物。它们看起来栩栩如生，就好像马上要动起来一样。

我还看到了好多漂亮的蝴蝶标本，五颜六色的，像会飞的花朵。还有神奇的海洋生物，大大的海龟，带刺的海胆，在玻璃展柜里"闪闪发光"。

在博物馆里，我学到了好多新知识。我知道了恐龙生活在很久很久以前，比我们的爷爷奶奶的爷爷奶奶还要早几千万年甚至几亿年；我还知道了有些动物是怎么保护自己的，比如小刺猬会把自己缩成一团，让敌人没办法靠近。

这次去自然博物馆，真是太好玩啦！我看到了好多以前没见过的东西，也学到了好多有趣的知识。我好想再去一次，再去探索更多大自然的秘密！

大型动物标本

蝴蝶标本

提问：

1. 上海自然博物馆里的恐龙是真的吗？

答： 自然博物馆里的恐龙不是真的哦，它们是用恐龙化石还原出来的模型。科学家找到恐龙的化石后，会按照骨头的样子"拼"出恐龙的身体，再给它们"穿上"像皮肤一样的材料，这样我们就能看到恐龙原来的样子啦！

2. 为什么蝴蝶的翅膀有漂亮的花纹？

答： 蝴蝶翅膀的花纹有很多用处呢！有的花纹像"保护衣"，能让蝴蝶藏在花朵或树叶里，不被小鸟发现；有的花纹像"信号旗"，能告诉其他蝴蝶"我是哪个种类"；还有的花纹亮亮的，是为了吸引异性蝴蝶。这些花纹都是蝴蝶慢慢进化出来的。

3. 地球为什么是圆的？

答： 地球其实有点像"大橄榄球"，但看起来圆圆的。很久很久以前，宇宙里的很多小石块、灰尘慢慢聚在一起，边转边"抱成团"，时间长了就变成了圆圆的地球。就像我们玩橡皮泥，揉啊揉也会变成圆滚滚的小球。不过地球不是完全光滑的，上面有高高的山、深深的海和宽宽的陆地哦！

苏州巴城有个莲花村

星期六我随依霖幼儿园的老师和小伙伴们一起去苏州巴城参加"金秋螃蟹肥"活动。我们来到了巴城莲花岛。莲花村就坐落在巴城莲花岛上，莲花岛三面环水，一面接着陆地，风景秀美，有小桥、小船、小亭子，非常安静。我站在桥上，看着荡漾的湖面，心里想，我一定要把这次活动编成"新闻"和小朋友们分享。由于内容很多，我对外婆说："外婆，我想分三次讲。第一次讲风景，第二次讲当地民间风俗，第三次讲博物馆。"

莲花村

莲花村的小桥

虽然已经过了莲花盛开的季节，但满湖的荷叶在风中摇曳，让人赏心悦目。小船悠游，湖水荡漾，莲花村真是江南的鱼米之乡。

今天就和大家分享到这里，明天我继续和大家分享。

莲花村的亭子

提问：上面这张照片的凉亭里藏着什么好东西？

答：一口水井。

莲花岛专题：苏州巴城的传统婚俗

今天，我继续和小朋友分享苏州巴城当地的莲花岛上的民间结婚风俗，先来看看婚房吧。

婚房里有很多很喜庆的剪纸，充满了民间艺术的气息。窗花都是用大红的剪纸做成的，如有各种"喜"字的图案、吉祥的动物图案，还有很多花球图案，真的很漂亮。

我看见一顶大红色的花轿，很漂亮。我问外婆："这花轿是用来做什么的呢?"外婆告诉我："过去没有小轿车，新娘子结婚时，新郎官一般会请8个人用花轿把新娘子抬进家门。"

剪纸

因为苏州巴城的莲花村三面环水，是风景秀丽的水乡，所以，新娘子出嫁，有时候要先坐船，然后再换乘花轿。

今天，我就和大家分享到这里，明天我继续和大家分享。

提问：猜一猜图中的小弟弟坐的摇摇椅和摇摇床是用什么材料做成的？

答：摇摇椅——香樟木做成的；摇摇床——竹子做成的。

花轿

摇摇椅和摇摇床

莲花岛上的博物馆

今天，我们继续来聊一聊莲花岛上的博物馆。这个博物馆在莲花岛上的莲花村里，走进古色古香的民居，里面陈列了很多以前渔民劳作的工具，下面我先给大家介绍一组渔网。渔网有很多种，有捕鱼的网、捕捉黄鳝的网、捕捉虾的网，还有捕捉大闸蟹的网。

捕捉大鳊鱼的撒网

捕捉黄鳝的竹筒网

捕捉鱼虾的三角网

捕捉大闸蟹的细网

下面我再给大家介绍一组博物馆里陈列的劳作工具。

老牛拉铁磨

石磨

石碾磨

水井

提问：下面两张图片中的实物是用什么材料编织的?

答：蓑衣——棕榈树的树干纤维编织的；草鞋——稻草编织的。

蓑衣

草鞋

6.6 时事新闻

用孩子能听懂的语言讲关税

关税就像你去超市买东西，本来 10 块钱的玩具，因为进口要加 2 块钱的"过路费"，最后你要花 12 块钱才能买到。

有两个国家，A 国和 B 国，A 国卖苹果，B 国卖香蕉。本来大家互相买，很开心。但有一天，A 国觉得 B 国的香蕉太便宜了，自己家的香蕉卖不出去，就开始加"过路费"。B 国也不开心了，就对 A 国的苹果加"过路费"。结果，大家的东西都变贵了，谁也不开心。

小朋友们喜欢的乐高玩具，可能因为关税变贵了哦。所以我们要学会理解世界的变化，也要珍惜手里的玩具。

提问：如果你是 A 国或 B 国的领导人，你会怎么做？

答：合作比对抗更重要，就像和小朋友一起玩，互相分享玩具比抢玩具更开心。

合作共赢

上海首创在废弃的深坑上建五星级酒店

上海世茂深坑酒店开建，实施首次岩壁爆破。

七年思考 构想奇迹

早在 2006 年，深坑酒店就已立项。但作为一个世界性的建筑难题，无论是在地下空间的利用、地质的考察和研究论证方面，还是在建成后的使用和管理方面，都没有先例可循。要想在科学论证的保障下，在一个废坑上创造建筑奇迹并不容易。为此，世茂集团足足思考了 7 年，一切只为保证最终的完美呈现，带给全世界一个惊喜。它将会吸引全世界的目光，成为上海的下一张名片。

破解难题 创造奇迹

面对这一世界性的建筑难题，在没有任何案例可以借鉴的情况下，任何一个细节的失误都是致命的，因此对于设计者和建造者而言这是一次前所未有的挑战。比如：如何抗 9 级以上地震？如何解决消防通道相连的问题？如何解决火的问题、水的问题？如何保持房间的干燥？……

独一无二 体验奇迹

众多的技术难题给予设计者和建造者无限的想象空间，最终的实景呈现，更值得全球期待，水下情景套房、与崖壁的自然资源融合定制的空中花园、从相同高度的悬崖上垂挂而下的壮观瀑布、抗 9 级以上地震的钢结构建筑等，每一处建筑都呈现出独一无二的建筑奇迹和景观奇迹。

深坑

上海世茂深坑酒店

提问：

1. 世界上最深的深坑酒店建在哪里？

答：上海松江天马山。

2. 酒店叫什么名字？

答：上海世茂深坑酒店。

3. 世茂深坑酒店的坑到底有多深呢？

答：约 88 米。

4. 建成后的酒店一共有多少个房间呢？

答：336 间客房和套房。

5. 建这样的深坑酒店需要花多少钱呢？

答：最初预算需要投资 6 亿元人民币，实际耗资 20 亿元人民币。

6. 世茂深坑酒店是什么时候正式动工的？

答：2013 年 3 月。

7. 上海世茂深坑酒店首次岩壁爆破是在哪一天？

答：2013 年 10 月 21 日。

全球唯一白色雄性座头鲸现身澳大利亚

据外媒 2013 年 9 月 24 日报道，摄影师珍妮·迪安（Jenny Dean）在澳大利亚昆士兰北部的埃蒂海湾拍摄到一头全身白色的座头鲸。据悉，这头座头鲸可能是全球唯一白色雄性座头鲸米伽罗。米伽罗首次被人发现是在 1991 年，当时它在凯恩斯附近，据信在 3 岁至 5 岁之间。

白色座头鲸冲出水面，　　白色座头鲸不断浮出水面呼吸，　　白色座头鲸最终游入海底
溅起漂亮的浪花　　　　　跳跃的姿态相当敏捷

全球唯一白色雄性座头鲸米伽罗现身澳大利亚

提问：

1. 白色座头鲸米伽罗是雌性还是雄性？

答：雄性。

2. 为什么要取名为米伽罗（Migaloo）？

答：米伽罗（Migaloo）是澳洲土著语"白色"的意思。

3. 米伽罗会唱歌说话吗？

答：米伽罗的"歌声"与人类语言很相似，它的歌声超级好听，它是用歌声来说话的。

4. 座头鲸多为黑色，为什么米伽罗是白色的？

答：可能是因为它的父母都有隐性的白色基因，也有可能是因为它本来就是白色的。

5. 米伽罗出生于什么时候？

答：据推测在 1986 年至 1988 年。

中国上海国际童书展 11 月与你相约

上海市新闻出版局主办的 2013 上海书展暨"书香中国"首届中国上海国际童书展，将于 2013 年 11 月 7 日至 9 日在上海世贸商城举行，它的出现填补了亚太地区没有年度少儿出版物国际博览会的空白。小伙伴们一定要去哟！

提问：

1. 为什么要专门举行儿童书展？

答：让我们能更好地选择自己喜欢的书，培养我们的读书兴趣。

2. 儿童书展是专门给几岁儿童准备的?

答: 0~16 岁。

2013 年上海书展的标识

 治理城市交通乱象,怎么办?

城市道路上经常可见以下情况:

1. 尾气污染

尾气污染场景

2. 拥堵

拥堵场景

3. 乱停车、停车难

乱停车场景

针对以上城市交通乱象，我们该怎么办？

第一，大力发展公共交通系统。因为公交车、地铁、轻轨等公共交通是城市居民出行的重要方式，所以，发展好公共交通，可以大大减轻城市的交通压力。

第二，控制私家车的数量。因为城市交通拥堵的一个原因是私家车数量过多，所以要控制私家车的数量。

第三，合理规划停车和停车场。因为城市的土地资源是有限的，而汽车数量却在日益增加，所以，一定要合理规划停车场。合理布设停车场是缓解交通压力的有力手段。

第四，发展节能交通工具。因为城市发展会消耗资源，所以，发展节能交通工具对城市发展有巨大贡献。

第五，人人遵守交通规则。

6.7　节日（纪念日）新闻

我们的城市与绿化

我们的城市为什么需要种植树木？

一、植树造林，建设长江流域防护林

大力建设长江流域和沿海城市的防护林可以使沙化土地得到有效治理，水土流失面积得到有效控制。

二、植树造林，治理北方地区的风沙天气

大量种植林草植物，可以使北方地区风沙天气减少，改善风沙天气带来的空气污染。如果我们种上了草被植物，沙子就不会被风刮得到处乱飞。

三、植树造林，保护野生动植物

大量种植树木，可以保护野生动植物及其自然保护区，可以重点救护濒临灭绝的物种，可以新增圈养大熊猫繁殖成活的场地，还可以使自然湿地得到有效保护。

四、建设立体绿化工程，让城市更美丽、空气更新鲜

据统计，1981年底至2021年底，全国适龄公民累计175亿人次参加义务植树，累计植树达781亿株（含折算）。

茂密的树林

稀疏的树木

提问：每年的几月几日是我国的植树节？

答：每年 3 月 12 日是我国的植树节。

母亲节，坚毅母爱

母亲节（Mother's Day），是一个感谢母亲的节日，最早出现在古希腊。现代的母亲节起源于美国，是每年 5 月的第二个星期日。母亲们在这一天通常会收到各种礼物，其中康乃馨被视为献给母亲的花，而中国传统的母亲花是萱草花，又叫忘忧草。

游 子	游 子 吟
［唐］孟郊	［唐］孟郊
萱草生堂阶， 游子行天涯。 慈亲倚堂门， 不见萱草花。	慈母手中线，游子身上衣。 临行密密缝，意恐迟迟归。 谁言寸草心，报得三春晖！

世界上的一切光荣和骄傲，都来自母亲。

——高尔基

世界上有一种最美丽的声音，那便是母亲的呼唤。

——但丁

母爱是世间最伟大的力量。

——米尔

我的小倡议：

让我们在母亲节那天为妈妈做几件事吧：说一句"妈妈，我爱您""I love you, Mum"；自己制作一份礼物送给妈妈；帮妈妈做家务。

中秋知识小课堂

中秋节在每年农历八月十五日，这日夜晚月亮又大又圆，就像一个大玉盘挂在天上。

这可是个团圆的节日，人们会从四面八方赶回家，和家人一起吃饭、聊天，可热闹啦！

中秋节有好多有趣的习俗。吃月饼肯定是大家最爱的，圆圆的月饼，咬一口，甜甜的馅料在嘴里散开，有豆沙味、蛋黄味、水果味等，你们最爱吃哪种？晚上，一家人还会坐在院子里赏月，一边看月亮，一边讲嫦娥奔月、玉兔捣药的故事。有些地方还有赏花灯、猜灯谜的活动，五颜六色的花灯挂在街头，好看极了！

中秋节的各种月饼　　　　　　　　　　孩子们正在开心地品尝月饼

在依霖幼儿园，也有好多好玩的中秋活动。大班的小朋友来一场古诗词"飞花令"，以茶会友，与诗为伴。中班的小伙伴来一场花灯会，做一盏盏花草荧光灯，让它们成为中秋最亮的花灯。小班的弟弟妹妹做了果汁，把与中秋有关的水果变成果汁。

孩子们正在参加各种有趣的中秋活动（1）

孩子们正在参加各种有趣的中秋活动（2）

提问：

1. 小朋友们，你们知道中秋节为什么要吃月饼吗？

回答 1：因为月饼圆圆的，像月亮一样，吃了就能和月亮做朋友！

回答 2：妈妈说吃月饼代表团圆，就像我们一家人围在一起，永远不分开。

回答 3：可能是嫦娥姐姐在月亮上太孤单，所以给我们送来了甜甜的月饼吧！

2. 如果让你设计一个特别的月饼，你会加什么馅料？

回答 1：我要加草莓、巧克力和棉花糖，这样咬一口就像在吃云朵！

回答 2：我想加奥特曼形状的饼干碎，这样吃月饼的时候就能打败怪兽啦！

回答 3：我要放彩虹糖和星星糖，这样月饼就会闪闪发亮，像拥有魔法一样。

3. 除了嫦娥奔月，你们还知道哪些和中秋有关的故事呢？

回答 1：我知道玉兔在月亮上捣药，它的药罐里肯定有萝卜。

回答 2：有个故事说月亮上有棵大树，吴刚一直在砍树，可是树总也砍不断。

回答 3：可能是月亮上的小精灵们在开派对，所以月亮才会那么圆、那么亮！

迎国庆上海烟花节演出

9 月 30 日，姑妈给了我们两张上海烟花节的票，只有我和爸爸去，妈妈不能去，很可惜。我们早早来到现场，烟花很好看，场面很壮观，我要把这好看的烟花尽收眼底，并且拍下来和小朋友们分享。

美丽的烟花

10 月 15 日是国际盲人节

国际盲人节又叫白手杖节，于 1984 年在利雅得会议上被确立。

什么样的人被称为盲人？视力残疾的人被称为盲人，视力残疾包括视力低下，先天性白内障，先天性小眼球、小角膜，视网膜色素变性，视神经萎缩等。

盲人怎样看书？盲人是用手摸书上凹凸不平的盲文来读书的。

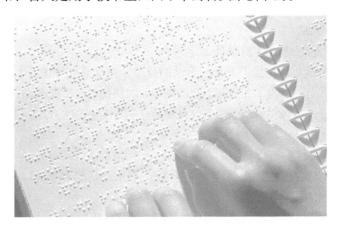

盲文

盲人怎样走路？盲人是靠盲道指引行走的。

什么是盲道？盲道是专门帮助盲人行走的道路。盲道一般由两类砖铺就：一类是条形引导砖，引导盲人放心前行，称为行进盲道；一类是带有圆点的提示砖，提示盲人前面有障碍，该转弯了，称为提示盲道。

习近平爷爷讲粮食

习近平爷爷 2023 年 7 月 20 日在讲话中强调，粮食安全是"国之大者"，耕地是粮食生产的命根子，要落实藏粮于地、藏粮于技战略，切实加强耕地保护，全力提升耕地质量，充分挖掘盐碱地综合利用潜力，稳步拓展农业生产空间，提高农业综合生产能力。

习近平爷爷为什么要这么讲呢？

现在世界上不少地方在打仗，如俄罗斯和乌克兰，又如中东地区。我们很多孩子都看到了新闻，打仗的地方很多人都吃不上饭，很多孩子都饿得皮包骨头，很可怜。我们要像保护大熊猫一样保护耕地，把饭碗牢牢端在自己手上。

每年的 10 月 16 日是世界粮食日，世界各国政府在每年的这一天围绕发展粮食和农业生产举行纪念活动。

提问：

1. 下面这首诗是谁写的？

锄禾日当午，

汗滴禾下土。

谁知盘中餐，

粒粒皆辛苦。

答：唐朝诗人李绅。

2. 诗人李绅写这首诗表达的是什么意思？

答：诗人李绅写这首诗是想告诉我们劳动的艰辛，劳动果实来之不易。第一、二句"锄禾日当午，汗滴禾下土"描绘了在烈日当空的正午，农民仍然在田里劳动，形象生动地写出农民劳动的艰辛。第三、四句"谁知盘中餐，粒粒皆辛苦"以感叹的方式告诫我们要珍惜粮食，不浪费粮食。

3. 人类吃的主要粮食有哪些？

答：① 以籽实类谷物供食用的粮食有小麦、玉米、高粱和谷子，还有我们天天吃的白米饭——来源于水稻。

② 以种子供食用的粮食有大豆、蚕豆、豌豆、绿豆和扁豆。

③ 以块根和块茎供食用的粮食有白薯（地瓜）、红苕（红薯）、木薯和马铃薯。

今天是 10 月 17 日，是国际消除贫困日。为什么会有"国际消除贫困日"呢？因为在世界上一些国家和地区，有很多人没有饭吃，没有衣服穿，没有学上。下面就请小朋友们通过我挑选的照片来了解一下吧。

世界各地的贫困儿童

爱心人士对贫困儿童的关爱和帮扶

提问：

1. 世界上贫困的国家主要集中在哪里？

答：撒哈拉以南非洲、南亚、东亚和太平洋地区。

2. 中国相对贫困的地方在哪里?

答: 西藏、青海、宁夏、甘肃等地区。

"11·9"中国的消防宣传日

每年"11·9"是我国的消防宣传日。

孩子们参加消防宣传日活动

提问:

1. 中国"11·9消防宣传日"是从什么时候开始设立的?

答: 1992年,公安部发出通知,将每年的11月9日定为"11·9消防宣传日"。

2. 为什么消防宣传日设在每年的11月9日?

答: 冬季是火灾多发季节,为了搞好冬季防火工作,以"11·9消防宣传日"为契机,开展内容广泛、形式多样的消防安全宣传活动,可以提高人们的消防安全意识,推动消防工作社会化的进程。

3. 我国的火警报警电话号码是多少?

答: 我国过去的火警电话是"09",后改为"119",是汉语"要要救"的谐音。

6.8　季节新闻

梧桐树的四季变化

　　小朋友们，上海市马路两边种植了很多梧桐树，如果要知道季节的变化，只要细心观察梧桐树叶的变化就可以了。

高大的梧桐树

　　夏天梧桐树会落叶吗？会。夏天天气很热，气温很高，室外烈日炎炎，上海道路两旁的梧桐树叶在热风的吹拂下纷纷飘落，呈现出落叶飘飘的景象。夏天梧桐怎么会大量落叶呢？而且这些落叶一半绿一半黄，并不完全是枯黄的叶子，真奇怪！原来，遇到连续高温天气，酷热少雨，树木缺水，往往就会落叶。

　　为什么秋天的落叶会变色？

　　秋天气温下降，树叶中叶绿素的合成变慢。随着叶绿素的减少，树叶中的橘色、黄色等类胡萝卜素的相对含量增加，树叶就显现出橘色、黄色了。鲜艳的红色是树叶产生花青素的效果。秋天凉爽的夜晚和晴朗的白天也促使糖枫这样的树木将花青素暂时储存在树叶里，使叶子呈现鲜艳的红色。

夏天的梧桐树

冬天梧桐树为什么会落叶呢？

梧桐树属于落叶乔木。落叶植物冬季要休眠，叶片要蒸发水分，又不抗冻，所以纷纷落下。落叶是植物抵抗冬天的寒冷、进行自我保护的措施。

冬天的梧桐树

提问：梧桐树一年四季的变化和季节冷暖的变换有关系吗？为什么？

答：有关系。春天，气温升高，天气变暖了，梧桐树长新叶了；夏天，气温继续升高，梧桐树叶更茂盛了；秋天，气温下降了，梧桐树为了保护自己开始掉叶了；冬天，天气很冷，梧桐树上的叶子都落光了。就这样，梧桐树叶随着四季的更替也在不断更替。

中国春夏秋冬四季花的代表

小朋友，你们知道中国春夏秋冬都有哪些有代表性的花吗？

春天是春兰：兰色结春光，氛氲掩众芳

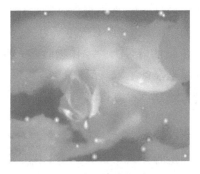

夏天是夏荷：小荷才露尖尖角，早有蜻蜓立上头

秋天是秋菊：芳园曲径赋闲游，绿叶黄花劝客留

冬天是冬梅：闻道梅花坼晓风，雪堆遍满四山中

提问：一月什么花开？梅花开。　二月什么花开？杏花开。
　　　　三月什么花开？桃花开。　四月什么花开？蔷薇开。
　　　　五月什么花开？石榴开。　六月什么花开？荷花开。
　　　　七月什么花开？凤仙开。　八月什么花开？桂花开。
　　　　九月什么花开？菊花开。　十月什么花开？芙蓉开。
　　　　十一月什么花开？水仙开。　十二月什么花开？蜡梅开。

冬天到了

今天打开日历，外婆说："啊，立冬了！"我问外婆："什么是立冬？"外婆告诉我说："立冬，从气象意义上来说就是冬季开始了。"下面我们一起搜集一下关于立冬的信息吧。

四季更换有四立：立春、立夏、立秋、立冬。

立冬节气在每年的11月7日或8日。我国古代民间习惯以立冬为冬季的开始。现在各地的冬季并不都是从立冬日开始的，而是以下半年连续五天日平均气温稳定下降至10℃以下为冬季的开始。在古书中对"冬"的解释为秋季作物收藏入库，冬眠动物也已藏起来准备冬眠。看来，立冬不仅代表着冬天的来临，还意味着万物收藏，规避寒冷。

日历

立冬吃什么可以御寒？

立冬之后就越来越冷了，立冬吃什么可以御寒呢？立冬养生有什么秘诀呢？营养专家建议我们可以吃一些含钙、铁的食物来御寒。

1. 冬天多吃含蛋白质的食物（如鸡蛋、肉类、鱼类）御寒效果最好。

2. 补充含钙的食物（如牛奶、豆制品、海带、紫菜、贝壳、牡蛎、沙丁鱼、虾等）可提高机体的御寒能力。

3. 补充含铁的食物（如蛋黄、猪肝、黄豆、芝麻、黑木耳和红枣等）也可提高机体的御寒能力。

4. 补充含碘的食物（如海带、紫菜、菠菜、大白菜、玉米等）可以促进甲状腺素分泌，抗冷御寒。

5. 冬天多吃一些辣椒、生姜、胡椒，不仅可以增进食欲，还能促进血液循环，提高御寒能力。

6. 脾虚、气虚的人可以多吃糯米、大枣、扁豆、山药、胡萝卜、栗子等。

7. 有的人一到冬天就四肢冰凉、怕冷，可以多吃羊肉、鸡肉、胡桃肉、大枣和桂圆等。

提问：

1. 有哪些动物会冬眠呢？

答： 熊、乌龟、蛇、刺猬、青蛙、蝙蝠、蜗牛等。

2. 冬天要少吃哪些食物呢？

答： 冬天要少吃寒凉的食物，如螃蟹、海虾和西瓜。

幼儿园"家庭式"混龄社会性实践课程

6.9　天气新闻

2015 年可通过"借风借雨"来驱除雾霾

雾霾影响着我们的生活，雾霾天，小朋友们都不能到户外去活动了，怎么办呢？气象局的专家积极研究，终于发布了一条好消息：2015 年，全国各地气象部门通过人工借雨的方法来改善空气质量，在重污染天气条件下采取可行的气象干预措施，用人工增雨等方法来消减雾霾。

人工增雨车

除了"借雨"，未来人类也会通过"借风"来消减雾霾。因为，风可以长驱直入，把城市中的脏空气带出去。

提问：

1. 什么是雾霾天气？

答：雾霾是雾和霾的混合物。当空气湿度较大，没有风或风很小的时候，若空气中有足够的凝结核与空气中多余的水蒸气结合，就会逐渐形成雾霾。因为雾霾天气有污染性，所以，有雾霾时我们尽量不要到户外活动，以免呼吸道感染而生病。

2. 什么是人工借雨？

答：人工借雨，就是人工降雨，也就是根据不同云层的物理特性，选择合适的时机，用飞机、火箭向云中播撒干冰、碘化银、盐粉等催化剂，使云层降水或增加降水量。

3. 雾霾怕什么？

答：雾霾怕水，因为水会使空气中的雾霾（脏东西）沉降；雾霾还怕风，因为风会把空气中的雾霾（脏东西）"吹掉"。

雾是怎样形成的？

什么是雾？雾是接近地面空气中的水蒸气发生的凝结现象。雾的形成需要两个基本条件：一是近地面空气中的水蒸气含量充沛；二是地面气温低。

雾通常可以分成辐射雾、平流雾、蒸发雾、上坡雾等类型。

今天我先向大家介绍辐射雾。什么是辐射雾？辐射雾是陆地上最常见的雾。它一般出现在晴朗无云的夜间或早晨，太阳一升起，随着地面温度上升，

雾（1）

空气又回复到未饱和状态，雾滴也就立即蒸发消散。因此，早晨出现辐射雾，常预示着当天有个好天气。

接下来，我向大家介绍平流雾。什么是平流雾？当温暖潮湿的空气流经冷的海面或大陆的地面时，空气的低层因接触冷空气而凝结成的雾就是平流雾。深秋和冬天的早晨，我们经常可以在海面上和陆地的地面上看见平流雾。

下面，我再向大家介绍蒸发雾。什么是蒸发雾？如果水面是暖的，而空气是冷的，当它们温差较大的时候，水汽便源源不断地从水面蒸发出来，闯进冷空气，然后又从冷空气里凝结出来成为蒸发雾。我们一般在大大小小的河面上能看见蒸发雾。

雾（2）

雾（3）

雾（4）

最后，我再向大家介绍上坡雾。上坡雾是指潮湿空气沿着山坡上升，因气压降低、温度下降而凝结形成的雾，一般在山里能看到。

雾（5）

提问：生活中你们在哪里见到过烟雾？请大家讨论。

答：放烟火、点蜡烛、抽烟、燃烧火堆时，可见到烟。洗澡、炒菜、开水沸腾、吃火锅时可见到水汽（雾）。

6.10 文体新闻

我们的"国球"——乒乓球

　　乒乓球起源于英国。在 19 世纪末，欧洲盛行网球运动，但由于场地和天气的限制，英国的一些大学生将网球运动移到了室内，使用桌子作为球台，羊皮纸作为球拍，从而创造了乒乓球这项运动。乒乓球的名字起源于 1900 年，因其打击时发出"Ping Pong"的声音而得名。

　　乒乓球虽起源于英国，但中华人民共和国成立后，乒乓球在中国广泛普及并取得全球领先地位，1959 年的世界乒乓球锦标赛上，中国参赛运动员为中国赢得了第一个乒乓球世界冠军，使国人振奋，从此乒乓球运动风靡全中国，乒乓球成为中国的"国球"。

　　中国乒乓球队自 1988 年乒乓球成为奥运会项目以来，共获得 37 枚奥运金牌（截至 2024 年巴黎奥运会），涵盖男单、女单、男团、女团等项目。6 次实现单届包揽全部金牌（1996 年、2000 年、2008 年、2012 年、2016 年、2024 年）。

　　2024 年巴黎奥运会乒乓球比赛中，中国乒乓球队包揽全部 5 枚金牌，再次展现了强大实力。

乒乓球和乒乓球拍

提问：

1. 乒乓球是由哪项体育运动演变而来的？

答：乒乓球是由网球运动演变而来的。

2. 中国乒乓球队自 1988 年乒乓球成为奥运会项目以来（截至 2024 年巴黎奥运会），共获得多少枚奥运金牌？

答：共获得 37 枚奥运金牌。

3. 2024 巴黎奥运会上中国乒乓球队获得几枚金牌？

答：中国乒乓球队包揽全部 5 枚金牌。

《蓝精灵2》今日上映　真人动画再掀蓝色风潮

《蓝精灵 2》2013 年 9 月 12 日经典回归。在《蓝精灵 2》中，邪恶的格格巫本性不改，向小家伙们再次伸出"魔爪"。他精心制造了两个酷似蓝精灵的"淘气精灵"，在蘑菇山庄绑架了正值叛逆期的蓝妹妹。为营救家人，"蓝色家族"再次回到人类世界打响巴黎营救战。

中秋佳节快到了，小伙伴们一定要去看《蓝精灵 2》哦！一定要去哦！我也会去的！耶！

提问：

1. 什么是真人动画？

答：真人动画是一种以真实人物演绎的动画作品，通常基于原有的漫画或动画作品进行真人化改编。

2.《蓝精灵》的主题曲大家会唱吗？我们一起唱好吗？

（答案略）

6.11　其他新闻

奇妙的动物世界——它是从蛋里来的吗？

我们都知道，小鸡是从鸡蛋里孵出来的，像这种从蛋或者卵里面孵出来的动物，叫作卵生动物。

破壳而出的小鸡

哪些动物是靠下蛋或者产卵来生小宝宝的呢？大多数鸟类（如企鹅、鸡）、爬行动物（如蛇、乌龟）、两栖动物（如青蛙）、大多数鱼类、大多数昆虫，以及蜘蛛，都属于卵生动物。胎生动物的胚胎在母体内发育，通过胎盘获取营养，直到幼体成熟后直接产出。与胎生动物不同，卵生动物则是母体将卵产出后，胚胎依靠卵内的营养孵化，最终幼体破壳而出。

卵生动物产下的蛋或卵，经常会遇到危险，所以卵生动物的妈妈，要想很多办法保护自己的蛋或者卵。例如，章鱼妈妈会在珊瑚里找到一个密室，躲在里面产卵。绿蜥蜴妈妈会在产卵前先挖一个洞，然后将卵产在里面，这样可以保护它的卵不被吃掉或者不被伤害。

卵生动物产的卵

提问：

1. 所有的动物都是卵生的吗？比如猫咪、狗狗，还有我们人类呢？难道我们也是从蛋或者卵里出来的吗？

答：当然不是啦！除了卵生动物，还有胎生动物。绝大多数哺乳动物是胎生动物，就是妈妈直接生下宝宝，不需要从蛋里或者卵里孵出来哦！

2. 可爱的企鹅，到底是卵生的还是胎生的呢？

答：企鹅属于鸟类，而鸟类的繁殖方式普遍为卵生（通过产卵孵化后代）。

成都 2013 年新生大熊猫宝宝集体亮相

2013 年 9 月 23 日，四川成都大熊猫繁育研究基地月亮产房，14 只出生不久的大熊猫宝宝在饲养员的呵护下首次集体亮相，它们憨态可掬的样子吸引了众多中外游客驻足观看。

大熊猫宝宝

提问：大熊猫刚出生的时候是什么样子？

答：大熊猫刚出生时全身皮肤粉嫩，有白色的细毛，随后毛色渐渐发生变化，出生后一两周内，它们的耳朵、眼睛、前肢和肩部都慢慢开始变黑，初具大熊猫的形态。随着大熊猫宝宝一天天长大，一个月左右，它们身上的毛发逐渐变成黑白相间的样子，它们就长得与熊猫妈妈愈发神似了。

刚出生的大熊猫宝宝

城市地下管道与城市安全

双台风"菲特"和"丹娜丝"来袭，浙江余姚大部分区域都被水淹了，变成了"河流"。请问，为什么会这样呢？（请小朋友讨论）

这可能是因为：① 排水管道老化，被腐蚀；② 反复开挖；③ 外力破坏。

地下排水管道设计合理、完好无损，才能确保城市不出现涝灾。

提问：地下有哪些管道？你能说出2~3种吗？

答：有煤气（天然气）管、自来水管、污水管、雨水管、电缆管等。

复杂的地下管道系统

百万只候鸟安全迁徙

人民网 2013 年 10 月 30 日报道：今年入秋以来已有百万只候鸟陆续从湖南省新宁县黄金瑶族乡的打鸟界安全迁徙。

小故事：迁徙天鹅，昨落"我家"

昨天白天，甘露园的河里飞来两只洁白的天鹅，天鹅在河里游了几分钟后很疲倦，就蜷缩到一边，有人走近的时候，它们很警觉。天鹅飞来，引来很多好奇的人围观。到了晚上 7 点钟，其中一只天鹅飞走了。

天鹅

提问：

1. 候鸟为什么要迁徙？

答：候鸟迁徙主要是为了寻找适宜的生存环境、寻找水源和食物、寻找理想的繁殖场所。每年秋季，北方地区的候鸟要飞抵南方地区过冬。等到春天来了，它们又要从南方地区飞回北方地区。

2. 候鸟一般在每年的什么时间迁徙？

答：春季飞往北方，大约在每年的 2 月中旬至 4 月中旬；冬季飞往南方，大约在每年的 9 月底至 11 月中旬。

3. 除了天鹅会迁徙，还有哪些候鸟会迁徙？

答：大雁、杜鹃、黄鹂、燕子、鸿雁等。

4. 天鹅都是洁白的吗？

答：有黑天鹅，上图中的两只黑天鹅是美洲的黑颈天鹅，它们在深圳野生动物园落脚，一共有 10 只。

5. 天鹅属于国家保护动物吗？

答：天鹅属于野生动物，是国家二级保护动物。

6. 全世界都有候鸟迁徙的事情发生吗？

答：全球每年有数十亿只候鸟进行迁徙，8 条迁徙路线中有 3 条经过中国。

我国首张雪豹照片诞生了

雪豹，被誉为世界上最美丽的猫科动物。在野生动物摄影师的眼里，雪豹是世界上最难拍摄的动物之一。

雪豹主要分布于亚洲中部山区，夏季在海拔 5000 米左右的高山草甸空旷地带活动，冬季下降到 3500 米左右的较低地带觅食。据 2023 年的统计，全世界雪豹总数量约为 7000 只，我国雪豹数量约为 4500 只，青海省雪豹种群数量大约为 1200 只。

雪豹

雪豹善于隐匿，不会发出像老虎、狮子那样的吼叫声，而且总是独来独往。雪豹喜欢在夜间出没。当夜幕降临的时候，雪豹就要准备外出觅食了。因为雪豹晨昏活跃，这就使人类看到它们的机会更少了，所以很难拍摄到雪豹的照片。

雪豹的毛皮就像透过树叶的月光一样斑斓，它们的眼睛几乎是金色的，它们的尾巴最醒目，几乎和身体一样长。雪豹用它们那粗大的长尾巴围住整个身体御寒；但尾巴最主要的功能是让它们在峭壁上追逐跳跃时能保持平衡，让它们能在几乎 90°垂直的岩石峭壁间上下自如。

雪豹在跃起时可在空中转弯，捕食能力极强：从山羊、岩羊、斑羚、鹿到黄鼠、野兔等，这些中小型动物都是它们的猎物。通常，雪豹把身体蜷缩起来隐藏在岩石之间，当猎物路过时，就突然跃起袭击，将猎物按倒在地上，然后咬断其喉部或者颈部。在猎物稀少的冬天，它们有时也会跑到低海拔山区偷食人类的家畜和家禽。

提问：

1. 雪豹的尾巴主要有什么用？

答：① 御寒；② 跳跃时保持平衡。

2. 雪豹的眼睛是什么颜色的？

答：金色。

3. 雪豹在什么时候出来捕食？

答：主要在晨昏（清晨和黄昏）时出来捕食。

军犬黑豹咬着行李不让我走

今天，我想和大家分享的"新闻"是一位解放军叔叔在退伍的时候，与他的爱犬黑豹依依不舍的故事。

临行前的最后一天早上，叔叔对他的爱犬黑豹说："我要退伍了，今天是我最后一次和你玩了。你看，你的眼睛里都是眼屎，以后要听新叔叔的话，按时睡觉。"

军犬黑豹与训导员依依不舍

叔叔看着黑豹的眼睛又说："我真的不想走，可是不能不走。"黑豹也知道要分别了，眼神里充满了依恋和不舍。

军犬黑豹眼里满是不舍和忧伤

于是，叔叔为黑豹做了最后几件事情：最后一次为黑豹清理犬舍；最后一次带着黑豹去放风；最后一次为黑豹清理毛发；最后一次给黑豹喂食。

训导员悉心照料陪伴军犬黑豹

可是，离别的时候终于还是来了，叔叔万分不舍却又坚决地将黑豹的绳子交给了接替他的战友，黑豹却挣脱绳子来与叔叔告别。

黑豹叼着叔叔的行李包，跑在前面，不肯将包还给叔叔，因为它不舍得叔叔走。叔叔没有办法，只好出绝招，把帽子扔到门里，黑豹果然去叼帽子了。叔叔走了，黑豹嘴里叼着帽子，紧紧跟在叔叔的后面，追赶着已经开远了的汽车，眼睛里含着泪水。叔叔的手臂伸出窗外，不停地挥舞着，并不断地喊着：黑豹，快回去，听话……

　　我的故事讲完了。

军犬黑豹不让训导员离开

军犬黑豹不停地追赶训导员乘坐的汽车

提问：

1. 什么是退伍？

答：军人服满现役或由于其他原因退出军队。

2. 什么是军犬？

答：军犬就是专门为军队工作的狗狗。

3. 请问小朋友，狗狗会对人有感情吗？说说你知道的故事，好吗？

（答案略）

毛线从哪里来？

　　这些天老师教我们用毛线编织小地毯，回家编织的时候，我问妈妈："毛线是从哪里来的？"妈妈告诉我："毛线是从羊身上剪下来的羊毛，经过机器的加工纺成的。"可是我好像还有很多问题没有弄懂，所以继续问妈妈……

这是一只 6 年没有剪过羊毛的老羊

提问：

1. 哪些羊身上的毛可以剪下来纺成毛线呢？

答： 如小尾寒羊、白山羊、美利奴绵羊等，这些羊身上的羊毛非常柔软，弹性非常好。羊毛是白色的，可以染成各种各样的颜色。

2. 什么时候可以剪羊毛呢？

答： 夏天。每年一到夏天，牧羊人都会把羊身上的毛剪下来，羊在入冬时又会长一身厚厚的毛，这样既不会影响羊的生长，又可以收获很多羊毛。

3. 如果没有人去帮羊剪下羊毛，羊会热死吗？

答： 不会热死，但会影响它的生活和行动。

4. 一只羊一年可以剪多少羊毛呢？

答： 通常一只羊一年可剪羊毛 2~10 千克。

5. 剪羊毛对羊有伤害吗？

答： 没有。只要细心地剪，不使羊受到外伤，是不会有伤害的；相反，因为剪羊毛通常是在七八月份气候炎热的季节进行，剪掉羊毛后，羊会非常凉爽，更加有利于羊度过炎热的夏季。

6. 羊毛能被制作成什么呢？

答： 地毯、羊毛衣、手套、袜子、围巾等（小朋友讨论）。

雪 山

一、夏天的雪山

夏天为什么还有雪山？

夏天那么热，赤道附近怎么会有雪山呢？夏天，雪应该早融化了，怎么可能有雪山呢？这是因为大多数雪山的山脉海拔都很高，山上空气受到地面长波辐射少，造成山上气温很低，因此积雪不容易融化。

下面两张照片都是夏天的雪山，很美！

夏天的雪山

二、冬天的雪山

冬天的雪山是如何形成的？在高山地区，天空里经常有许多过冷水滴围绕着结晶核冻结，形成一种白色的没有光泽的圆团形颗粒落下，气象学上把这种东西称为米雪（也叫霰、雪丸）。米雪的直径一般在 0.3 到 2.5 毫米之间，性质松脆，很容易压碎。米雪是一种大气固态降水，其大量堆积可形成雪山。

下面两张照片都是冬天的雪山，也很美！

冬天的雪山

提问：

1. 什么是地球的赤道？

答：赤道是划分地球南半球和北半球纬度的基线，赤道的纬度为 0°。

2. 什么叫作固态降水？

答：固态降水是水汽在大气中以固态形式凝结形成的自然降水现象，包含雪、霰、冰粒、冰雹、米雪等多种类型。

贝聿铭（Ieoh Ming Pei），美籍华裔建筑师

一、建筑大师贝聿铭的简历

贝聿铭 1917 年 4 月 26 日生于广州，原籍浙江兰溪，祖籍中国苏州。10 岁随父亲来到上海。1935 年 18 岁到美国，先后在麻省理工学院和哈佛大学学习建筑。1955 年，他建立了自己的建筑事务所。

二、建筑大师贝聿铭的设计风格

贝聿铭是现代主义建筑大师。他擅长以石材、混凝土、玻璃和钢材为建筑材料。

三、贝聿铭是一位什么样的设计大师呢？

贝聿铭是 20 世纪世界上最成功的建筑师之一。他设计了大量具有时代特色的建筑。贝聿铭属于实践型建筑师。他有很多建筑作品，论著则较少。贝聿铭被称为"美国历史上前所未有的最优秀的建筑家"。

1983 年，贝聿铭获得了建筑界最高荣誉——普利兹克建筑奖。下面就让我们一起来欣赏建筑大师贝聿铭的建筑作品。

美国华盛顿国家艺术馆

法国卢浮宫金字塔

北京香山饭店

中国苏州博物馆

小朋友们，你们知道建筑是什么吗？建筑大师贝聿铭回答说："建筑的目标在创造完美。"亲爱的小朋友们，我们现在还不懂什么是建筑，但好好学习，长大了就懂了。今天我们只要记住有一位世界级建筑大师，他是华人，名字叫贝聿铭！

后 记 **只想静静地为孩子们做点事**

怀着一种信念，我们一群志同道合的老师，静静地走进了混龄教育探索和研究的领域，没有宣扬，没有声张，一晃已经近二十个年头了。

社会学习既是儿童成长的过程，也是儿童成长的途径。儿童有一种天生的与非同龄人交往的倾向，我们的教育如何支持儿童这种先天倾向使其不受到抑制呢？

"把自然的成长环境还给孩子""拓宽生生互动的空间""老师要从台前移至幕后"等新的教育理念，一直是我们倡导和努力践行的。然而，现有的教育模式很难让理想化的理念渗透到实践中去，形成真正符合儿童天性的成长环境。

换一个角度去思考，是否能帮助孩子找到适合他们发展的又一条通往"罗马"的道路呢？

顺应生命发展，顺应个体发展，是我们教育工作者的责任。这些年来，我们倡导在混龄教育课程建构中"创设让幼儿在真实情境中学习的环境"，"创设'见多识广'身临其境的环境"，"创设与社会互动、与自然互动、与生活互动的环境，让孩子们自发地投入学做人、学生活和学学习的互动环境"。在这样的研究中，老师们和孩子共同成长。

世界上没有一种教育模式完美无缺，我们只是努力地用我们的意识、我们的视线、我们的爱心及我们的智慧为儿童成长创设一种在真实情境中自然学习的环境，只想静静地做点事。

本书能正式出版，我们要感谢上海市教委教研室、闵行区教育局、闵行区教育学院专家和领导的关心、支持与指导；感谢"依霖"所有老师辛勤努力的实践与付出；感谢"依霖"家长对课程理念、参与和实践的认同。让我们共同为孩子的成长和我们的学前教育事业许愿吧！

许愿

轻轻地闭上眼

许个愿

美好的愿望一定会实现

因为

我为她（他）付出

昨天、今天和明天